新编高等院校经济管理类规划教材·专业课系列

# 证券投资学

## 岑仲迪　顾锋娟　编著

清华大学出版社

北　京

# 内 容 简 介

本书从证券市场、证券定价、基本面分析、技术分析等方面深入浅出地介绍了证券投资的基本理论知识。为了拓展学生的视野和了解中国的实际情况,本书附有一定的阅读材料和研究案例,这些材料对正文内容起到了很好的补充作用。针对财经类学生数理功底较弱的实际情况,本书特意安排相关章节,以案例的方式讲解如何利用 Excel、Matlab 和 Eviews 三种常用的软件处理金融数据。

本书适合高等院校金融学、经济学、管理学以及应用数学等专业的教学,对证券从业人员和证券投资者也具有很重要的参考价值。本书提供丰富的电子课件及习题答案,读者可以从 http://www.tupwk.com.cn 下载。

**图书在版编目(CIP)数据**

证券投资学/岑仲迪,顾锋娟 编著. —北京:清华大学出版社,2011.2 (2024.3 重印)
(新编高等院校经济管理类规划教材·专业课系列)

ISBN 978-7-302-24335-9

Ⅰ.①证… Ⅱ.①岑… ②顾… Ⅲ.①证券投资—高等学校—教材 Ⅳ.①F830.91

中国版本图书馆 CIP 数据核字(2010)第 228044 号

责任编辑: 崔 伟
封面设计: 周周设计局
版式设计: 孔祥丰
责任校对: 成凤进
责任印制: 曹婉颖

出版发行: 清华大学出版社
 网 址: https://www.tup.com.cn, https://www.wqxuetang.com
 地 址: 北京清华大学学研大厦 A 座 邮 编: 100084
 社 总 机: 010-83470000 邮 购: 010-62786544
 投稿与读者服务: 010-62776969,c-service@tup.tsinghua.edu.cn
 质 量 反 馈: 010-62772015,zhiliang@tup.tsinghua.edu.cn

印 装 者: 涿州市般润文化传播有限公司

经 销: 全国新华书店

开 本: 185×260 印 张: 18 字 数: 460 千字

版 次: 2011 年 2 月第 1 版 印 次: 2024 年 3 月第 9 次印刷

定 价: 78.00 元

产品编号: 034025-03

# 序

从传统意义上讲，证券投资学是金融学专业的一门基础课，但是随着现代投资理论和技术的发展，数学、统计学、信息技术等学科也迅速融入进来，使证券投资学越来越成为数理金融等交叉学科的必修课程。此外，随着中国金融业的发展以及金融中心影响力的提升，我国对金融人才的要求也在提升，特别是要求金融人才具有较好的金融创新能力和解决实际问题的能力。

面对这一系列的变化，相应的金融类教材也应该紧随实践的发展而及时进行相应的调整。岑仲迪和顾锋娟编写的这本《证券投资学》教材，正是践行了时代的要求，在内容的安排、理论与实际的结合、案例的选择、知识点的应用等方面，与已经出版的同类教材相比给人面目一新的感觉，是一本内容充实、富于创新的教材。

首先，该教材以学生的认知规律为出发点，对课程的知识点进行了全面的梳理。全书把内容按循序渐进的规律分为基础知识、定价理论、组合管理、基本分析、技术分析和软件应用六个部分，每一部分之间的知识点划分相对清晰。学生可以由浅入深、由基础到专业、由理论到应用，通过扎实的教学训练，最后系统全面地掌握证券投资的知识。

其次，以问题情境或案例的形式引入知识点，在解决问题的过程中帮助学生加深对知识点的掌握。证券投资学由于存在许多统计和数量分析方法，在讲述过程中容易产生抽象的感觉。作者为了使学生更好地理解教材的内容，在讲述某个重要知识点以前，先引入一个证券市场的实际情景或案例，将知识点的解释融入到现实中去，从而大大方便了学生对理论知识的把握和理解。

再次，教材中增设了 Excel、Matlab 和 Eviews 三种软件在证券投资学中的应用等内容，注重学生创新和解决问题能力的培养。这是本教材的又一大特色。作者在编写中注重将软件分析技术运用到证券投资学教学过程中，使学生不仅学到理论知识，又能无障碍地运用软件技术去分析证券市场投资的实际数据，以提高学生的实际动手能力和解决问题的能力。在我所见到的同类教科书中，这样的教材并不多见。

最后，作者配合大量"想一想"、"读一读"等内容，以形式多样、重点突出、案例贴近中国实际的特点，将读者引入对证券市场中实际问题的思考，极大地增强了教材的实务性、活泼性和可读性，必将获得更多读者的喜爱。

　　总之，这本教材内容丰富、结构紧凑、形式多样，注重理论性、实践性、活泼性与操作性的统一，是一本很有特色的证券投资学教材。我相信该教材的出版，能够为读者掌握证券投资理论，了解中国证券市场实际，提高理论应用和实务操作能力提供很大的帮助。

　　证券投资学的教材，正在从10年前的全盘引进或照搬，逐步发展到结合中国资本市场的实际情况进行分析和介绍。在这本教材中，我已经看到了这样的事实和未来进一步发展的希望。

金德环

2010 年 12 月

# 前　言

如果您到过证券公司的交易大厅，您一定会被那热闹的气氛感染，但也许您不曾想到，在大学课堂里，证券投资学所受到的欢迎程度同样的热烈。十五年前，我第一次听到了金融学院的老师讲解证券投资学，当时教室里坐满了学生，而当老师用股票软件做技术分析时，学生们听得如痴如醉。机缘巧合，后来我也成了一名金融学教师，并在这个岗位上连续工作了八个年头。回顾过去的八年，既有辛勤的汗水，也有学生进步后的快乐与幸福。每当想起学生们在课堂上那种十分渴望知识的眼神，我总有一种责任感——应该把证券投资这门课讲得更好。但是，我总感觉手头的教材或多或少地存在种种不足：有的教材通篇讲理论，很少涉及中国的事实，学生不知对错；有的教材一遇到金融数学模型就绕开，或者粗粗略过，或者干脆不提，学生不明就里。正是基于这样的考虑，我将自己这几年的教学心得和学术研究融入本书中，并尽量用简单易懂的语言描述。由于长期使用 Excel、Matlab 和 Eviews 三种软件，我又安排专门章节讲解如何利用这些软件处理金融数据。

## 本书结构

本书共有 6 篇 15 章内容。第 1 篇是概述篇，包括第 1～3 章内容，主要介绍证券投资的基本概念、证券市场参与主体和证券发行方面的基础知识。第 2 篇是定价篇，包括第 4～5 章内容，主要介绍收益率的计算方法，并在确定性条件下为股票和债券进行定价。第 3 篇是现代证券组合理论篇，包括第 6～10 章内容，在第 2 篇的基础上由单个证券扩展到多个证券组合，较为详细地介绍了马柯维茨组合理论、资本资产定价模型、因素模型和无套利定价模型，最后简单介绍了如何进行投资管理和评价基金业绩。第 4、5 篇分别是基本面分析和技术分析，包括第 11～14 章内容，这两篇内容主要介绍了宏观因素分析、行业分析、公司分析和技术分析的基本理论和方法。最后，第 6 篇是软件应用篇，主要介绍如何利用 Excel、Matlab和 Eviews 三种软件计算处理金融数据。

## 本书特色

本书在撰写的过程中，力求体现以下几个特点：一是按照循序渐进的要求，将各部分内容逻辑地组合在一起，使得内容编排顺序清楚，结构严谨；二是尽量少介绍或者不介绍中国市场上没有的金融产品，同时力求本书所举的例子来源于中国证券市场；三是注重定性分析和定量分析相结合，在软件应用篇中对于常见的金融指标、金融模型给出了具体的操作方法，像计算到期收益率和回归分析都给出了详细的 Matlab 程序源代码；四是每一章最后都对该章内容进行总结，并提炼出重要的概念，同时辅以适当的习题供教师教学。

　　本书是作者根据长期的教学和研究实践，并参考国内外有关文献的基础上撰写而成，由于篇幅限制，本书对部分重要内容没有深入展开探讨，这主要是考虑到教学课时计划的安排和读者的需要。有兴趣的读者，可根据本书的提示进行深入学习，如对金融数据处理比较感兴趣的读者，可对蒙特卡罗模拟、时间系列建模、Matlab 编程等进一步学习，掌握好这些内容无论是今后研究生深造，还是从事金融工作特别是证券分析工作都有很大的帮助。

　　本书第 1～3 篇由岑仲迪编写，第 4～6 篇由顾锋娟编写，全书由岑仲迪统稿。此外，本书的编写还要感谢奚李峰教授和金德环教授的支持与点拨。由于时间仓促，加之作者水平有限，书中难免有错误和遗漏的地方，恳请广大读者提出宝贵意见，请发邮件至 cuiwei80@163.com。

岑仲迪

2010 年 11 月

# 目 录

## 第1篇 概 述 篇

# 第 3 篇　资　产　组　合

# 第 4 篇　基本面分析

## 第 5 篇　技 术 分 析

# 第6篇　软　件　应　用

# 第1篇 概 述 篇

　　第1篇主要介绍证券投资的基本概念、证券投资环境和证券发行交易过程。其中，第1章重点介绍了证券、投资以及证券投资这三个概念，第2章则从证券市场、证券市场参与主体以及证券市场的相关投资产品等三方面对证券市场进行详细介绍，第3章从证券发行和证券交易两个方面对证券发行交易做了重点介绍。

　　通过本篇的学习，读者应对证券投资的基本概念、证券市场、证券市场参与主体、证券市场的相关投资产品以及证券市场的运行有一个全面的了解，为后续内容的学习奠定基础。

# 第 **1** 章
# 导 论

随着社会经济的发展和我国证券市场的逐步规范，证券市场在社会资源优化配置中的作用越来越突出，证券投资活动也成为一项重要的社会经济活动。政府、企业、家庭都不同程度地介入到证券投资活动中，因此需要了解一些基本的证券投资理论，包括证券投资的环境、投资过程以及有关的投资分析和管理知识。为了便于全面了解和学习证券投资理论，我们首先对证券投资的基本概念、证券投资环境和证券投资过程作概要性介绍。

## 1.1 投资的含义

在经济生活中，投资(investment)是一个普遍存在的经济现象，人们往往把能够带来报酬的支出行为称为投资。一个比较学术的定义是威廉·夏普在其所著《投资学》一书中给出的定义：投资是指为了获得可能的不确定的未来值而作出的确定性的现值牺牲的经济行为。

根据威廉·夏普给投资学的这一定义，我们可以从以下几个方面来认识：

第一，投资具有时间性。投资是现在就投入一定价值量，如果有回报的话，也是以后才有。

第二，投资的目的是为了得到收益。投资是以牺牲现在价值为手段，以赚取超过现值的未来值为目标的。未来值超过现值的部分即为收益。投资收益可以是投资期间各种形式的收入，如股息、利息；也可以是本金的增值，称为资本利得；也可以是某种权利。

第三，投资具有风险性。现在投入的现值是确定性的，而未来可能的收益是不确定性的，这就称为投资收益的风险性。风险和收益往往是呈现正相关的关系，要获得高额的收益，则需要承担更多的风险。

根据投资范围不同，投资可以有广义和狭义之分。狭义投资又称为**金融投资**(financial assets investment)，是指投资于各类金融资产以获得未来收益的经济行为，所投资的金融资产既包括存款，也包括票据、债券、股票、基金等有价证券；广义投资是指为了获得未来投资收益而垫支一定资本的任何经济行为,包括**实物投资**(real assets investment)和**金融投资**。实物资产包括:土地、建筑物、知识、用于生产产品的机械设备和运用这些资源所必需的有技术的工人。

### 读一读 实物资产和金融资产的关系

实物资产是直接进行社会生产,直接创造社会所需要的产品与服务的资产,是社会生产能力的代表。金融资产,譬如股票和债券,它们本身不会比印制它们的纸张更有价值,也不会对社会生产能力产生直接的贡献。但是,由于公司发行股票,资金流向效率高的项目和投资机会,从而提高了社会创造财富的能力,因而金融资产对社会经济的生产能力具有间接的作用。由于金融资产对实物资产所创造的利润或政府的收入有要求权,因此金融资产能够为其持有者带来财富。当公司最终利用实物资产创造收入之后,就依据投资者持有的公司发行的股票或金融资产的所有权比例将收入分配给投资者。因此,金融资产的价值源于并依赖于相关的实物资产的价值。

资料来源:霍文文. 证券投资学. 第 3 版. 北京: 高等教育出版社, 2008

按照是否有银行或其他存款性金融机构等金融机构的参与,金融投资可以分为**直接投资**(direct investment)与**间接投资**(indirect investment)。投资者以购买股票、债券、商业票据等形式进行的金融投资是直接投资;从筹资者角度看,又可称为直接融资。投资者将资金存入银行或其他存款性金融机构,以储蓄存款或企业存款、结构存款的形式存在,是间接投资;从筹资者的角度看,又可称为间接融资。

直接投资与间接投资的根本区别在于投资者和筹资者之间建立的关系是否为面对面的关系。在直接投资活动中,投资者和筹资者之间是直接的所有权关系或债权债务关系,是一种面对面的关系,投资者必须直接承担投资风险,并从筹资者处直接取得股息或利息收益。证券经营机构作为中介人,以承销商或经纪人的身份提供中介服务,但并不直接介入投融资活动。在间接投资活动中,投资者(存款人)和筹资者(贷款人)并没有直接建立面对面的借贷关系,而是一种以银行为中介的背对背关系。在间接投资活动中,银行是存款人的债务人,又是贷款人的债权人,既要承担清偿债务的责任,又要承受贷款的风险;而投资者不需要承担贷款风险,投资收益来源于银行支付的存款利息,而不是来源于贷款人。投资者和筹资者之间不是一种面对面的关系,而是一个不认识的背对背的关系。

## 1.2 证券的含义

证券(securities)是有价证券的简称,是具有一定票面金额、代表财产所有权或债权,并借以取得一定收入的一种证书。证券有广义和狭义之分,广义的证券包括:商品证券、货币证券和资本证券。商品证券是指代表商品所有权的有价证券,如提货单、运货单等。货币证券是表明对货币享有请求权的证券,如本票、支票、汇票等,是货币市场工具。货币证券的到期期限一般都在 1 年以内。资本证券是指能够按照事先的约定从发行者处领取收益的证券,如股票、债券等，是资本市场的工具。资本证券的到期期限一般都在 1 年以上。本书所称的证券，主要是指资本证券。

# 1.3　证券投资的含义

证券投资(securities investment)是金融投资的一种，它是以有价证券为投资对象的投资行为。狭义的证券投资，是指企业或个人用积累起来的货币购买股票、债券等有价证券，借以获得收益的行为。对金融机构而言则是指以有价证券为经营对象的业务，主要是政府债券、企业债券和股票等有价证券的发行和购买。

# 1.4　证券投资环境

证券投资环境分为证券市场、证券市场参与主体以及证券市场的相关投资产品。证券市场包括：证券的发行市场和交易市场，它涵盖了整个证券市场的交易制度、硬件设施以及资金的清算和结算等。证券市场参与主体包括：融资方(主要是上市公司或企业债的发行人)、中介(证券公司、投资银行、商业银行以及信托投资公司等)、投资方(普通投资者、机构投资者以及其他购买有价证券的投资人)以及政府机关等。证券市场最为常见的投资产品是股票和债券，还包括期货、期权、基金、信托理财产品和集合理财产品等。

# 1.5　证券投资过程

证券投资过程是指投资者制定投资策略、进行证券分析、构建投资组合、调整和修正投资组合、评估投资组合业绩的全过程。

## 1.5.1　投资策略

制定投资策略是证券投资过程的第一步，它涉及决策投资目标和可投资金额。由于风险和收益总是呈现正向关系，所以仅以收益最大化作为投资目标是不完善的，投资目标应该是风险和收益的适当权衡。在投资目标和可投资金额确定的情况下，最终投资组合中可能的证券资产的类别特征可以确定下来。如养老基金不可能大规模地购买股票，而股票型基金不可能大量购买货币市场工具。

## 1.5.2　证券分析

证券分析是证券投资过程的第二步，涉及对第一步所确定的各类证券资产进行考察。考察的目标是判断各类资产中的个别资产或资产群是否定价过高，即市场价格是否高于其理论价值。证券分析的方法可以分为两类：基本面分析和技术分析。在讨论这两类方法时，先以普通股为对象，以后再扩展到其他证券资产的分析中。

### 1.5.3 投资组合的构建

构建投资组合是证券投资过程的第三步，它涉及确定具体证券资产以及投资者的财富在这些资产上的投资比例。这一步，投资者需要注意选股、选时和多元化的问题。选股，即微观预测，主要是预测个别证券资产的价格波动；选时，即宏观分析，涉及预测普通股相对于如公司债券之类的固定收益证券的价格波动；多元化是根据现有的约束条件，构建一个风险最小的资产组合。

### 1.5.4 投资组合的调整和修正

构建投资组合之后，随着时间的推移，资产的收益和风险会随之发生变化，加上投资者的投资目标也可能发生变化，因而当前持有的组合可能不再为最优组合，需要在原来组合的基础上加入和剔除一些证券产品，当然，这还包括调整投资的"仓位"。这一步就是根据市场的情况、投资者的目标和交易成本，定期按照第三步的方法，重新构造证券组合。

### 1.5.5 投资组合业绩评估

投资过程的第五步——投资组合业绩评估，主要是定期评价投资业绩表现。一般会根据某个基准(如指数)来衡量收益或风险情况。评价投资组合业绩时，我们需要同时考虑该组合的收益和风险状况，两者之间应适当权衡，并非投资收益越高越好，具体如何权衡，则取决于评价者选择的评判标准。除此之外，我们有时还需要评价投资组合业绩的可持续性，即该投资组合在以后的表现能否一如既往地好，因此，我们总是希望评价的周期尽可能地长，这样评价的结果才越可信。

## 本 章 小 结

本书所讲的证券或有价证券是指资本证券，是狭义的证券，包括股票、债券、基金等。证券投资是金融投资的一种，它是以有价证券为投资对象的投资行为。证券投资环境分为证券市场、证券市场参与主体以及证券市场的相关投资产品。这部分内容将在第一篇的后续几章陆续进行介绍。证券投资过程是指投资者制定投资策略、进行证券分析、构建投资组合、调整和修正投资组合、评估投资组合业绩的全过程。这部分内容将贯穿在后面几篇中进行讲解。

## 复 习 题

一、名词解释

证券　　投资　　证券投资　　证券投资环境　　证券投资过程

二、讨论题

1. 2008 年福布斯全球富豪排名中,股神沃伦·巴菲特以 620 亿美元的身价问鼎全球首富,微软缔造者和当家人比尔·盖茨以 580 亿美元的身价排第三。一位是证券投资的代表,一位是实物投资的代表。请收集相关资料,根据如下提示对实物投资和证券投资进行探讨。

① 对照现实生活,还能找出哪些证券投资的例子和实物投资的例子。

② 实物投资和证券投资对社会经济的发展各起到什么样的作用,它们各自的收益来自哪里。

③ 实物投资和证券投资的起源、发展和现状。

2. 下面两幅图是早期发行的国库券(短期国债)和股票的样张,请对照这两幅图中刻画的证券要素,收集相关资料,根据如下提示对证券的概念进行深入的探讨。

① 证券的特点和要素。

② 狭义证券和广义证券的区别和联系。

③ 找出尽可能多的狭义证券或广义证券的例子,并对各种证券进行描述。

# 第 2 章

# 证券投资环境

如果你是一个投资者，首先必须了解一些基本知识，其中非常重要的就是要了解证券投资环境。证券投资环境包括证券市场、证券市场主体以及投资产品。本章将详细介绍证券市场的含义和分类；介绍证券市场的各种主体，包括发行主体、投资主体、中介机构、自律性组织及证券监管机构。最为主要的是介绍投资的客体，即各种投资产品，包括股票、债券、基金以及一些衍生产品。在对基金进行介绍时，还补充了基金的申购、赎回的含义以及相关的一些计算。

## 2.1 证券市场

### 2.1.1 证券市场定义

证券市场是有价证券发行和交易的市场，是资金供求双方运用有价证券进行资金融通的市场。所谓资金融通，是指在经济运行过程中，资金供求双方运用各种金融资产(工具)调节资金盈余的活动，是所有金融交易活动的总称。资金融通的市场称为金融市场，金融市场里发行和交易的金融资产不仅包括有价证券，还包括其他金融资产，因此证券市场是金融市场的子市场。

根据金融市场上金融资产(工具)期限长短，将金融市场分为货币市场和资本市场两大类。货币市场是融通短期资金的市场，资本市场是融通长期资金的市场。货币市场和资本市场又可以进一步分为若干个不同的子市场。货币市场包括同业拆借市场、回购协议市场、银行承兑汇票市场、短期政府债券市场、大额可转让存单市场等。资本市场包括中长期信贷市场和证券市场。中长期信贷市场是金融机构与工商企业之间的贷款市场；证券市场是通过证券的发行与交易进行融资的市场，包括债券市场、股票市场、基金市场等。图 2.1 是金融市场和证券市场的关系图。

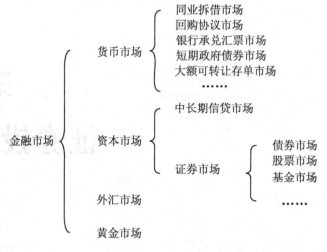

图 2.1　金融市场和证券市场关系

## 2.1.2　证券市场的分类

证券市场按照不同的分类标准，可以进一步细分。

(1) 按证券运行的不同阶段，分为证券发行市场和证券交易市场。

**证券发行市场**(securities issuing market)又称为"一级市场"或"初级市场"，是证券发行的市场，由资金需求者——证券发行人(securities issuers)、资金供给者——证券投资人、证券中介机构组成。证券发行人通过证券中介机构将证券出售给证券投资人，获得筹集资金；证券投资者用资金购买证券，以资金的使用权换取证券未来的收益；证券中介机构提供发行承销服务，收取手续费。

**证券交易市场**是证券发行之后流通的市场，又称"二级市场"，由证券投资人和证券中介机构组成。证券中介机构在交易市场上作为经纪商接受证券投资人委托，代理证券投资人买卖证券并收取佣金。

(2) 按市场组织形式和规范程度不同，可分为场内市场和场外市场。

**场内市场**又称"集中交易市场"，即证券交易所市场，它有严密的组织、严格的管理，并有进行集中交易的固定场所。

**场外市场**(over the counter，OTC)又称"店头交易市场"、"柜台交易市场"或"三板市场"，是没有固定场所、没有统一交易时间的分散交易市场。

(3) 按证券性质的不同，可以分为股票市场、债券市场、基金市场及其他衍生品市场。

股票市场是股票发行和交易的市场，包括股票发行市场和股票交易市场。同理，债券市场是债券发行和交易的市场，基金市场是基金发行和交易的市场，衍生品市场是衍生品发行和交易的市场。

**读一读　我国股票市场发展状况**

经过十几年的发展，我国股票市场已经初具规模。截至 2008 年 11 月，我国在上海和深圳上市的股票总数超过 1700 只，股票总市值约为 13 万亿，流通市值达到 4.4 万亿。如果以股票总市值除以 GDP(国内生产总值)表示一国资本市场的发展程度或证券化程度，2008 年 11 月份我国股票总市值占 GDP 的比例约为 44.1%，流通总市值占 GDP 的比例约为 14.9%，这一比例要远远低于发达国家或地区的水平。目前，美国股票总市值是 GDP 的 1.2 倍，中国香港市场为 3 倍，即使是发展中国家或地区，其股票市值占 GDP 比重的平均水平也已达到 50%以上。当然，当前证券化率偏低与 2007 年 10 月份以来股市大幅下跌有关，实际上，2007 年股市最高点时的证券化率已经超过 100%，比较接近美国、日本等发达国家的水平。

资料来源：根据 resset 数据库计算

**读一读　纽约交易所简介**

纽约证券交易所(New York Stock Exchange，NYSE)是世界上规模最大的证券交易市场。1792 年 5 月 17 日，24 个从事股票交易的经纪人在纽约华尔街和威廉街的西北角一咖啡馆门前的梧桐树下签订了"梧桐树协定"，这是纽约交易所的前身。1863 年改为现名，直到 1865 年交易所才拥有自己的大楼，坐落在纽约市华尔街 11 号的大楼是 1903 年启用的。交易所内设有主厅、蓝厅、"车房"等 3 个股票交易厅和 1 个债券交易厅，是证券经纪人聚集和互相交易的场所，共设有 16 个交易亭，每个交易亭有 16~20 个交易柜台，均装备有现代化办公设备和通讯设施。交易所的经营对象主要为股票，其次为各种国内外债券。除节假日外，每周交易 5 天，每天 5 小时。自 20 世纪 20 年代起，它一直是国际金融中心，这里股票行市的暴涨与暴跌，都会在其他资本主义国家的股票市场产生连锁反应，引起波动。现在它还是纽约市最受欢迎的旅游名胜之一。

资料来源：吴晓求. 证券投资学. 第 2 版. 北京：中国人民大学出版社，2004

# 2.2　市场参与主体

证券市场的参与主体包括证券发行主体、证券投资主体、证券市场中介机构、自律性组织及证券监管机构。

## 2.2.1　证券发行主体

证券发行主体(也称为证券发行人)是证券的供应者和资金的需求者，如政府、企业、金融机构和其他经济组织，他们通过发行股票、债券等各种有价证券，在市场上筹集资金。

### 1. 政府

中央政府为弥补财政赤字或筹措经济建设所需资金，在金融市场上发行国债，国债的期限长短不等，期限在 1 年以内的国债称为国库券。地方政府也可以为本地公用事业的建设发行地方政府债券，但是我国目前禁止地方政府发行债券。

### 2. 企业

企业通过发行企业债券或股票，满足企业投资实物资产、改变融资结构、降低筹资风险等需求。

### 3. 金融机构

商业银行、政策性银行和非银行金融机构经过批准可以公开发行金融债券，也可发行股票来筹集资金，以扩大经营规模，改变金融资产内部结构。

## 2.2.2 证券投资主体

证券市场的投资主体，是证券市场资金的供给者。证券投资主体可以分为机构投资者和个人投资者两大类。

### 1. 个人投资者

个人投资者的闲置货币资金数量虽小，但是发行主体通过发行各类有价证券满足不同投资者的投资需求，把小额闲散资金集中起来，形成巨大资本，为企业或有关机构使用。

### 2. 机构投资者

机构投资者是各类法人机构，包括企业、金融机构、公益基金和其他投资机构等。机构投资者的资金来源、投资目的、投资方向虽然各不相同，但一般具有投资金额大、收集和分析信息的能力强、注重投资的安全性、可通过有效的资产组合以分散投资风险、对市场影响大等特点。

### 读一读　QFII 和 QDII

QFII 是 qualified foreign institutional investors(合格的境外机构投资者)的缩写。QFII 机制是指外国专业投资机构到境内投资的资格认定制度。在该制度下，QFII 将被允许把一定额度的外汇资金汇入并兑换为当地货币，通过专门账户投资当地证券市场。QFII 是一国在货币没有实现完全可自由兑换、资本项目尚未开放的情况下，有限度地引进外资、开放资本市场的一项过渡性的制度。2002 年 11 月 5 日，我国正式出台《合格境外机构投资者境内证券投资管理暂行办法》，次年 7 月 9 日，QFII 首次正式购买国内股票。

QDII 是 qualified domestic institutional investors(合格境内机构投资者)的缩写。QDII 允许在资本账项未完全开放的情况下，内地投资者可以向海外资本市场进行投资。这种投资由中国政府认可的机构来实施，2007 年以来，国内主要商业银行以及几家大型基金管理公司先后发行多款 QDII 产品，由于时值美国次贷危机爆发，多款 QDII 产品(主要集中在基金类 QDII 产品)出现较大的亏损，2008 年 QDII 产品有所降温。

资料来源：霍文文. 证券投资学. 第 3 版. 北京：高等教育出版社，2008

## 2.2.3　证券市场中介机构

证券市场中介机构是连接证券市场资金需求者和资金供给者的桥梁，它们的经营服务活动，不仅保证了各种证券产品的发行和交易，还起到维持证券市场秩序的作用。

### 1. 证券承销商

证券承销商是依据规定有权包销或代销发行人发行的有价证券的证券经营机构，是证券发行市场上发行人与投资者之间的媒介。这类中介机构在美国称为投资银行，它以雄厚的资金进行包销、代理发行、代理买卖证券等业务；英国称之为商人银行；日本称之为证券公司；西欧称之为商业银行。在我国，证券主要由证券公司承销，商业银行也承销部分债券类产品。

### 2. 证券经纪商

证券经纪商是指受客户委托，代客户买卖证券并以此收取佣金的证券经营机构。其主要职能是：为投资者提供信息咨询、开立账户、接受委托代理买卖以及证券过户、保管、清算、交割等。在我国，主要是证券公司经营证券经纪业务。

### 3. 证券服务机构

证券服务机构是指依法设立的从事证券服务业务的法人机构。主要包括证券登记结算公司、证券投资咨询公司、具有证券律师资格的律师事务所、具有证券从业资格的会计事务所、资产评估机构等。

## 2.2.4　自律组织

### 1. 证券业协会

证券业协会是证券业的自律性组织，是社会团体法人。证券业协会的权力机构是由全体会员组成的会员大会。证券业协会应当履行协助证券监督管理机构组织会员执行有关法律，维护会员的合法权益，为会员提供信息服务，制定规则，组织培训和开展业务交流，调解纠纷，就证券业的发展开展研究，监督、检查会员的行为及证券监督管理机构赋予的其他职责。根据我国《证券法》规定，证券公司应当加入证券业协会。

### 2. 证券交易所

根据我国的《证券法》，证券交易所是提供证券集中竞价交易场所的不以营利为目的的法人。证券交易所负责提供交易场所及设施，制定交易规则，并监管在该交易所上市的证券以及会员交易行为的合法性，确保市场公平等。

自律组织对其会员的监管一般有两种方式：一是对会员每年进行一次例行检查，包括对会员的财务状况、业务执行情况、对客户的服务质量等的检查；二是对会员的日常业务活动进行监管，包括对其业务活动进行指导，协调会员之间的关系，对欺诈客户、操纵市场等违法违规行为进行调查处理等。

## 2.2.5 证券监管机构

在 1929 年之前，绝大多数公众并不希望政府对证券市场进行政府监管，但是 1929 年证券市场的过度投机导致了股市的崩盘，并最终演变成世界范围的"大萧条"。为了重振经济，美国国会通过了《1933 年证券法案》和《1934 年证券交易法案》，从此，证监会才真正树立起在证券市场的监管作用。

中国证监会(中国证券监督管理委员会) 是我国最主要的证券监管机构，它负责统一监管证券业，主要职责是：统一管理证券期货市场；监督股票、可转换债券、证券投资基金的发行、交易、托管和清算；批准企业债券的上市；监管上市国债和企业债券的交易活动；监管上市公司及其有信息披露义务股东的证券市场行为等等。

中国证监会于 1995 年加入国际证券监督组织，成为其正式会员。国际证监会组织(International Organization of Securities Commissions，简称 IOSCO)是国际间各证券及期货管理机构所组成的国际合作组织。总部设在加拿大蒙特利尔市，正式成立于 1983 年。

# 2.3 证券投资产品

## 2.3.1 股票

### 1. 股票的定义

股票(stock)是股份公司发给股东以证明其投资份额并对公司拥有相应的财产所有权的证书。股份有限公司将全部资本分成等值的单位，叫做"股份"；将"股份"印制成一定的书面形式，记载表明其价值的事项及有关股权等条件的说明，就是股票。拥有公司股票的投资者称为股东。股东凭借其拥有公司的股票数对公司的净资产享有一定份额的所有权。例如，某公司发行在外的股票有一亿，则每一股占公司净资产的一亿分之一，若某股东持有其中的1000 股，则其拥有公司 1000 股股份，所拥有的股份占到公司总股份和总股权的十万分之一。

### 2. 股票的分类

(1) 普通股和优先股

根据股东的权益不同，股票可以分为普通股和优先股股票。

**普通股**股票是公司最主要的一类股票，其持有者即普通股股东在公司盈利和剩余财产的分配上列在债权人和优先股股东之后，故其承担的风险较高。

普通股的主要特征有：

- 期限上的永久性。股票没有到期日，股份公司一般都不会对股东偿还本金，股东也无权提出退股索回股本的要求。
- 责任上的有限性。股东仅以其所持有的股份为限对公司承担责任，公司以其全部资产对公司的债务承担责任。公司一旦破产，公司净资产不够清偿债权人所要求的债务，股东不会以其公司股份除外的个人及家庭资产进行偿付。

- 决策上的参与性。每股普通股所具有的权利是一样的，即所谓的同股同权。股东按其所持有公司股份的比例通过股东大会来行使其权利。普通股股东有权参加股东大会，听取董事会提出的工作报告和财务报告，并提出自己的意见和建议；普通股股东有权参与股东大会对公司重大决策进行投票，以参与公司经营管理决策；普通股股东按其持有股份数有权选举和被选举为公司的董事或监事。

- 清偿上的附属性。按照我国《公司法》规定，股份有限公司宣布清偿时要按法定顺序支付清算费用、职工工资和劳动保险费用、缴纳所欠税款、清偿公司债务。只有在上述一系列债权人的债务分别清偿完毕后，法律才允许偿还股东的股本金。

- 投资的风险性。由于股票的价格不仅受到公司经营业绩的影响，还受到市场交易的影响，相对于债券和银行存款而言，股票价格经常大幅波动，因此投资风险比较高。

**优先股**是一种特殊的股票，优先股股东在公司盈利和剩余财产的分配上比普通股股东享有优先权，优先股股票的股息率一般都是固定的，但是优先股股东无权参与公司的经营决策，也无权分享公司利润增长的收益。在公司破产清算时，优先股的清偿顺序排在普通股之前，但位于公司债券之后。

(2) 国家股、法人股、社会公众股、外资股

按照我国的有关法规，股份有限公司的股份按投资主体的性质不同可以分为以下几种。

① **国家股**。国家股指有权代表国家投资的部门或机构以国有资产向公司投资形成的股份，包括以公司现有国有资产折成的股份。

② **法人股**。法人股是指企业法人或具有法人资格的事业单位和社会团体以其依法可经营的资产向公司非上市流通股权部分投资所形成的股份。

③ **社会公众股**。社会公众股是指我国境内个人和机构以其合法财产向公司可上市流通股权进行投资所形成的股份。

④ **外资股**。外资股为外国和我国香港、澳门、台湾地区投资者以购买人民币特种股票形式向公司投资形成的股份。外资股又可分为境内上市外资股和境外上市外资股。

(3) A 股、B 股、H 股、N 股、S 股

我国的股票按上市地点和投资者不同可分为以下几种。

① **A 股**。A 股的正式名称为人民币普通股票。它是由我国境内的公司发行，供境内机构、组织或个人(不含台、港、澳投资者)以人民币认购和交易的普通股股票。

② **B 股**。B 股的正式名称是人民币特种股票，为境内上市外资股，是指股份有限公司向境外投资者募集并在我国境内上市的股份。它是以人民币标明面值，以外币认购和买卖，在境内(上海、深圳)证券交易所上市交易的普通股股票。它的投资人限于外国的自然人、法人和其他组织，中国香港、澳门、台湾地区的自然人、法人和其他组织，定居在国外的中国公民，以及证券管理部门规定的其他投资人。B 股公司的注册地和上市地都在境内，投资者在境外或在中国香港、澳门及台湾。自从 2001 年 2 月发布境内居民可投资 B 股的决定后，境内居民个人可从事 B 股投资，B 股的"外资股"性质也发生了变化。

③ **H 股、N 股、S 股**。这类股票属于境外上市外资股，它是指股份有限公司向境外投资者发行并在境外上市的股份。它也采取记名形式，以人民币标明面值，以外币认购。在境外上市时，可以采取境外委托凭证或股票的其他形式。其中，H 股指注册地在境内、上市地在

香港的外资股。因香港的英文是 Hong Kong，取其首字母，将在香港上市的外资股称为 H 股。依此类推，在纽约上市的外资股称为 N 股，在新加坡上市的外资股称为 S 股，在伦敦上市的外资股称为 L 股等。

### 读一读 股权分置改革(也称为"股改")

由于特殊的历史原因，中国股市长期存在流通股和非流通股并存的二元结构。股权分置改革就是通过一定的制度安排，使得非流通股变成流通股，从而获得上市流通、交易的权利。由于股票发行时，国有股和大股东所持股票不能上市流通(股权分置改革完成之后，这种情况有所变化)，因此，流通股与非流通股之间存在一定的溢价，当非流通股变成流通股时，需要对原有的流通股股东做出一定的补偿，这就形成了实际中的各种股改方案，诸如：10 送 2、10 送 3 以及非流通股缩股等补偿方式。

中国原有的非流通股的总市值相对于流通股总市值要大得多，因此，为避免非流通股的上市抛售对股市造成不利影响，规定股权分置改革完成以后，非流通股要等到"锁定期"之后才能上市，于是便形成了所谓的"大非"和"小非"。所谓"大非"是指股改后，对股改前占比例较大的非流通股，限售流通股占总股本 5%以上者在股改两年以上方可流通。所谓"小非"是指股改后，对股改前占比例较小的非流通股，限售流通股占总股本比例小于 5%，在股改一年后方可流通。

资料来源：霍文文. 证券投资学. 第 3 版. 北京：高等教育出版社，2008

### 3. 股票价格指数

股票价格指数是描述股票市场总的价格水平变化的指标。它是选取有代表性的一组股票，把它们的价格进行加权平均，通过一定的计算规则计算得到。各种指数具体的股票选取和计算方法是不同的：有的股票价格指数采用简单的价格平均法，如道·琼斯股票指数；有的采用股票市值加权平均法，如香港的恒生指数。

当前我国最为常用的指数是上证指数和深圳成指。另外，随着股指期货(股票指数期货)的发行，沪深 300 指数也是较为常用的指数。目前国际上影响最大的是美国的三大指数，分别是道·琼斯股票指数、标准普尔指数和纳斯达克指数。此外，还有像日本的日经 225 指数、香港的恒生指数、德国的 DAX 指数、英国富时 100 指数和法国 CAC40 指数等。

## 2.3.2 债券

### 1. 债券定义

债券是发行人按照法定程序发行，并约定在一定期限还本付息的有价证券。债券反映的是债权债务关系，但是它与一般的借款合同不同，它不是发行人对某个特定个人或法人所负的债务，而是发行人对全体应募者统一的债务。

债券的特征表现在偿还性、流动性、安全性和收益性上。

- 偿还性。债券有规定的偿还期限，债务人必须按期向债权人支付利息和偿还本金。这一特征与股票的永久性具有很大的区别。
- 流动性。所谓流动性是指资产能够迅速变现，且不会有较大损失的能力。债券的流动性是指债券持有者可以根据自己的需要和市场的实际情况，灵活地转让债券提前收回本金。
- 安全性。安全性是指债券持有人的收益相对固定，不会随发行者收益的变动而变动，并能按期收回本金。与股票相比，其投资风险较小。
- 收益性。收益性是指债券能为投资者带来一定的收入。这种收入包括两部分：一部分是持有期间的利息收入；另一部分是投资者在债券未到期之前提前出售债券所获得的转让价格大于其买入价格之间的收益。当然，投资者提前出售时，转让价格也可能低于买入价格，从而蒙受损失。影响转让价格的因素很多，其中最主要的就是市场利率水平。

### 👓 读一读　永久债券和金边债券

永久债券(perpetual bonds)是一种不规定本金返还期限，可以无限期地按期取得利息的债券。实际中，并不真正存在无限期的债券，但当债券期限长达数十年甚至上百年的时候，人们习惯称这种超长期的债券为永久债券。

在 17 世纪，英国政府发行了以税收保证支付本息的政府公债，该公债信誉度很高。当时发行的英国政府公债带有金黄边，因此被称为"金边债券"。在美国，经权威性资信评级机构评定为最高资信等级(AAA 级)的债券，也称"金边债券"。后来，"金边债券"一词泛指所有中央政府发行的债券，即"国债"。

资料来源：中国证券业协会编. 证券市场基础知识. 北京：中国财政经济出版社，2008

#### 2. 债券要素

(1) 债券面值

债券面值一般是 100 元。设置债券面值金额的大小一般要考虑两个因素：认购者的认购能力和发行成本。券面金额较低，可以吸引购买能力不强的中小投资者参与债券的认购；但是票面金额过低，会增加债券数量，不仅增加印刷成本，还会使发行工作复杂化。券面金额过高，虽然会降低发行成本，但是可能将中小投资者拒之门外。

(2) 票面利率

票面利率又称名义利率，是债券票面所载明的利率。它一般包括三方面的内容。

- 利率水平。利率水平是债券年利和票面金额的比率，其大小取决于市场利率水平、债券信用级别、债券的期限、利息支付方式、税率等诸多因素。一般来讲，发行时市场利率水平越高，债券的信用级别越低，债券的期限越长，则债券的票面利率越高。从税率来看，税率负担越重的债券，其票面利率越高；税率负担越低，或免税的债券，其票面利率越低。利率可以是浮动的，也可以是固定的。

- 付息频率。付息频率是发行人在债券到期前支付给债券持有人利息的次数。付息频率主要有两种：一种是一次付息，即到期时一次还本付息；另一种是分次付息，有半年付息、每季度付息和一年付息等。在通货膨胀严重的情况下，分次付息比一次付息更有利于吸引投资者。
- 计息方法。计息方法可以分为单利计息和复利计息。对于单利是在本金基础上计算利息；复利是除了在本金基础上计算利息，还需要在利息基础上计算利息。

(3) 到期期限

债券到期期限是指债券从发行到偿还本息的时间跨度。对于债券到期期限的长短，债券发行人一般视资金的用途、对未来利率水平预期、流通市场的发达程度以及发行者的信用度而定。资金募集主要是为了长期使用，债券的到期期限应该长一些；如果是短期使用，债券的到期期限应该短一些。如果预期未来利率水平上升，以后的融资成本增加，债券发行人会考虑发行长期债券；如果预期未来利率水平下降，以后可以有机会按更低的成本融资，债券发行人会考虑发行短期债券。如果债券市场发达程度较高，长期债券可以在市场上迅速转手变现，则发行者可以发行期限较长的债券；如果债券市场不够发达，长期债券的流动性较差，投资者很可能不愿持有长期债券，那么债券发行人会尽量少发长期债券。债券发行人信用度高可以顺利地将长期债券卖出去，但是如果债券发行人信用度差，投资者可能难以接受长期债券。

(4) 发行价格

发行价格是债券从发行者手中转移到初始投资者手中的价格。债券的发行价格可以是平价发行、溢价发行和折价发行。平价发行是指债券的发行价格等于面值；溢价发行是指债券的发行价格高于面值；折价发行是指债券的发行价格低于面值。

(5) 偿还方式

偿还方式可以分为到期偿还、期中偿还和展期偿还。到期偿还是指债券到期时进行偿还；期中偿还是指债券未到期就进行偿还；展期偿还是指债券到期后，通过展期的形式延期偿还。期中偿还又可以分为全额偿还和部分偿还。全额期中偿还是指债券未到期之前全部偿还；部分期中偿还是指债券未到期之前先偿还部分，剩余的以后再偿还。债券的偿还方式直接影响到发行人的筹资成本和投资者的投资收益以及双方的风险。

(6) 税收待遇

债券的税收待遇是指对债券的收益是否征税，具体而言可以分为是否对利息收入征税和是否对资本利得征税。所谓资本利得是指债券的卖出价格与债券买入价格之差。各类债券可能有不同的税收待遇，国债、地方政府债券一般都是免税的，企业债券一般都会收取利息税或资本利得税或两者兼而有之。

**3. 债券分类**

(1) **按发行主体分类**

根据发行主体不同，债券可以分为政府债券、公司债券和金融债券等。

**政府债券**的发行主体是政府。在很多国家，除了财政部发行的债券外，地方政府也发行各种债券，目前我国尚未发行地方政府债券。

中央政府债券又称为国债，是由中央政府发行，发行的主要目的是为了解决政府财政赤字和进行基础设施建设。由于中央政府具有征税权和货币发行权，所以国债具有最高的信用度，一般都没有信用风险，因此又称"金边债券"。

地方政府债券又称市政债券(municipal bond)，是由地方政府发行，用以支持当地经济开发、公共设施建设。我国地方政府尚不能直接发债，但是可以通过成立国有控股公司进行发债。

公司债券(corporate bond)是公司为筹集资金而发行的债务凭证。有时，我们也将公司债券称为企业债券，实际上，两者在我国还是存在一定差异的。首先，发行主体不同，公司债券是由股份有限公司或有限责任公司发行的债券，我国《公司法》和《证券法》对此做了明确规定，因此，非公司制企业不得发行公司债券；其次，公司债券的发行通常实行登记注册制，即只要发债公司的登记材料符合法律等制度规定，监管机关无权限制其发债行为，我国企业债券的发行须经国家发改委报国务院审批；最后，两者的信用等级不同，由于企业债的发行主体多为大型国有企业，具有隐性的政府担保，因此，企业债的信用等级要大大高于一般公司债券的信用等级。

金融债券是由银行等金融机构发行的债券。我国目前金融债券的品种主要有：央行票据、政策性银行债、证券公司债、商业银行次级债、保险公司次级债、证券公司短期融资券、混合资本债等。其中，混合资本债券是指商业银行为补充附属资本发行的、清偿顺序位于股权资本之前但列在一般债务和次级债务之后、期限在15年以上、从发行之日起10年内不可赎回的债券。

(2) 按计息方式分类

按照不同的计息方式，债券可以分为附息债券、零息债券、一次还本付息债券、贴现债券和浮动利率债券。

附息债券(coupon bond)是在债券券面上附有息票，期间按照债券票面利率和约定的支付方式支付利息，期末支付本金和最后一次利息的债券。

零息债券(zero coupon bond)是在债券存续期内不支付利息、到期按面值偿还的债券。零息债券的发行价格一般远远低于面值。

一次还本付息债券是指规定了票面利率，但是必须等到债券到期时才一次性还本付息，期间不支付利息也不计复利的债券。

贴现债券(discount bond)又称贴水债券或贴息债券。这种债券不规定票面利率，发行时按照规定的折扣率，以低于债券面值的价格发行，到期按面值支付本金。但通常期限不超过一年，发行价格和面值之间的差价即为利息。

浮动利率债券(floating rate bond)是指其利率会参考市场利率定期进行调整的债券。

(3) 按偿还期分类

按偿还期的不同，债券可以分为短期债券、中期债券和长期债券。短期债券是偿还期限在1年以内的债券，通常有3个月、6个月、9个月、12个月等。中期债券是指偿还期在1年以上、10年以下的债券。长期债券是偿还期在10年以上的债券。

### 2.3.3　证券投资基金

**证券投资基金**(securities investment fund)是指通过发售基金份额(或称基金受益凭证)，将众多投资者的资金集中起来，形成独立财产，由基金托管人托管，基金管理人管理，以投资组合的方法进行证券投资的一种利益共享、风险共担的集合投资方式。

**1. 证券投资基金参与者**

证券投资基金的参与者包括：持有人、发起人、基金管理人、基金托管人等。

(1) 持有人(fund holders)

基金持有人又称基金受益人，是基金受益凭证的持有者。作为基金的受益人，基金持有人享有基金资产的一切权益，包括基金信息的知情权、表决权和收益权等。

(2) 发起人(fund promoter)

基金的发起人指发起募集设立基金的机构。发起人在基金设立过程中的行为称为发起行为。如果基金设立不成功，基金发起人须承担基金募集费用，将已募集的资金并加计银行活期存款利息在规定时间内退还基金认购人。

(3) 基金管理人(fund manager)

基金管理人(基金管理公司)是指凭借专门的知识与经验，运用所管理基金的资产，根据法律、法规及基金章程或基金契约的规定，按照科学的投资组合原理进行投资决策，谋求所管理的基金资产不断增值，并使基金持有人获取尽可能多收益的机构。

基金管理人在不同国家(地区)有不同的名称。例如，在英国称为投资管理公司，在美国称为基金管理公司，在日本多称投资信托公司，在我国台湾则称为证券投资信托事业。

(4) 基金托管人

基金托管人是投资人权益的代表，是基金资产的名义持有人或管理机构。为了保证基金资产的安全，按照资产管理和资产保管分开的原则运作基金，基金设有专门的基金托管人保管基金资产。基金托管人应为基金开设独立的基金资产账户，负责款项收付、资金划拨、证券清算、分红派息等，所有这些，基金托管人都是按照基金管理人的指令行事，而基金管理人的指令也必须通过基金托管人来执行。

我国《证券投资基金法》规定，基金资产必须由独立于基金管理人的基金托管人保管，基金托管人只能由依法设立并取得基金托管资格的商业银行担任。

**2. 证券投资基金的特点**

相对于个人投资者而言，证券投资基金具有以下几个优势。

(1) 集合理财、专业管理

基金将众多投资者的资金集中起来，委托基金管理人进行共同投资，表现出一种集合理财的特点，通过汇集众多投资者的资金，积少成多，有利于发挥资金的规模优势，降低投资成本。基金由基金管理人进行投资管理和运作。基金管理人一般拥有大量的专业投资研究人员和强大的信息网络，能够更好地对证券市场进行全方位的动态跟踪与分析。

(2) 组合投资、分散风险

我国《证券投资基金法》规定，基金必须以组合投资的方式进行基金的投资运作，从而使"组合投资、分散风险"成为基金的一大特色。"组合投资、分散风险"的科学性已被现代投资学所证明。中小投资者由于资金量小，一般无法通过购买不同的股票分散投资风险。基金通常会购买几十种甚至上百种股票，投资者购买基金就相当于用很少的资金购买了一揽子股票，某些股票下跌造成的损失可以用其他股票上涨的盈利来弥补。因此可以充分享受到组合投资、分散风险的好处。

(3) 利益共享、风险共担

基金投资者是基金的所有者，他们与基金托管人和管理人共担风险、共享收益。基金投资收益在扣除由基金承担的费用后的盈余全部归基金投资者所有，并依据各投资者所持有的基金份额比例进行分配。为基金提供服务的基金托管人、基金管理人只能按规定收取一定的托管费、管理费，并不参与基金收益的分配。

(4) 严格监管、信息透明

为保护投资者的利益，增强投资者对基金投资的信心，中国证监会对基金业实行比较严格的监管，对各种有损投资者利益的行为进行严厉的打击，并强制基金进行较为充分的信息披露。在这种情况下，严格监管与信息透明也就成为基金的一个显著特点。

(5) 独立托管、保障安全

基金管理人负责基金的投资操作，本身并不经手基金财产的保管。基金财产的保管由独立于基金管理人的基金托管人负责。这种相互制约、相互监督的制衡机制对投资者的利益提供了重要的保护。

**3. 证券投资基金的类型**

(1) 按组织形式分类

证券投资基金按组织形成可分为公司型基金和契约型基金两种。

**公司型基金**(corporate type funds)是指基金本身为一家股份有限公司，公司通过发行股票或受益凭证的方式来筹集资金。投资者购买了该家公司的股票，就成为该公司的股东，凭股票领取股息或红利，分享投资所获得的收益。公司型基金在形式上类似于一般股份公司，但不同于一般股份公司的是，它委托基金管理公司作为专业的财务顾问或管理公司来经营与管理基金资产。

**契约型基金**(contractual type funds)，又称单位信托基金(unit trust funds)，它是依据信托契约原理，由基金投资者、基金管理人、基金托管人之间所签署的信托契约(或称基金合同)而设立的基金。相比契约型基金，公司型基金的优点是法律关系明确清晰，监督约束机制较为完善，但契约型基金在设立上更为简单易行。公司型基金在美国最为常见，而契约型基金则在英国较为普遍。我国目前设立的基金均为契约型基金。

👓 **读一读  产业投资基金**

产业投资基金是相对于证券投资基金的一大类基金，国外通常又称为风险投资基金和私募股权投资基金，一般是指向具有高增长潜力的未上市企业进行股权或准股权投资，并参与被投资企业的经营管理，以期所投资企业发育成熟后通过股权转让实现资本增值。根据目标企业所处阶段不同，可以将产业基金分为种子期或早期基金、成长期基金、重组基金等。证券投资基金与产业投资基金有本质的区别，证券投资基金不是投资未上市公司，而是投资上市公司可流通的股票和其他有价证券。

产业投资基金具有以下主要特点：

第一，投资对象主要为非上市企业。

第二，投资期限通常为3~7年。

第三，积极参与被投资企业的经营管理。

第四，投资的目的是基于企业的潜在价值，通过投资推动企业发展，并在合适的时机通过各类退出方式实现资本增值收益。

资料来源：李曜. 证券投资基金学. 上海：上海财经大学出版社，2002

(2) 按运行方式分类

按基金的运行方式，证券投资基金可分为开放式基金和封闭式基金两种。

**开放式基金**(open-end funds)总额不固定，基金份额可以在基金合同约定的时间和场所申购或者赎回基金。投资者既可以通过基金销售机构购买基金份额(称为申购基金)使得基金资产和规模由此相应地增加，也可以将所持有的基金份额卖给基金管理人(称为赎回基金)并收回现金使得基金资产和规模相应地减少。开放式基金的申购和赎回价格为基金的单位净值加上或减去一定的手续费确定，其交易方式一般为柜台交易。存续期一般没有明确的规定。

**封闭式基金**(close-end funds)是基金规模在基金存续期内固定不变的证券投资基金。基金份额持有人不得申请赎回基金，但是可以依法在二级市场上进行交易。在二级市场上的交易价格与单位净值无决定关系，主要是由市场的供求关系决定。市场上经常出现封闭式基金折价的现象，即基金的二级市场交易价格低于基金的单位净值。

👓 **读一读  封闭式基金折价问题**

在国内外证券市场上，我们都可以发现封闭式基金在二级市场上的交易价格经常低于基金净值，这种情况称为折价，封闭式基金的折价现象被学术界称为"封闭式基金折价之谜"。对于封闭式基金折价问题，学术界提出了很多解释理由，主要有：一是封闭式基金缺乏外部的市场约束，即封闭式基金经营不善时，投资人不能像开放式基金那样通过赎回的方式对基金管理者进行"惩罚"；二是封闭式基金提取的管理费几乎固定不变，内部激励不足，因此优秀的基金经理更愿意到开放式基金的部门工作。

(3) 按投资目标分类

根据投资目标，即投资风险与收益的不同，证券投资基金可分为成长型证券投资基金、收入型证券投资基金和平衡型证券投资基金。

**成长型证券投资基金**以资本长期增值为投资目标,其投资对象主要是市场中有较大升值潜力的小公司股票和一些新兴行业的股票。为达成最大限度的增值目标,成长型证券投资基金通常很少分红,而是经常将投资所得的股息、红利和盈利进行再投资,以实现资本增值。

**收入型证券投资基金**主要投资于可带来现金收入的有价证券,以获取当期的最大收入为目的,其投资对象主要是那些绩优股、债券、可转让大额存单等收入比较稳定的有价证券。收入型证券投资基金虽然成长性较弱,但风险相应也较低,适合保守的投资者和退休人员。

**平衡型证券投资基金的**风险和收益特征介于成长型和收入型之间,既追求长期资本增值,又追求当期收入。这类基金主要投资于债券、优先股和部分普通股,它们在投资组合中有比较稳定的组合比例,一般是把资产总额的 25%~50%用于优先股和债券,其余的用于普通股投资。

(4) 按投资对象分类

根据证券投资基金投资对象的不同,可以将基金划分为股票基金、债券基金、混合基金、货币市场基金、指数基金、房地产基金、期货基金、期权基金等。

**股票基金**是以上市公司股票为主要投资对象的证券投资基金。这种基金投资风险大,收益也相当高。根据基金分散化不同,股票基金可以分为一般股票基金和行业基金,前者将基金资产分散投资于各类股票,后者是将基金资产集中投资于某个行业股票。根据投资市场不同,股票基金可以分为国内股票基金、国外股票基金、全球股票基金。根据股票性质分类,可以分为价值型股票基金和成长型股票基金。价值型股票基金投资于收益稳定、价值被低估、安全性较高的股票;成长型股票基金是投资于收益增长快、未来发展潜力大的股票。按股票规模分类可以分为小盘股基金、中盘股基金、大盘股基金。

**债券基金**以各类债券为主要投资对象,风险高于货币市场基金,低于股票基金。债券基金通过国债、企业债等债券的投资获得稳定的利息收入,具有低风险和稳定收益的特征,适合风险承受能力较低的稳健型投资者的需要。

**混合基金**同时以股票、债券为投资对象,根据股票、债券投资比例以及投资策略不同,混合型基金又可分为偏股型基金、偏债型基金、配置型基金等多种类型。

**货币市场基金**(money market fund,MMF)是指投资于货币市场上短期(一年以内,平均期限 120 天)有价证券的一种投资基金。该基金资产主要投资于短期货币工具如国库券、商业票据、银行定期存单、政府短期债券、企业债券等短期有价证券。

以上四种基金最为常见,此外,还有两类比较特殊但应用广泛的基金,这就是交易型开放式指数基金和上市型开放式基金。

**交易型开放式指数基金**(exchange traded funds,ETF 基金)或称交易所交易基金。ETF 基金是一种跟踪“标的指数”变化且在证券交易所上市交易的基金。ETF 基金属于开放式基金的一种特殊类型,它综合了封闭式基金和开放式基金的优点,投资者既可以在二级市场买卖ETF 基金份额,又可以向基金管理公司申购或赎回 ETF 基金份额,不过,申购、赎回必须以一揽子股票(或有少量现金)换取基金份额或者以基金份额换回一揽子股票(或有少量现金)。

**上市型开放式基金**(listed open-ended fund,LOF 基金)是能在证券交易所上市交易的开放式基金。开放式基金申购、赎回都是在指定的网点进行，而 LOF 基金既可以在指定网点申购与赎回，又可以在交易所进行买卖。不过投资者如果是在指定网点申购的基金份额，想要上网抛出，必须办理一定的转托管手续；同样，如果是在交易所网上买进的基金份额，想要在指定网点赎回，也要办理一定的转托管手续。

LOF 基金与 ETF 基金是一个比较容易混淆的概念。因为它们都具备开放式基金可申购、可赎回和可在交易所交易的特点。实际上两者存在本质区别：

- ETF 本质上是指数型的开放式基金，是被动管理型基金，而 LOF 则是普通的开放式基金增加了交易所的交易方式，它可能是指数型基金，也可能是主动管理型基金。
- 在申购和赎回时，ETF 与投资者交换的是基金份额和"一揽子"股票，而 LOF 则是与投资者交换现金。
- 在一级市场上，即申购赎回时，ETF 的投资者一般是较大型的投资者，如机构投资者和规模较大的个人投资者，而 LOF 则没有限定。
- 在二级市场的净值报价上，ETF 每 15 秒钟提供一个基金净值报价，而 LOF 则是一天提供一个基金净值报价。

### 👓 读一读　券商集合理财产品

券商集合理财是证券公司发行的类似于开放式投资基金的理财产品。证券公司集合客户的资金，按照集合理财计划进行投资，投资的主要收益归于投资者，证券公司收取相应的管理费和销售费用等。与普通的开放式基金不同，券商集合理财产品具有投资范围更广泛、投资策略更灵活、披露信息较少等优势；但另一方面，券商集合理财对客户资金门槛有一定要求，如限定性投资和非限定性投资的客户资金分别为不少于 5 万元和 10 万元，相比基金门槛更高。

资料来源：李曜. 证券投资基金学. 上海：上海财经大学出版社，2002

#### 4. 证券投资基金的申购和赎回

(1) 基本概念

**基金单位净值**即每份基金单位的净资产价值，等于基金的总资产减去总负债后的余额再除以基金全部发行的单位份额总数。开放式基金的申购和赎回都以这个价格进行。

$$基金单位净值 = \frac{总资产 - 总负债}{基金单位总数} \tag{2-1}$$

其中，总资产指基金拥有的所有资产，包括股票、债券、银行存款和其他有价证券等；总负债指基金运作及融资时所形成的负债，包括应付给他人的各项费用、应付资金利息等；基金单位总数是指当时发行在外的基金单位的总量。

基金单位净值的计算主要有两种方法：

① 已知价计算法。已知价又叫历史价，是指上一个交易日的收盘价。已知价计算法就是基金管理人根据上一个交易日的收盘价来计算基金所拥有的金融资产，包括股票、债券、期

货合约、认股权证等总值，加上现金资产，然后除以已售出的基金单位总额，得出每个基金单位的资产净值。采用已知价计算法，投资者当天就可以知道单位基金的买卖价格，可以及时办理交割手续。

② 未知价计算法。未知价又称期货价、事后价，是指当日证券市场上各种金融资产的收盘价，即基金管理人根据当日收盘价来计算基金单位资产净值。在实行这种计算方法时，投资者当天并不知道其买卖的基金价格是多少，要在第二天才知道单位基金的价格。

**基金单位累计净值**是基金单位净值与基金成立后历次累计单位派息金额的总和，反映该基金自成立以来的所有收益的数据。

$$基金单位累计净值＝基金单位净值＋基金历史上累计单位派息金额$$
$$＝基金单位净值＋\frac{基金历史上所有分红派息的总额}{基金总份额} \qquad (2\text{-}2)$$

基金净值的高低并不是选择基金的主要依据，基金净值未来的成长性才是判断投资价值的关键。净值的高低除了受到基金经理管理能力的影响之外，还受到很多其他因素的影响。若是基金成立已经有相当长的一段时间，或是自成立以来成长迅速，基金的净值自然就会比较高；如果基金成立的时间较短，或是进场时点不佳，都可能使基金净值相对较低。因此，如果只以现时基金净值的高低作为是否要购买基金的标准，就常常会做出错误的决定。购买基金还是要看基金净值未来的成长性，这才是正确的投资方针。

**申购**(subscription)是投资者直接或通过代理机构向基金管理公司买入共同基金的统称，投资者必须填写一份申购书并缴付申购款项(包含基金价款及手续费)，而投资者所能申购的基金份额则依据申购款除以该基金当日之单位净值计算出来。

**赎回**(redemption)只是针对开放式基金，投资者以自己的名义直接或通过代理机构向基金管理公司要求部分或全部退出基金的投资，并将赎回钱款汇至该投资者的账户内。投资人需填写一份赎回申请书，并注明赎回基金的名称和单位数(或金额)，以及赎回钱款欲汇入的银行账户，整个过程一般约需三至四个工作日。

**基金手续费**(fund fees)是指在买卖基金时支付给销售机构的费用，用来补偿基金销售机构因为办理基金买卖手续而产生的成本。为了防止销售机构联手哄抬手续费而损害投资人利益，或是过度调降费率而引发行业恶性竞争，许多国家和地区一般都对基金买卖的手续费设有上限或下限。

买卖封闭式基金的手续费俗称佣金。目前，法规规定的基金佣金上限为每笔交易金额的0.3%，佣金下限为每笔人民币 5 元，券商可以在这个范围内自行确定费用比率。目前，对封闭式基金的买和卖都同样收取交易金额的 0.3%作为手续费。

购买开放式证券投资基金一般有三种费用：一是在购买新成立的基金时要缴纳"认购费"；二是在购买老基金时需要缴纳"申购费"；三是在基金赎回时需要缴纳"赎回费"。一般认购率为 1.2%，申购率为 1.5%，赎回率为 0.5%，货币市场基金不收赎回费。

基金认购计算公式为

$$认购费用＝认购金额×认购费率 \qquad (2\text{-}3)$$

$$净认购金额＝认购金额－认购费用＋认购日到基金成立日的利息 \qquad (2\text{-}4)$$

基金申购计算公式为

$$申购费用＝申购金额×申购费率 \qquad (2\text{-}5)$$

$$申购份额＝\frac{申购金额－申购费用}{申请日基金单位净值} \qquad (2\text{-}6)$$

基金赎回计算公式为

$$赎回费＝赎回份额×赎回当日基金单位净值×赎回费率 \qquad (2\text{-}7)$$

在基金的运作过程中，还有一部分费用由基金资产支付，这就是基金管理费和基金托管费。

**基金管理费**(fund management fees)是支付给基金管理人的管理报酬，其数额一般按照基金净资产值的一定比例从基金资产中提取。一般而言，基金风险程度越高，其基金管理费费率越高。我国目前的货币市场基金，其年费率仅为 0.5%～1%，而股票基金管理年费率为 2.5%。

除了基金管理费，有的基金还规定可向基金管理人支付基金业绩报酬。基金业绩报酬，通常是根据所管理的基金资产的增长情况规定一定的提取比率。

**基金托管费**(fund custodian fees)是指基金托管人为基金提供服务而向基金或基金公司收取的费用。托管费通常按照基金资产净值的一定比例提取，目前通常为 0.25%，逐日累计计提，按月支付给托管人。此费用也是从基金资产中支付，不需另向投资者收取。通常基金规模越大，基金托管费费率越低。新兴市场国家和地区的托管费收取比例相对要高。托管费的年费率在国际上通常为 0.2%左右，美国一般为 0.2%，我国内地及台湾、香港则为 0.25%。

(2) 申购和赎回计算

开放式基金在基金开放日可以申购和赎回，而封闭式基金平时不可以申购和赎回，无论是开放式基金还是封闭式基金在发行设立时购买都称为认购。基金的认购价格为基金面值。开放式基金申购和赎回的价格都以单位基金资产净值(NAV)为基础计算。基金资产净值会随着股票、债券的市场价格波动而变化，因此基金的单位净值也会发生变化。基金招募书上一般都会规定认购、申购和赎回的费率。

认购费、申购费及赎回费的计算都采用四舍五入法，结果保留小数点后两位数字。认购份额、申购份额及赎回份额都采用四舍五入后取整数，保留到个位数，产生的误差通常计入基金资产。

**例 2.1  开放式基金认购、申购和赎回计算**

华夏成长(000001)的认购费率为 0.8%。申购费率有三档: 申购金额在 100 万以下, 申购费率是 1.80%; 100 万(含)～500 万之间, 申购费率是 1.5%; 500 万(含)以上, 申购费率是 1.2%。华夏成长的赎回费率为 0.5%。问: (1)如果在华夏成长基金设立之时, 投资者认购 50 万元, 其支付的认购费和认购的基金份额分别是多少? (2)假设该基金在某个开放日 2008 年 12 月 16 日的基金单位净值为 0.965 元, 有三笔申购, 金额分别是 50 万、120 万、600 万, 那么这三笔申购所负担的申购费和申购的基金份额分别是多少? (3)如果投资者在 2008 年 12 月 16 日赎回 50 万华夏成长基金份额, 可以赎回现金数是多少?

**解:**

(1) 如果在华夏成长基金设立之时, 投资者认购 50 万元, 则支付的认购费为 4000 元, 认购的基金份额为 496 000 份, 计算过程如下:

$$基金认购费 = 500\,000 \times 0.8\% = 4000(元)$$

$$基金认购份额 = \frac{净认购金额}{基金单位面值} = \frac{认购金额 - 认购费用}{基金单位面值} = \frac{500\,000 - 4000}{1} = 496\,000(元)$$

(2) 在开放日 2008 年 12 月 16 日, 三笔申购所负担的申购费和申购的基金份数计算如下表 2.1 所示。

**表 2.1  申购费和申购份额计算表**

| 项　　目 | 申购 1 | 申购 2 | 申购 3 |
|---|---|---|---|
| 申购金额(A) | 500 000 | 1 200 000 | 6 000 000 |
| 适用费率(B) | 1.8% | 1.5% | 1.2% |
| 申购费用(C = A×B) | 9000 | 18 000 | 72 000 |
| 净申购金额(D = A－C) | 491 000 | 1 182 000 | 5 928 000 |
| 申购份额(D/0.965) | 508 808 | 1 224 870 | 6 143 005 |

(3) 如果投资者在 2008 年 12 月 16 日赎回 50 万基金份额, 可以赎回 497 500 元现金, 计算过程如下:

$$赎回费 = 500\,000 \times 0.5\% = 2500(元)$$

$$赎回的现金 = 500\,000 - 2500 = 497\,500(元)$$

## 2.3.4  金融衍生产品

衍生产品是英文 derivatives 的中文意译, 其原意是"派生物"、"衍生物"的意思。金融衍生产品通常是指从基础资产(underlying assets)派生出来的金融工具。现代意义上的金融衍生产品交易开始于 1972 年美国芝加哥商品交易所的国际货币市场分部的第一份期货合约。20 世纪 70 年代产生的金融衍生产品主要是期货和期权交易。到了 80 年代, 互换交易获得了长足的发展。进入 90 年代以来, 出于资产或收入套期保值、风险管理、投融资管理等多种需要，越来越多的企业参与衍生产品交易。

金融衍生产品按照交易方法可以分成四类：金融远期合约、金融期货合约、期权合约和金融互换合约。如图 2.2 所示。

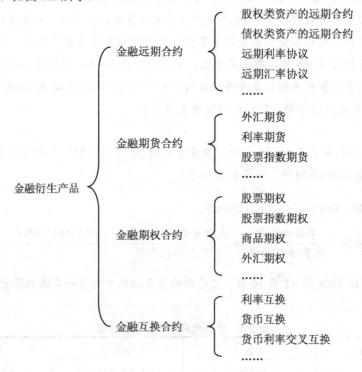

图 2.2 金融衍生产品分类

### 1. 金融远期合约

金融远期合约(financial forwards/forward contract)是 20 世纪 80 年代初兴起的一种保值工具，它是一种交易双方约定在未来的某一确定时间以确定的价格买卖一定数量的某种金融资产的合约。合约中要规定交易的标的物、有效期和交割时的执行价格等内容。

(1) 金融远期合约分类

根据基础资产划分，常见的金融远期合约包括如下四个大类。

① **股权类资产的远期合约**。包括单个股票的远期合约、一揽子股票的远期合约和股票价格指数的远期合约三个子类。

② **债权类资产的远期合约**。主要包括定期存款单、短期债券、长期债券、商业票据等固定收益证券的远期合约。

③ **远期利率协议**是指按照约定的名义本金,交易双方在约定的未来日期交换支付浮动利率和固定利率的远期协议。

④ **远期汇率协议**是指按照约定的汇率,交易双方在约定未来日期买卖约定数量的某种外币的远期协议。

(2) 远期合约的特点

远期合约的主要特点是：

①　远期合约的这种交易方式是相对于即期交易而言。即期交易的交易双方对现在时间的交易达成协议，并现在就货款交割；远期交易是交易双方对未来时间的交易达成协议，协议是现在定下来，但合约的履行、货款的交割是在未来时刻。

②　远期合约是必须要履行的，不像期权的购买者可以不行使权利，即放弃交割。因此，远期交易双方都存在风险。

③　远期合约亦与期货不同，其合约条件是为买卖双方量身定制的，通过场外交易(OTC)达成，而后者则是在交易所买卖的标准化合约。

### 👓 读一读　远期合约套期保值案例

国内 X 铜业制品有限公司于 2008 年 3 月 1 日接到客户 Y 的一个大订单，要求 X 在 2009 年 5～7 月之间提供 500 万件铜管，价值约为 5000 万元人民币。X 公司生产计划员根据该订单，估算出需要进口铜 1500 吨。由于上海期货交易所提供的铜期货合约最长期限为 2009 年 2 月份，如果利用铜期货进行套期保值，则存在较大的基差风险(不完全对冲产生的风险)。采购员将这一问题反映到主管那里，主管在征求财务人员的意见之后，决定通过远期铜合约来进行套期保值。最后，X 公司在比较了几家国际大型投资银行的报价后，选择了与 Z 投资银行签订 1500 吨远期铜合约，该合约规定 X 公司于 2009 年 6 月 30 日向 Z 投行购买 1500 吨标准铜，双方不进行实物交割，以协议价与现货价的价差支付。

#### 2. 金融期货合约

(1) 金融期货合约的分类

按照标的资产不同，金融期货合约一般可以分为三类：外汇期货、利率期货和股票指数期货。

①　**外汇期货**(foreign exchange futures)是交易双方约定在未来某一时间，依据现在约定的比例，以一种货币交换另一种货币的标准化合约的交易。自 1972 年 5 月芝加哥商业交易所推出第一张外汇期货合约以来，外汇期货交易一直保持着旺盛的发展势头。它不仅为广大投资者和金融机构等经济主体提供了有效的套期保值的工具，而且也为套利者和投机者提供了新的获利手段。

②　**利率期货**(interest rate future)是指以债券类证券为标的物的期货合约，它可以回避利率波动所引起的证券价格变动的风险。利率期货合约最早于 1975 年 10 月由芝加哥期货交易所推出，虽然利率期货的产生较之外汇期货晚了三年多，但其发展速度却比外汇期货快得多。在美国，利率期货的成交量甚至已占到整个期货交易总量的一半以上。

利率期货按照合约标的的期限不同，利率期货可分为短期利率期货和长期利率期货两大类。短期利率期货是指期货合约标的的期限在一年以内的各种利率期货，即以货币市场的各类债务凭证为标的的利率期货均属短期利率期货，包括各种期限的商业票据期货、国库券期货及欧洲美元定期存款期货等。长期利率期货则是指期货合约标的的期限在一年以上的各种利率期货，即以资本市场的各类债务凭证为标的的利率期货均属长期利率期货，包括各种期限的中长期国库券期货和市政公债指数期货等。

③ **股票指数期货**(stock index futures)是指以股票价格指数作为标的物的金融期货合约。在具体交易时，股票指数期货合约的价值是用指数的点数乘以事先规定的单位金额来加以计算的，如标准普尔指数规定每点代表 500 美元，香港恒生指数每点为 50 港元等。股票指数合约交易一般以 3 月、6 月、9 月、12 月为循环月份，也有全年各月都进行交易的，通常以最后交易日的收盘指数为准进行结算。

(2) 金融期货合约的特点

金融期货(financial futures)合约是标准化的金融远期合约。

相对于金融远期而言，它具有以下特点：

① 指定交易所。期货与远期交易的第一项差别在于期货必须是在指定的交易所内集中交易，而远期市场组织较为松散，没有集中交易地点，交易方式也不是集中式的。

② 合约标准化。金融期货合约是符合交易所规定的标准化合约，对于交易的金融商品的品质、数量及到期日、交易时间、交割等级都有严格而详尽的规定，而远期合约没有固定的规格和标准。

③ 保证金与逐日结算。远期合约交易通常不交纳保证金，合约到期后才结算盈亏。期货交易则不同，必须在交易前交纳合约金额的 5%～10%为保证金，并由清算公司进行逐日结算，如有盈余，可以支取，如有损失且账面保证金低于维持水平时，必须及时补足，这是避免交易所信用危机的一项极为重要的安全措施。

④ 头寸的结束。结束期货头寸的方法有三种，第一，由对冲或反向操作结束原有头寸，即买卖与原头寸数量相等、方向相反的期货合约；第二，采用现金或现货交割；第三，实行期货转现货交易(exchange for physicals)。在期货转现货交易中，两位交易人承诺彼此交换现货与以该现货为标的的期货合约。远期交易由于是交易双方依各自的需要而达成的协议，因此，价格、数量、期限均无规格，倘若一方中途违约，通常不易找到第三者能无条件接替承受该权利义务，因此，违约一方只有提供额外的优惠条件要求解约或找到第三者接替承受原有的权利义务。

⑤ 交易的参与者。远期合约的参与者大多是专业化生产商、贸易商和金融机构，而期货交易更具有大众意义，市场的流动性和效率都很高。参与交易的可以是银行、公司、财务机构、个人等。

## 读一读 沪深 300 股指期货

沪深 300 股指期货是以沪深 300 指数为标的的股票指数期货。沪深 300 指数是由上海和深圳证券市场中选取规模大、流动性好的 300 只 A 股作为样本编制而成的指数，其中沪市有 179 只，深市 121 只。按照中国金融期货交易所公布的情况来看，沪深 300 指数每波动 1 个点，每张合约价值上涨或下跌 300 元，当沪深 300 指数由 3000 点下跌至 1800 点时，多头方每张合约损失 36 万元(空头方相应赚取 36 万元)，由此可见，投资股指期货的风险是多么的巨大，中小投资者根本无法进入。

资料来源：霍文文. 证券投资学. 第 3 版. 北京：高等教育出版社，2008

**读一读 金融期货产生的背景**

1944 年 7 月，44 个国家在美国新罕布什尔州的布雷顿森林召开会议，确立了布雷顿森林体系，实行双挂钩的固定汇率制，即美元与黄金直接挂钩，其他国家货币与美元按固定比价挂钩。进入 60 年代以后，随着西欧各国经济的复兴，其持有的美元日益增多，各自的本币也趋于坚挺，而美国却因先后对朝鲜和越南发动战争，连年出现巨额贸易逆差，国际收支状况不断恶化，美元面临贬值危险。1971 年 8 月 15 日，美国宣布实行"新经济政策"，停止履行以美元兑换黄金的义务。同年 12 月底，十国集团在华盛顿签订了"史密森学会协定"，宣布美元对黄金贬值 7.89%，各国货币对美元汇率的波动幅度从货币平价的 1% 扩大到 2.25%。此后各种货币之间汇率频繁变动，投资者对规避汇率风险的要求日趋强烈，在这一背景下，外汇期货应运而生。

第一份金融期货合约是 1972 年美国芝加哥期货交易所推出的外汇期货，包括英镑、加拿大元、德国马克、法国法郎、日元和瑞士法郎期货合约。目前，在世界各大金融期货市场，交易活跃的金融期货合约有数十种之多。根据各种合约标的物的不同性质，可将金融期货分为三大类：外汇期货、利率期货和股票指数期货，其中影响较大的合约有美国芝加哥期货交易所(CBOT)的美国长期国库券期货合约、东京国际金融期货交易所(TIFFE)的 90 天期欧洲日元期货合约和香港期货交易所(HKFE)的恒生指数期货合约等。

金融期货一经引入就得到迅速发展，在许多方面超过了商品期货。从市场份额看，1976 年金融期货在合约总交易量中所占的比重尚不足 1%，四年后，就占到 33%，1987 年增至 77%，目前基本维持这个比例。金融期货交易已成为金融市场的主要内容之一，在许多重要的金融市场上，金融期货交易量大大超过了其基础金融产品的交易量。随着全球金融市场的发展，金融期货日益呈现国际化特征，世界主要金融期货市场的互动性增强，竞争也日趋激烈。

资料来源：约翰·赫尔. 期权、期货和衍生证券(中译本). 北京：华夏出版社，1997

**3. 金融期权合约**

金融期权合约简称金融期权(financial options)，又称金融选择权，是指期权的持有者在规定的期限内具有按交易双方商定的价格购买或出售一定数量某种金融资产的权利。金融期权是期权的一类，期权的持有者又称为期权买方，拥有在约定期限内以约定价格购买或出售一定数量某种资产的权利；期权的卖方在获取期权费后在预定的时期内必须无条件服从买方的选择并履行成交时的承诺。

(1) 期权的分类

由于期权交易方式、方向、标的物等方面的不同，产生了众多的期权品种。

① 按期权的权利划分，有看涨期权和看跌期权两种类型。

**看涨期权**(call options)是指期权的买方向期权的卖方支付一定数额的权利金后，即拥有在期权合约的有效期内，按事先约定的价格向期权卖方买入一定数量的期权合约规定的特定商品的权利，但不负有必须买进的义务。而期权卖方有义务在期权规定的有效期内，应期权买方的要求，以期权合约事先规定的价格卖出期权合约规定的特定商品。

**看跌期权**(put options)是指期权的买方向期权的卖方支付一定数额的权利金后，即拥有在期权合约的有效期内，按事先约定的价格向期权卖方卖出一定数量的期权合约规定的特定商品的权利，但不负有必须卖出的义务。而期权卖方有义务在期权规定的有效期内，应期权买方的要求，以期权合约事先规定的价格买入期权合约规定的特定商品。

② 按期权的交割时间划分，主要有**美式期权**和**欧式期权**两种类型。美式期权是指在期权合约规定的有效期内任何时候都可以行使权利。欧式期权是指在期权合约规定的到期日方可行使权利，期权的买方在合约到期日之前不能行使权利。

③ 按期权合约标的划分，有股票期权、股票指数期权、外汇期权以及商品期权等种类，其中前三种期权是金融期权。

(2) 期权的要素

期权合约主要有三项要素：期权费、执行价格和合约到期日。

**期权费**(premium)又称权利金，是期权的价格。期权费是期权的买方为获取期权合约所赋予的权利而必须支付给卖方的费用。对于期权的买方来说，期权费是其损失的最高限度。

**执行价格** (strike price)是指期权的买方行使权利时事先规定的买卖价格。执行价格确定后，在期权合约规定的期限内，无论价格怎样波动，只要期权的买方要求执行该期权，期权的卖方就必须以此价格履行义务。如：期权买方买入了看涨期权，在期权合约的有效期内，若价格上涨，并且高于执行价格，则期权买方就有权以较低的执行价格买入期权合约规定数量的特定资产。而期权卖方也必须无条件地以较低的执行价格履行卖出义务。

**合约到期日**(maturity)是指期权合约履行的最后日期。欧式期权规定只有在合约到期日方可执行期权。美式期权规定在合约到期日之前的任何一个交易日(含合约到期日)均可执行期权。

### 4. 金融互换合约

金融互换合约(financial swap/swap contract)是指两个或两个以上的当事人按照商定条件，在约定的时间内，交换一系列现金流的合约。互换的期限通常在 2 年以上，有时甚至在 15 年以上。互换的目的在于降低资金成本和利率风险。

(1) 金融互换合约的特点

金融互换合约的特点主要表现为：

① 品种多样化

金融互换的本质是两种现金流的互换，因此，只要有需求，交换任何两笔等价的现金流都是金融互换。此外金融互换还可以同其他金融工具相结合，可以衍生出许多复杂的互换衍生产品。

② 标准合约但可以协商修改

1985 年 2 月，组建的国际互换交易协会(International Swap Dealer's Association，简称ISDA)，拟定了标准文本《利率和货币互换协议》。该协议要求交易双方在达成第一笔互换交易前(或之后)签订这样一个"主协议"，同时可对各项条款进行讨论、修改和补充。这样，在以后进行每一笔互换交易时，就省去了拟定、讨论文本的大量时间。在"主协议"项下，交易双方的每一笔互换交易仅需要一个信件或电传来确定每笔互换的交易日、生效日、到期日、利率、名义本金额、结算账户等即可成交。

③ 场外交易

金融互换合约和金融远期合约一样都是场外交易。

(2) 金融互换分类

根据基础资产划分，常见的金融互换合约包括三个大类：利率互换、货币互换、货币利率交叉互换。

① **利率互换**(interest rate swap)是指双方同意在未来的一定期限内以同种货币的等价名义本金交换现金流，其中一方的现金流根据浮动利率计算出来，而另一方的现金流根据固定利率计算。

② **货币互换**(currency swap)是将一种货币的本金和固定利息与另一货币的等价本金和固定利息进行交换。

③ **货币利率交叉互换**(cross currency interest rate swap)是利率互换和货币互换的结合，它是以一种货币的固定利率交换另一种货币的浮动利率。

## 读一读　货币市场及货币市场工具

货币市场工具是短期资金融通工具，一般期限在一年以内(包括 1 年期)，其发行和交易的市场称为货币市场。按照货币市场工具不同，货币市场可以分为同业拆借市场、回购协议市场、商业票据市场、银行承兑汇票市场、大额可转让定期存单市场、国库券市场等。

### 1. 同业拆借市场

同业拆借市场，是指金融机构之间以货币借贷方式进行短期资金融通活动的市场。同业拆借的资金主要用于弥补银行短期资金的不足、票据清算的差额以及解决临时性资金短缺需要。同业拆借的期限一般以 1～2 天最为常见，最短期为隔夜拆借，其他还有拆借期限比较长的，如 7 天、14 天、28 天等，也有 1 个月、2 个月、3 个月期的，最长的可以达 1 年，但通常不会超过 1 年。

同业拆借市场最早出现于美国，其形成的根本原因在于法定存款准备金制度的实施。按照美国 1913 年通过的《联邦储备法》的规定，加入联邦储备银行的会员银行，必须按存款数额的一定比例缴纳法定存款准备金。由于清算业务活动和日常收付数额的变化，总会出现有的银行存款准备金多余，有的银行存款准备金不足的情况，在客观上这些银行需要互相调剂。于是，1921 年在美国纽约形成了以调剂联邦储备银行会员银行的准备金头寸为内容的联邦基金市场。

我国的同业拆借市场起步较晚，1984 年 10 月，我国对信贷资金管理体制实行重大改革，允许各专业银行互相拆借资金。在同业拆借市场建立和发展过程中，由于制度的不完善，多次出现违章拆借行为，直到 1996 年 1 月 3 日，全国统一的银行间同业拆借市场才正式建立。

### 2. 回购协议市场

回购协议市场(repurchase agreement market)是通过回购协议来进行短期货币资金借贷所

形成的市场。回购协议(repurchase agreement, REPO 或 RP)是指证券资产的卖方在卖出一定数量的证券资产的同时与买方签订的在未来某一特定日期按照约定价格购回所卖出证券资产的协议。回购交易的实质是一种以证券资产做抵押的资金融通。融资方(正回购方)以持有的证券作质押，取得一定期限内的资金使用权，到期以按约定的条件购买证券的方式还本付息；融资方(逆回购方)则以获得证券质押权为条件暂时放弃资金的使用权，到期归还对方质押的证券，收回融出的资金并取得一定的利息收入。

回购协议参与者范围不局限于金融机构与中央银行，政府、企业也可以加入其中。在证券回购交易中，可以作为回购协议标的物的主要有国库券、政府债券、企业(公司)债券、金融债券，其他有担保债券、大额可转让存单和商业票据等。回购协议期限一般从1天到数月不等，如1天、7天、14天、21天、1个月、2个月、3个月和6个月等。其中，1天的回购协议又称为隔夜回购；超过1天的回购协议则统称为定期回购。

我国的回购协议市场有上海、深圳证券交易所市场和全国银行同业拆借中心市场。在上海、深圳证券交易所市场，其证券的回购券种主要是国债和企业债；全国银行间同业拆借中心市场，其证券回购券种主要是国债、中央银行融资券、中央银行票据和特种金融债券。

### 3. 商业票据市场

商业票据市场(commercial paper market) 是货币市场中历史最悠久的短期金融市场，它是指买卖信誉良好的企业所发出的期票的市场。商业票据市场上交易的对象是具有高信用等级的大企业发行的短期、无担保期票。期限一般为 3～270 天不等。

商业票据的主要买方有商业银行、非金融公司、保险公司、私人年金基金、投资公司和其他单位。商业票据的流动性不如银行承兑票据，其安全性不如国库券，但利息率较高。而且，发行商业票据的大公司为了保证正常的资金来源和商业信誉，很少到期拒付本利，因而投资者愿意购买或持有商业票据。

### 4. 银行承兑汇票市场

银行承兑汇票市场是以银行承兑汇票作为交易对象所形成的市场。汇票是出票人签发的委托付款人在见票时或指定日期无条件支付一定金额给收款人或持票人的票据。按照出票人不同，可以分为银行汇票和商业汇票。承兑是指汇票付款人承诺在票据到期日支付汇票金额的票据行为。如果是银行承兑，则称为银行承兑汇票。

银行承兑汇票的交易既包括简单的买卖转让关系，也包括对银行承兑汇票进行贴现、转贴现和再贴现。贴现是汇票持有人为取得现款将未到期的银行承兑汇票折价转让给银行或其他金融机构。转贴现是办理贴现业务的银行或其他贴现机构将其贴现收进的未到期票据再向其他的银行或贴现机构进行贴现的票据转让行为。再贴现是持有未到期票据的商业银行或其他贴现机构将票据转让给中央银行的行为。商业银行或其他贴现机构进行再贴现主要是希望从中央银行融入资金，以解决临时性资金的不足，而中央银行作为货币政策制定与实施者，通常将再贴现作为实施货币政策的一个有力工具。

银行承兑汇票的期限，通常以整月为主，最常见的期限为30天、60天和90天，略长的还有 180 天和 270 天。

### 5. 大额可转让定期存单市场

大额可转让定期存单市场(negotiable certificates of deposit market)是大额可转让定期存单发行和交易的市场。20 世纪 60 年代以来商业银行为吸收资金发行了一种新的金融工具，即可转让大额定期存单(negotiable certificates of deposit)，简称 CD 或 NCDs。这种存款单与普通银行存款单不同：一是不记名，二是存单上金额固定且面额大；三是可以流通和转让。存款单的到期日不能少于 14 天，一般都在一年以下，3~6 个月的居多。CD 的持有人到期可向银行提取本息；未到期时，如需现金，可以转让。这对企业或个人有闲置资金想贷出，而又恐有临时需要者具有很大的吸引力。故 CD 成为货币市场重要交易对象之一。

CD 市场上 CD 的发行主要由商业银行签发。从签发银行的角度看，CD 为它提供了和定期存款流动性一样的资金，即在到期前不能提取，而有利率较低的好处。从投资者来看，CD 的利率要高于财政部发行的国库券，因为银行的信用低于财政部，国库券的安全系数大，流动性强；但 CD 的利率要低于企业发行的债券，因为银行信用高于企业信用，企业债券安全性小，流动性较弱，故企业债券的利率要高于 CD 的利率。

### 6. 国库券市场

国库券(treasury bill)是政府为解决国库资金周转困难而发行的债务凭证，期限在一年以内。国库券市场(treasury bill market)是国库券发行和流通的市场。国库券具有违约风险小、流动性强、利息免税特征。

国库券发行频率高，美国财政部每周都发行期限为 90 天或 120 天的国库券，每月发行期限为 52 周的国库券。国债一般采取公开招标发行的方式，即通过投标人的直接竞价来确定国库券的发行价格(或收益率)，发行人将投标人的报价自高价向低价或者自低利率向高利率排队，发行人则从高价(或低利率)选起，直至达到需要发行的数额为止。因此，最终所确定的价格恰好是供求决定的市场价格。

资料来源：霍文文. 证券投资学. 第 3 版. 北京：高等教育出版社，2008

# 本 章 小 结

这一章具体讲述了证券投资环境中的各个要素：证券市场、市场主体、证券投资产品。证券市场是有价证券发行和交易的市场，是资金供求双方运用有价证券进行资金融通的市场。

按证券运行的不同阶段，证券市场可分为证券发行市场和证券交易市场；按市场组织形式和规范程度不同，可分为场内市场和场外市场；按证券性质的不同，可以分为股票市场、债券市场、基金市场及其他衍生品市场。

证券市场的参与主体包括证券发行主体、证券投资主体、证券市场中介机构、自律性组织及证券监管机构。

证券投资产品主要包括股票、债券、基金及衍生产品。股票是股份公司发给股东以证明其投资份额并对公司拥有相应的财产所有权的证书。根据股东的权益，股票可以分为普通股和优先股股票；按投资主体的性质不同可以分为国家股、法人股、社会公众股、外资股；按上市地点和投资者不同可以分为 A 股、B 股、H 股、N 股、S 股。股票价格指数是描述股票市场总的价格水平变化的指标，它是选取有代表性的一组股票，通过一定的计算规则计算得到。

债券是发行人按照法定程序发行，并约定在一定期限还本付息的有价证券。债券反映的是债权债务关系，股票反映的是所有者权益关系，债券的收益和风险要低于股票。债券面值、票面利率、到期期限、发行价格、偿还方式、税收待遇等构成了一张债券的要素。根据发行主体不同，债券可以分为政府债券、公司债券和金融债券等；根据计息方式不同，可以分为附息债券、零息债券、一次还本付息债券、贴现债券、浮动利率债券；根据偿还期限不同，可分为短期债券、中期债券和长期债券。

证券投资基金是指通过发售基金份额(或称基金受益凭证)，将众多投资者的资金集中起来，形成独立财产，由基金托管人托管，基金管理人管理，以投资组合的方法进行证券投资的一种利益共享，风险共担的集合投资方式。基金按组织形式不同，可分为公司型基金、契约型基金；按运行方式不同，可分为开放式基金、封闭式基金；按投资目标，即投资风险与收益的不同，可分为成长型证券投资基金、收入型证券投资基金和平衡型证券投资基金；按证券投资基金投资对象不同，可分为股票基金、债券基金、混合基金、货币市场基金、指数基金、房地产基金、期货基金、期权基金等。基金设立时投资者向基金管理人购买基金份额称为认购；设立成功之后向基金管理人购买基金份额称为申购，向基金管理人出售基金份额称为赎回。开放式基金可以申购、赎回，封闭式基金不能申购和赎回，只能在二级市场上交易流通。开放式基金以基金单位净值为基础进行申购和赎回，并支付相应的申购费和赎回费。

金融衍生产品通常是指从基础资产派生出来的金融工具。金融衍生产品按照交易方法可以分成四类：远期合约、期货合约、期权合约和互换合约。

# 复习题

## 一、名词解释

| | | | | |
|---|---|---|---|---|
| 货币市场 | 资本市场 | 证券市场 | 发行市场 | 流通市场 |
| 场内市场 | 场外市场 | QDII 和 QFII | 普通股 | 优先股 |
| A 股 | B 股 | 股票价格指数 | 国债 | 附息债券 |
| 零息债券 | 一次还本付息债券 | 贴现债券 | 开放式基金 | 封闭式基金 |
| ETF 基金 | LOF 基金 | 认购 | 申购 | 赎回 |
| 远期 | 期货 | 期权 | 互换 | |

## 二、讨论题

1. 20 世纪 70 年代末期以来的中国经济改革大潮，推动了资本市场在中国境内的萌生和发展。在过去的十多年间，中国资本市场从无到有，从小到大，从区域到全国，得到了迅速的发展，在很多方面走过了一些成熟市场几十年甚至是上百年的道路。尽管经历了各种坎坷，但是，中国资本市场的规模不断壮大，制度不断完善，证券经营机构和投资者不断成熟，逐步成长为一个在法律制度、交易规则、监管体系等各方面与国际普遍公认原则基本相符的资本市场。请登录上海交易所网站 http://www.sse.com.cn，深圳交易所网站 http://www.szse.cn，中国债券信息网 http://www.chinabond.com.cn 和中国基金网 http://www.cnfund.cn，收集相关资料，根据如下提示，对我国股票市场、债券市场和基金市场的发展状况做比较深入的了解：

① 我国沪深股市成立的时间，目前的规模，上市公司数量，沪深股市几次重要周期，沪深股市的重要事件。

② 我国债券市场的规模，债券种类，银行间市场和交易所市场的区别、规模、交易品种和参与主体。

③ 我国第一只基金的发行时间，开放式基金和封闭式基金的数量、规模，目前有哪些创新基金品种。

2. 从 1990 年上海证券交易所成立至今，中国证券市场已从原先的老八股(上海申华电工联合公司、上海豫园旅游商会成股份有限公司、上海飞乐股份有限公司、上海真空电子器件股份有限公司、浙江凤凰化工股份有限公司、上海飞乐音响股份有限公司、上海爱使电子设备股份有限公司、上海延中实业股份有限公司)发展到今天集股票、债券、基金、期权、可转债、可分离债等多种投资品种为一体的大市场。请收集相关资料，根据如下提示对我国目前金融市场上的主要产品——股票、债券、基金及衍生产品的异同点进行分析：

① 收集股票、债券、基金及衍生产品的样张、招募说明书，仔细分析各产品的构成要素的区别和联系。

② 了解一些交叉产品的起源和发展，如可转债、认股权证。

3. 证券投资基金的费用包括基金持有人费用和基金运营费用两大类。基金持有人费用是指投资者交易证券投资基金时一次性支付的费用，如认购费、申购费、赎回费、红利再投资费用。基金运营费用是指证券投资基金在运作过程中一次性或周期性发生的费用，从基金资产中扣除，如管理费、托管费等。

登录中国基金网 http://www.cnfund.cn，收集相关资料，根据如下提示，熟悉我国开放式基金的申购、赎回流程和计算方法。

① 针对最近新发行的某只基金，查找费率表，计算认购、申购和赎回的费用，以及认购、申购的基金份额。

② 测算一下该基金总的运行费用，如管理费、托管费等。

4. 我国的金融衍生产品市场还不是很发达，目前主要是权证产品。登录中国金融期货交易所 http://www.cffex.com.cn，收集相关资料，根据以下提示，熟悉我国的金融衍生产品市场。

① 了解我国权证市场的规模、种类、发展历程。

② 收集一些银行间远期产品，如外汇远期等，了解远期在我国的发展状况。

③ 收集沪深 300 股指期货合约相关标的资产、合约规模、保证金比率，对其有所了解。

# 第 **3** 章

# 证券发行与交易

在了解证券投资环境之后，要想进行投资，还必须知道证券发行与交易的一些规则。证券发行是证券第一次从发行人手中流到投资者手中；证券交易是证券发行之后在投资者之间流动。本章将对证券发行与交易作详细的介绍。

## 3.1 证券发行

当发行人需要筹资时，可以选择发行证券。新发行的股票、债券等其他证券，通常是证券承销机构在发行市场或称一级市场(primary market)上销售给公众。投资者之间发生的证券买卖称为证券发行，一般在流通市场即二级市场(secondary market)中进行。

### 3.1.1 证券发行方式

#### 1. 按发行对象不同，可以分为私募发行与公募发行

(1) 私募发行(private placement)是指仅向少数特定投资者发行证券的一种方式，也称为内部发行。私募发行一般不向社会公开内部消息，也无须取得证券资信级别评定，但是私募证券一般不允许上市流通。

(2) 公募发行(public offering)是指向广泛的不特定的投资者公开发行证券的一种方式。为保证投资者的合法权益，政府对证券的公募发行控制很严，要求发行人具备较高的条件，如发行人向社会提供各种财务报表及其他有关资料等。公募证券可以上市流通，具有较高的流动性。公募发行提高了发行者的市场知名度，扩大了社会影响，能够在较短的时间内筹集到大量资金。公募发行的不足之处是手续比较复杂，发行成本较高。

**2. 按发行过程有无中介，可分为直接发行和间接发行**

(1) 直接发行是指发行人不通过证券承销机构而自己直接发行证券的一种方式。发行人自己直接发行股票，多是私募发行。

(2) 间接发行也称为承销发行，是指发行人不直接参与证券的发行过程，而是委托给一家或几家证券承销机构承销的一种方式。间接发行对于发行人来说，虽然要支付一定的发行费用，但是有利于提高发行人的知名度，筹资时间短，发行风险也较小。因此，一般情况下，证券发行大都采用间接发行方式。

**3. 按照发行人和承销机构之间的关系，可以分为代销发行和包销发行**

(1) 代销发行是指证券公司或承销机构代发行人发售证券，在发行期结束后，将未售出的证券全部退还给发行人的承销方式。在代销方式下，在承销协议规定的承销期结束后，如果投资者实际认购总额低于发行人的预定发行总额，承销机构(承销团)将未出售的证券全部退还给发行人。采用代销方式时，股票发行风险由发行人自行承担。

(2) 所谓包销发行，是指在证券发行时，承销机构以自己的资金购买计划发行的全部或部分证券，然后再向公众出售，承销期满时未销出部分仍由承销机构自己持有的一种承销方式。

证券包销分两种方式：一种是全额包销，另一种是定额包销。全额包销是承销机构承购发行的全部证券，承销机构将按合同约定支付给发行人证券的资金总额。定额包销是承销机构承购发行人发行的部分证券。无论是全额包销，还是定额包销，发行人与承销机构之间形成的关系都是证券买卖关系。在承销过程中未售出的证券，其所有权属于承销机构。

**4. 按照证券发行价格与面值的关系，可以分为平价发行、溢价发行和折价发行**

(1) 平价发行又称为面值发行，是指证券的发行价格和发行面值相同。

(2) 溢价发行是指证券的发行价格高于发行面值。

(3) 折价发行是指证券的发行价格低于发行面值。

## 3.1.2　股票发行

**1. 股票发行的其他分类**

股票发行方式也可以按照前述的分类标准进行划分。除此之外，股票发行还可以分为初次发行、增资发行和无偿发行。

(1) 初次发行是指新组建股份公司或原非股份制企业改制为股份公司时，以及原私人持股公司要转为公众持股公司时，公司首次发行股票。前两种情形又称为设立发行，后一种发行称为首次公开发行(initial public offering，IPO)。首次公开发行是指非上市公司首次在证券市场发行股票公开募集资金的行为。通过初次发行，发行人不仅募集到所需资金，而且完成了股份有限公司的设立或转制。

(2) 增资发行 (seasoned offering)，是指股份公司上市后为达到增加资本金的目的而发行股票的行为。公司增资的方式有：向现有股东配售股份、向不特定对象公开募集股份、非公开发行股票、可转换公司债券转换成公司股份等。

①　股东配股，简称配股，是公司按股东的持股比例向原股东分配公司的新股认购权，准其优先认购股份的方式。原股东对公司的配股，没有必须应募的义务，可以放弃新股认购权，也可以把认购权转让给他人，从而形成了认购权的交易。

②　公募增资，简称增发，是股份公司向不特定对象公开募集股份的增资方式。

③　非公开发行股票，也称私人配售、第三者配股，是指股份公司向特定对象发行股票的增资方式。这种发行方式一般在以下情形采用：当增资金额不足，需要完成增资总额时；当需要巩固原有的交易关系或金融关系，应吸收第三者入股时；当考虑到为防止股权垄断而希望第三者参与，从而使公司股权分散时等。这种增资方式会影响公司原股东利益，需经股东大会特别批准。

④　可转换公司债券转成公司股份是股份公司增资的方式之一。可转换公司债券在发行时约定未来在一定条件下可以被转换成公司股票。可转化公司债券既具有债券的性质，又具有股票的性质。如果可转换公司债券没有转成公司股票，则和普通债券一样，但其支付的利息相比普通债券略低；如果可转换公司债券转成公司股票，可转换公司债券的投资者不再收到公司的利息支付，而成为公司的股东。

(3)　无偿发行是指公司原股东不必缴纳现金就可以无代价地获得新股的发行方式，发行对象仅限于原股东。这种发行方式主要是将公司所有者权益的各部分进行调整，不会影响公司的所有者权益及资产总额。

①　公积金转增。它是将法定公积金和任意公积金转为资本金，按原股东持股比例转给原股东，使股东无偿取得新发行的股票。公积金转增应遵循国家有关法律的规定，公司的积累应首先用于弥补历年的亏损。为了使公司留有应付亏损的余地，我国《公司法》规定，法定公积金的余额必须达到注册资本的 50%，才能将其中不超过一半的数额转为增资，任意公积金则可由股东大会决定全部或部分转为增资。

②　红利增资。红利增资又称股份分红、股票股息或送红股，即将应分派给股东的现金股息转为增资，用新发行的股票代替准备派发的现金股息。

③　股票分割和股票合并。股票分割又称股票拆细，是将原有的大面值股票细分为小面值股票。股票分割的结果只是增加股份公司的股份总数，而资本额并不发生变化。股票分割的目的在于降低股票价格，便于小投资者购买，以利于扩大股票发行量和增强流动性。股票合并是将原有的若干小面值股票、市场价格低于净值或面值的股票合并为一股大面值股票。股票合并的结果只是减少股份公司的股份总数，而资本额并不发生变化。股票合并的目的在于抬高股票价格，提高公司市场形象，减少交易成本。

### 2. 我国股票的发行价格

我国《公司法》和《证券法》规定，股票发行价格不得低于票面价格，即股票不能折价发行。我国股票发行一般以溢价进行发行，溢价带来的收益计入公司资本公积金。

在我国，首次公开发行股票以询价方式确定股票发行价格。询价对象是符合中国证监会规定条件的基金管理公司、证券公司、信托投资公司、财务公司、保险机构投资者和合格境外机构投资者(QFII)以及其他经中国证监会认可的机构投资者。询价分为初步询价和累计投标询价两个阶段。通过发行人及保荐机构(发行承销商)向询价对象初步询价后确定发行价格区间和相应的市盈率区间。发行价格区间确定后，发行人及保荐机构在发行价格区间向询价对象进行累计投标询价，并根据累计投标询价的结果确定发行价格和发行市盈率。首次公开发行的股票在中小企业板上市的，发行人及其主承销商可以根据初步询价结果确定发行价格，不再进行累计投标询价。上市公司再发行证券，可以通过询价方式确定价格，也可以与主承销商协商确定发行价格。

### 3. 我国股票的发行方式

我国现行的有关法规规定，股份公司首次公开发行股票和上市后向社会公开募集股份(公募增发)采取对公众投资者上网发行和对机构投资者网下配售相结合的发行方式，并可根据需要采用回拨机制和超额配售选择权。

(1) 网下配售

符合中国证监会规定条件的特定机构投资者(询价对象)可以参与网下配售。询价对象可自主决定是否参与股票发行的初步询价，发行人及其主承销商应当向参与网下配售的询价对象配售股票。询价对象应承诺获得网下配售的股票持有期限不少于3个月。首次公开发行股票数量在4亿股以上的，可以向战略投资者配售股票。战略投资者应当承诺获得配售的股票持有期限不少于12个月。

(2) 网上发行

发行人及其主承销商应在网下配售的同时对公众投资者进行网上发行。投资者在指定时间内，按现价委托买入股票的方式进行申购。公众投资者可以使用其所持有的证券账户在申购时间内通过与交易所联网的证券营业部，根据发行人公告规定的发行价格和申购数量全额存入申购款进行申购委托。申购结束后，根据实际到位资金，由证券交易所主机确认有效申购数。若出现超额认购情况，以摇号抽签方式决定中签的证券账户。

(3) 回拨机制

在采取对公众投资者网上发行和对机构投资者网下配售新股方式时可运用回拨机制，这样可以让公众投资者间接参与股票发行价格的确定。回拨机制是指在同一次发行中，根据网上公开认购和网下机构配售的认购结果，按照预先公布的规则在两者之间适当调整发行数量的制度安排。当网上公开认购的数量很多，则将网下的一部分配售量拨到网上公开认购；如果网上公开认购数量不足，则将网上拟发行的数量拨到网下配售。

这种方式其实是给公众投资者一定的定价权。如果机构投资者在询价过程中报价过低，公众投资者会踊跃认购，从而提高网上超额认购倍率，在回拨机制下会使得机构投资者能够配售的新股减少；如果机构投资者报价过高，公众投资者的超额认购倍率将下降，导致向机构投资者配售的新股数量增加。回拨机制能有效地约束机构投资者，使其在新股发行询价阶段报出相对理性的价格。

(4) 超额配售选择权

超额配售选择权，俗称"绿鞋(green shoe)"，是指发行人授权主承销商的一项选择权，获得授权的主承销商按同一发行价格超额发售不超过包销数额15%的股份，即主承销商按不超过包销数额 115%的股份向投资者发售。在该次包销部分的股票上市之日起 30 日内，主承销商有权根据市场情况从集合竞价市场购买发行人股票，或者要求发行人增发股票，分配给对此超额发售部分提出认购申请的投资者。这样主承销商在未动用自有资金的情况下，通过行使超额配售选择权，平衡市场对股票的供求，维护了二级市场股价的稳定，保护了中小投资者的利益，也为发行人多筹集了资金。超额配售选择权不是一种独立的发行方式，而是发行方式的补充，既可以用于首次公开发行，也可用于上市公司增发新股。

(5) 路演

我国在新股发行过程中，还引入了成熟市场通常使用的路演推介活动。路演主要由发行人的管理层完成，目的在于向投资者宣传公司股票的投资价值，消除潜在投资者对公司的疑虑，争取最大的认购量，以保证发行成功。在投资银行的安排下，发行人的管理层在约一周的时间内分别前往机构投资者相对集中的地区和城市，通过一对一会谈、午餐会、大型报告会、网上交流等形式与主要机构投资者直接见面。借此机会，投资者可以就自己关心的问题直接询问发行人的管理层，并通过直接接触，了解发行人管理层的个人素质等公开文件无法准确反映的信息，降低投资者与发行人之间信息不对称问题，有助于投资者确定申购意愿和对发行人的股票合理定价。

### 👓 读一读　保荐人制度

保荐人制度指由保荐人(券商)负责发行人的上市推荐和辅导，核实公司发行文件与上市文件中所载资料是否真实、准确、完整，协助发行人建立严格的信息披露制度，并承担风险防范责任。保荐制度最重要的就是明确了保荐机构和保荐代表人责任并建立责任追究机制，保荐机构或保荐代表人与发行人的任何合谋行为，最终都将受到市场的惩罚。在我国，保荐人实行资格认证制度，获取保荐人资格，除需要一定的相关工作年限外，还必须通过证监会举行的资格考试。由于保荐人是内幕信息知情人，因此，保荐人不能通过自身的交易或将信息透露给第三者等方式谋求不当利益。

资料来源：中国证券业协会编. 证券发行与承销. 北京：中国财政经济出版社，2008

## 3.1.3　债券发行

债券发行是证券发行的重要形式之一，是以债券形式筹措资金的行为过程。债券发行也可以分公募和私募发行，代销和包销发行，以及平价、溢价和折价发行等。公募发行的债券相比私募发行的债券，其流动性好，因此发行数额一般较大，发行利率也相对稍低。债券采用平价、溢价和折价发行，即债券的发行价格等于、高于和低于面值，是有条件的。由于债券票面利率确定到债券实际发行之间有一定的时间差，随着市场行情的变化，发行时的市场利率和事先确定的票面利率往往会存在差异。当票面利率等于、高于和低于市场利率时，则会出现债券的平价、溢价和折价发行情况。

对于代销和包销，我国债券发行的一般情况如下。企业债券发行须经中国人民银行批准，重点企业债券和国家债券发行须经国务院批准。企业债券通常采取自办发行或者委托有关金融机构代办发行的方式，重点企业债券和国家债券采取银行代理发行的，由国家承担发行风险。国家债券采取分配认购方式，或者向单位分配认购任务，或由个人自愿认购。1991年，国库券的发行开始部分试行由银团包销发行的办法。企业债券和金融债券一般采用自愿认购的方式。除贴现金融债券和企业短期融资债券的一部分采取折价发行方式外，其他各种债券均采取平价发行的方式。

### 读一读　《中华人民共和国证券法》规定的证券发行条件

第十条　公开发行证券，必须符合法律、行政法规规定的条件，并依法报经国务院证券监督管理机构或者国务院授权的部门核准；未经依法核准，任何单位和个人不得公开发行证券。

有下列情形之一的，为公开发行：

(1) 向不特定对象发行证券的；

(2) 向特定对象发行证券累计超过二百人的；

(3) 法律、行政法规规定的其他发行行为。

第十三条　公司公开发行新股，应当符合下列条件：

(1) 具备健全且运行良好的组织结构；

(2) 具有持续盈利能力，财务状况良好；

(3) 最近三年财务会计文件无虚假记载，无其他重大违约行为；

(4) 经国务院批准的国务院证券监督管理机构规定的其他条件。

上市公司非公开发行新股，应当符合经国务院批准的国务院证券监督机构规定的条件，并报国务院证券管理结构核准。

第十六条　公开发行公司债券，应当符合下列条件：

(1) 股份有限公司的净资产不低于人民币三千万元，有限责任公司的净资产不低于人民币六千万元；

(2) 累计债券余额不超过公司净资产的百分之四十；

(3) 最近三年平均可分配利润足以支付公司债一年的利息；

(4) 筹集的资金投向符合国家产业政策；

(5) 债券的利率不超过国务院限定的利率水平；

(6) 国务院规定的其他条件。

资料来源：中国证券业协会编. 证券发行与承销. 北京：中国财政经济出版社，2008

## 3.2　证券交易

### 3.2.1　场内交易

场内交易即为交易所交易，主要是指投资者通过经纪人在证券交易所买卖证券的交易，可以分为开户、委托、竞价成交、结算、过户登记等程序。

### 1. 开户

投资者要在证券交易所买卖证券，首先要向证券登记结算公司申请开立账户，账户包括证券账户和资金账户。

证券账户(security account)，或称为股东账户，是由证券登记机构为投资者设立的，用于准确记载投资者所持有的证券种类、名称、数量以及相应权益和变动情况的一种账册。

资金账户(cash account)是证券经纪商为投资者设立的账户，用于记载和反映证券交易的货币收付、结存余额和变动情况。客户交易结算资金独立于证券公司自有资金，以保护客户交易结算资金的安全。

我国《证券法》规定："证券公司客户的交易结算资金应当存放在商业银行，以每个客户的名义单独立户管理。"为此，证券行业实行了第三方托管制度。第三方托管制度的核心内容是"券商托管证券、银行托管资金"，即在客户的证券和资金管理严格分离的基础上，由证券公司负责客户证券交易、证券管理以及根据交易所和登记结算公司的交易结算数据完成客户资金和证券的交收；由存管银行负责管理客户交易结算资金管理账户、客户交易结算资金汇总账户和交收账户，向客户提供交易结算资金存取服务，并为证券公司完成与登记结算公司和场外交收主体之间的法人资金结算交收服务。

### 2. 委托

投资者开设证券账户和资金账户后就可以在证券营业部办理委托买卖。委托买卖是指证券经纪商接受投资者委托，代理投资者买卖证券，从中收取佣金的交易行为。

(1) 委托方式

投资者为买卖证券向证券公司发出委托指令的传递方式有递单委托、电话委托、网上委托等。

**递单委托**，又称为柜台委托，投资者凭本人的证券账户、身份证等证件，亲自到证券公司营业部，填写委托买卖单并签章的委托方式。

**电话委托**，是指投资者通过电话方式表明委托意向，完成证券买卖和有关信息查询的委托方式。

**网上委托**，是指委托人通过互联网凭交易密码进入证券经纪商的交易系统，自行将委托内容输入电脑交易系统，完成证券交易的委托方式。

(2) 委托内容

递单委托单所需填写的内容最为详实，一般包括以下内容：

① 证券账号。

② 投资者委托买卖的日期和时间。

③ 买卖证券的名称或代码。

④ 委托买卖的数量，整数委托以手为单位，1 手为 100 股。在我国，买入必须以整数委托，卖出证券则没有这种限制。

⑤ 委托价格有市价委托(market order)和限价委托(limit order)之分。市价委托是投资者要求证券经纪人按市场价格买入或卖出证券；限价委托是投资者要求证券经纪人按限定价格或更优的价格买入或卖出证券，限价委托必须填清委托买入或卖出的具体价位。

⑥ 委托有效期，指明委托指令的最后生效限期。在有效期内，如果委托指令未能成交或未能全部成交，证券经纪商应继续执行委托，委托有效期满，委托指令自动失效。

⑦ 其他。除上述内容之外，还有投资者姓名、身份证号码、联系地址、委托人签名盖章等。

(3) 委托指令

投资者的委托指令一般可以分为市价委托指令、限价委托指令、停止损失委托指令、停止损失限价委托指令。

**市价委托指令**(market order)是指投资者只提出交易数量而不指定成交价格的指令。经纪人接到市价指令后应以最快的速度并尽可能以当时市场上最好的价格执行这一指令。这种指令下达后成交速度快、成交率高。

👓 **读一读　市价委托指令案例**

投资者了解到当前宝钢股票的买方报价为 10.50 元人民币，卖方报价为每股 10.55 元人民币，若投资者指示经纪人按市价购买 10 手，即 1000 股宝钢股票，意思是他同意以每股 10.55 元买入 10 手宝钢股票，并立即成交。同样，按市价卖出 10 手宝钢股票的委托，意思是按每股 10.50 元的价格出售 10 手股票。

但是市价委托最后成交的价格也可能不是以 10.55 元买入，或以 10.50 元卖出，可能会优于或劣于市场的现在价格成交。如果卖方报价 10.55 元的单子只有 1 手，投资者可能只能以 10.55 元买入 1 手宝钢股票，剩下的 9 手可能会加价购买；同样，投资者也不一定能全部以 10.50 元卖出所有的股票。

**限价委托指令**(limit order)又称为限定性委托指令，是投资者在提出委托时，既限定买卖数量又限定买卖价格的指令。经纪商在接到限价委托指令，必须以限价或比限价更好的价格来完成委托，即必须以限价或低于限价的价格买入，以限价或高于限价的价格卖出。如果投资者提出的限定价格与当时的市场价格不一致，经纪人必须等待限价的出现才能执行委托。限价委托有一定的有效期限，超过限定时间，委托指令自动失效。

👓 **读一读　限价委托指令案例**

如果宝钢股份的买方与卖方限价委托指令报价分别是 10.50 元和 10.55 元，限价委托买方指令是在股票下降至每股 10.50 元或更低价时，才允许经纪人购买股票。同样，限价委托卖方指令是在股票上升至每股 10.55 元或更高价时，才允许经纪人卖出股票。

**停止损失委托指令**(stop loss order)是一种特殊的限制性的市价委托，它是指投资者委托经纪人在证券市场价格上升到或超过指定价格时按照市场价格买进证券，或是在证券市场价格下降到或低于指定价格时按照市场价格卖出证券。前者称为停止损失购买委托，后者称为停止损失出售委托。停止损失委托指令目的是保住既得利益或限制可能遭受的损失。

停止损失委托指令与限价指令的区别是：①限价买入委托价格一般在当时的市场价格以下，限价卖出委托价格一般在当时的市场价格以上；而停止损失委托买入价格一般在当时的市场价格以上，停止损失委托卖出价格一般在当时的市场价格以下。②限价委托的实际执行价格必须等于或优于限价，而停止损失委托指令只规定指令在什么价位时开始执行，其实际执行价格可能等于、也可能优于或劣于指定价格。

**停止损失限价委托指令**(stop loss limit order)是将停止损失委托与限价委托结合运用的一种指令。投资者实际发出两个指定价格——停止损失价格和限制性价格，如果证券市场价格达到或突破停止损失价格，限价指令便开始生效。这种指令既限定当证券价格到达什么价位时执行指令，又限定成交价格必须等于或优于指定价，这样投资者可预见限定成交价格的变动范围，克服停止损失指令执行价格不确定的缺点，更明确地保障既得利益或限制可能的损失。但这一委托方式也有缺点，如果经纪人无法在投资人指定的范围内执行委托指令，投资人的损失可能更为严重。

👓 **读一读　停止损失限价委托指令案例**

若投资者持有市价为 10 元的宝钢股份 10 000 股，他预计该股票还有一段上升行情，但又担心股价会出乎意料地很快下跌，他向经纪人发出按每股 9.9 元的价格卖出的停止损失限价委托指令。当股价下跌至每股 9.9 元时，经纪人开始执行指令，但卖出价不得低于每股 9.9 元。实际上，投资者也可转换成另一种方式，停止损失指令为每股 9.9 元，限价为每股 9.85 元，即当股价跌至每股 9.9 元时经纪人开始执行指令，但实际成交价格不得低于每股 9.85 元。这样，投资者可以事先限定盈利或亏损的范围。但是，如果股价跌至每股 9.9 元，并迅速跌破每股 9.85 元，则委托指令可能无法执行，投资者损失更大。停止损失限价委托指令实际运用得较少。

**3. 竞价成交**

证券交易价格的形成机制，可以分为以指令驱动的竞价交易制度和与之对应的以报价驱动的做市商制度两种基本类型。

(1) 指令驱动的竞价交易制度

指令驱动的竞价制度是指证券交易价格由买卖双方的委托指令共同驱动形成，即投资者将自己的交易意愿以委托指令的方式传给证券经纪商，证券经纪商持委托指令进入市场，以买卖双方的报价为基础进行撮合产生成交价。指令驱动方式的特点是证券成交价由买卖双方的力量对比决定；交易在投资者之间进行。

指令驱动的竞价制度又可以分为集合竞价制度和连续竞价制度。

① 集合竞价，即投资者在某一规定时间内进行买卖申报，电脑交易处理系统对全部申报按照价格优先、时间优先的原则排序，并在此基础上，找出一个基准价格，使它同时能满足

成交量最大，这个基准价格即被确定为成交价格。

所谓价格优先原则，指较高的买进申报优先于较低的买进申报，较低的卖出申报优先于较高的卖出申报。例如：乙申报以 10 元买进宝钢股份 100 股，甲随后申报以 10.5 元买进宝钢股份 200 股，如果丙申报以 10.5 元卖出宝钢股份 300 股，则甲后申报先成交，而乙由于价格不符，先申报而无成交。

所谓时间优先原则，是指在申报价格相同的情况下，先申报，先成交。例如：乙申报以 10 元买进宝钢股份 100 股，甲随后申报以 10 元买进宝钢股份 200 股，如果丙申报以 10 元卖出宝钢股份 100 股，虽然甲、乙两人的申报价格相同，但是由于乙先申报则先成交，甲后申报则没能成交。

沪深两市每日集合竞价时间为上午 9：15−9：25 分，在这段时间内交易所只接受申报，不进行撮合，但可以撤单。9：25−9：30 分之间的 5 分钟既不能报单也不能撤单，9：27 由集合竞价产生开盘价，9：30 开始进入连续竞价阶段。深市除开盘价采用集合竞价外，收盘价也采用集合竞价，集合竞价时间为 14：57−15：00。

② 连续竞价是指对买卖申报逐笔连续撮合的竞价方式。集合竞价结束后，证券交易所开始当天的正式交易，交易系统按照价格优先、时间优先、数量优先的原则，确定每笔证券交易的具体价格。

所谓数量优先，是指在申报价格和时间都一样的情况下，申报买卖数量大的比数量小的优先成交。

沪深两市在正常交易时间，即每周一至五上午 9：30−11：30 分和下午 13：00−15：00 采用连续竞价方式，接受申报进行撮合。

图 3.1 和图 3.2 分别是某只股票集合竞价和连续竞价的示意图。图 3.1 第一列(自下而上)和第二列(自下而上)分别是按照价格从低到高(从 6.74 元到 6.78 元)对应的申报卖出数量和卖出累计量，第五列(自上而下)和第四列(自上而下)分别是按照价格从高到低(从 6.78 元到 6.74 元)对应的申报买入数量及买入累计量。由于我国沪深两市采用的是限价委托指令，即卖出价是以不高于某个价格报出，买入价是以不低于某个价格报出，所以卖出指令按报出价格从低到高排列，买入指令按报出价格从高到低排列。如卖出指令中有 8 手报不低于 6.74 元/股卖出，35 手报不低于 6.75 元/股卖出，16 手报不低于 6.76 元/股卖出，34 手报不低于 6.77 元/股卖出，23 手报不低于 6.78 元/股卖出；那么不低于 6.74 元/股卖出的累计量就为 8 手，不低于 6.75 元/股卖出的累计量就为 43 手(即 8 手+35 手)，不低于 6.76 元/股卖出的累计量就是 59 手(即 8 手+35 手+16 手)。依此类推，不低于 6.78 元/股卖出的累计量就是 106 手。买入指令中有 6 手报不高于 6.78 元/股买入，有 15 手报不高于 6.77 元/股买入，有 27 手报不高于 6.76 元/股买入，有 9 手报不高于 6.75 元/股买入，有 10 手报不高于 6.74 元/股买入；那么不高于 6.78 元/股买入的累计量就为 6 手，不高于 6.77 元/股买入的累计量就为 21 手(即 6 手+15 手)，不高于 6.76 元/股买入的累计量就为 48 手(即 6 手+15 手+27 手)，依此类推。卖出累计和买入累计两者取较小值就是某一价格下的成交量，如 6.76 元下的成交量为 59 手和 48 手，则两者取较小值为 48 手。按照集合竞价的最大成交量的要求，此例中集合竞价确定的价格为 6.76 元。连续竞价中卖出指令按照价格从低到高排列，报得越低越容易成交；买入指令按价格从

高到低排列，报得越高越容易成交。在图 3.2 中，卖出指令中报价最低的 6.77 元 10 手和买入指令中报价最高的 6.77 元 7 手先匹配成交，成交数量是 7 手，价格为 6.77 元。只要买卖指令匹配，连续竞价成交瞬间达成确定该时刻的价格。

| 卖出数量 | 卖出累计 | 价格 | 买入累计 | 买入数量 |
|---|---|---|---|---|
| 23 | 106 | **6.78** | 6 | 6 |
| 34 | 83 | **6.77** | 21 | 15 |
| 16 | 59 | **6.76** | 48 | 27 |
| 35 | 43 | **6.75** | 57 | 9 |
| 8 | 8 | **6.74** | 67 | 10 |

图 3.1　集合竞价示意图
(成交价格最大化成交量，开盘价和收盘价)

| 卖出数量 | 价格 | 买入数量 |
|---|---|---|
| 11 | **6.78** |  |
| 10 | **6.77** | 7 |
|  | **6.76** | 8 |
|  | **6.75** | 13 |
|  | **6.74** | 20 |

图 3.2　连续竞价示意图
(开盘后连续竞价)

(2) 报价驱动的做市商制度

报价驱动的做市商制度下，证券交易交割由一家或多家做市商给出，做市商根据市场的供求关系和自身的实力报出证券的买卖双向价格，做市商在其所报出的价位上接受投资者的买卖要求，以其自有的资金或证券和投资者进行交易，做市商的收益来自买卖证券的差价。报价驱动方式的特点是做市商在证券成交价格的形成中居主动地位，投资者买卖证券以做市商为交易对手，投资者之间不发生直接的交易。

#### 4. 结算

结算(settlement)是指一笔证券交易成交后，买卖双方结清价款和交割证券的过程，即买方付出价款并收到证券、卖方付出证券并收取价款的过程。

证券结算的方式一般分为逐笔交收和净额交收两种。

(1) 逐笔交收是指买卖双方在每一笔交易成交后对应收应付的证券和资金进行一次交收，它可以通过结算机构进行，也可以由买卖双方直接进行，比较适合以大宗交易为主、成交笔数较少的证券市场和交易方式。

(2) 净额交收是指买卖双方在约定的交收期限内，以买卖双方进行证券交易后计算出的证券和资金的净额进行交收，它必须通过结算机构进行，比较适合于投资者较为分散、成交笔数较多、每笔成交的数量较小的证券市场和交易方式。净额交收通常需要经过两级结算完成，即首先由交易所与证券商之间进行结算(一级结算)，然后由证券商与投资者之间进行结算(二级结算)。我国上海、深圳证券交易所的证券结算采用净额交收方式。在上海，两级结算是由上海证券中央登记结算公司集中一次性进行的，结算公司直接完成证券在投资者之间的转移；而在深圳，在由深圳证券结算公司集中进行证券结算的同时，由证券商进行其与投资者之间的结算。

结算的时间安排上可以分为当日结算、次日结算、例行日结算、特约日结算等几种方式。

(1) 当日结算，即所谓的 T+0 制度，证券买卖双方于成交当日进行证券的交割和价款的收付。

(2) 次日结算，指证券买卖双方在达成交易后，于下一个营业日进行证券的交割和价款的收付。

(3) 例行日结算，是指证券买卖双方在达成交易后，按照证券交易所的规定，在成交后的某个营业日交割证券和价款收付。世界上大多数证券交易市场均采用例行日结算方式，例如美国、日本、法国、加拿大、丹麦、瑞士、卢森堡等国家采用 T+3 方式，韩国、巴西、墨西哥、中国香港、中国台湾采用 T+2 方式，英国采用 T+5 方式。我国的结算时间安排属例行日交收，具体间隔时间由证券交易所规定。目前 A 股、基金、债券实行 T+1 方式，B 股实行 T+3 方式。

(4) 特约日清算，是证券交易双方在达成交易后，由双方根据具体情况商定，在从成交日算起 15 天以内的某一特定契约日进行交割证券和价款收付，这种方式是为了方便那些无法进行例行结算的投资者(如异地投资者)而设立的。

#### 5. 登记过户

股票过户是投资人从证券市场上买到股票后，到该股票发行公司办理变更股东名簿记载的活动，是股票所有权的转移。

股票有记名股票与不记名股票两种。不记名股票可以自由转让，记名股票的转让必须办理过户手续。在证券市场上流通的股票基本上都是记名股票，都应该办理过户手续才能生效。目前证券交易实行的是一整套电脑自动交易、自动结算、自动过户的制度。

## 3.2.2 场外交易

场外交易是指在交易所以外的各证券公司柜台上进行证券买卖，场外交易的场所简称 OTC 市场(over the counter market)，又称柜台市场或店头市场。

场外交易的特点如下：

- 场外交易没有固定的场所，也没有统一交易的时间，没有统一交易章程和交易规则，它由许多各自独立经营的证券公司分别进行交易，而且主要依靠电话和计算机网络联系成交。

- 场外交易与交易所交易最大的区别是场外交易不采用经纪制方式，而是采用自营式方式。投资者买进卖出证券不一定要通过经纪人，而是可以直接和证券经营机构进行交易，证券公司通过自营买卖，实现证券的交易转让，因此它的市场组织方式基本上是自营制的。

- 场外交易的证券主要是未能在证券交易所批准上市的股票、定期还本付息的债券和开放式基金的受益凭证等。参与场外交易的证券商主要是自营商。

- 场外交易市场是一个交易商报价驱动的市场。场外证券交易价格不是以竞价方式确定的，而是由证券公司同时挂出同种证券的买进价与卖出价，并根据投资人是否接受加以调整而形成的。

● 场外交易市场管理比较宽松，市场分散，缺乏统一的组织和章程，不易管理和监督，其交易效率也不及交易所市场。

## 3.3　信用交易

所谓信用交易，又称保证金交易(margin trading)或垫头交易，是指证券交易的当事人在买卖证券时，只向证券公司(证券经纪人)交付一定比例的保证金或者证券，而由证券公司提供融资或者融券，从而进行更多数量证券的买卖。信用交易具体可分为融资买进和融券卖出两种；融资买进证券又称为保证金"买空"，融券卖出证券又称为保证金"卖空"。

保证金买空是指投资者看涨某种股票并买进，但投资者并没有全额支付款项，而只支付一部分保证金，其余的由证券公司(经纪人)垫付。投资者实际支付的初始保证金占实际交易额的比率称为初始保证金比率。通过保证金买空，投资者可以购买的证券的数量放大；同时盈亏也在放大，初始保证金比率的倒数即为盈亏放大的杠杆倍数。

图 3.3 就是保证金买空的示意图。通过保证金买空，投资者买入的股票数量增加；如果股价如愿上涨，收益增加；如果股价不涨反跌，损失扩大。

图 3-3　保证金买空盈亏放大图标

### 例 3.1　保证金买空

如果某公司的股票从 4 元涨到 5 元，投资者购买了 10 手即 1000 股该公司的股票。若不采用保证金买空方式，投资者初始投入 4000 元，现在股票市值 5000 元，投资者收益率为 25%。若采用保证金买空方式，同时假定证券公司规定的初始保证金比率为 40%，在股价是 4 元时，投资者按照 40%的初始保证金比例仍购买 10 手该公司的股票。问：(1)投资者至少需要多少初始保证金及需向证券公司融资多少？(2)若购买后股票价格仍涨到 5 元，该投资者的实际收益率是多少？(3)若购买后股票价格跌至 3 元时，投资者的损失率是多少？

**解：** (1)投资者至少需要 1600 元初始保证金，并向证券公司融资 2400 元，购买当时市值为 4000 元的 10 手某公司股票，计算过程如下：

$$初始保证金 = 4000 \times 40\% = 1600(元)$$
$$融资额 = 4000 - 2400 = 1600(元)$$

(2) 当股票的价格从 4 元涨到 5 元时，投资者出售股票获得 5000 元现金，偿还证券公司 2400 元借款(不考虑借款利息)，还剩 2600 元，投资者的实际收益率为 62.5%，计算过程如下：

$$投资者的实际收益率 = \frac{现在属于投资者的权益 - 初始投入额}{初始投入额}$$

$$= \frac{(现在市值 - 借款) - 初始投入额}{初始投入额}$$

$$= \frac{(5 \times 1000 - 2400) - 1600}{1600}$$

$$= 62.5\%$$

(3) 若投资者通过保证金买入股票后，股票价格从 4 元下跌到 3 元，则投资者的损失率为 62.5%，计算过程如下：

$$投资者的实际收益率 = \frac{现在属于投资者的权益 - 初始投入额}{初始投入额}$$

$$= \frac{(现在市值 - 借款) - 初始投入额}{初始投入额}$$

$$= \frac{(3 \times 1000 - 2400) - 1600}{1600}$$

$$= -62.5\%$$

保证金卖空是投资者看跌某种股票，由投资者缴纳给证券公司一部分保证金，通过证券公司借入这种股票，并同时卖出这种股票。如果该种股票日后价格果然下跌，那么投资者再按当时市价买入相同数量的该种股票偿还给借出者，投资者在交易过程中获取价差利益。

图 3.4 是保证金卖空的示意图。通过保证金卖空，如果股价如愿跌了，投资者虽然没有股票也能获得高卖低买的价差；但是如果股价涨了，投资者需要高价买入股票偿还给证券公司，亏损扩大。

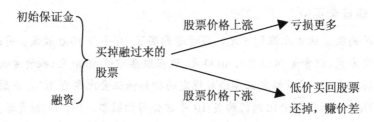

图 3.4 保证金卖空盈亏放大图示

## 例 3.2 保证金卖空

如果某投资者看跌某公司股票，该公司股价目前是 4 元，该投资者账户上拥有 1600 元保证金，按照 40% 的初始保证金比率要求进行保证金卖空。问：(1)该投资者可以借入多少股该公司的股票？(2)经过一段时间后，股价跌至 3 元，问投资者的实际收益率是多少？(3)若投资者通过保证金卖空股票后，股票价格从 4 元上涨到 5 元，投资者的损失率是多少？

**解**：(1) 该投资者可以借入 1000 股(当时市值 4000 元)该股票进行卖空，计算过程如下：

$$融券金额 = \frac{初始保证金额}{初始保证金比例} = \frac{1600}{40\%} = 4000(元)$$

$$融券数量 = \frac{融券金额}{股价} = \frac{4000}{4} = 1000(股)$$

(2) 经过一段时间后，股价跌到 3 元，投资者以 3 元的价格买入 1000 股偿还证券公司。投资者获得 1000 元的买卖价差收益，投资收益率达到 62.5%，是股票实际跌幅的 2.5 倍，计算过程如下：

$$
\begin{aligned}
投资者的实际收益率 &= \frac{买卖价差}{初始投入额} \\
&= \frac{4000 - 3000}{1600} \\
&= 62.5\%
\end{aligned}
$$

(3) 若投资者通过保证金卖空股票后，股票价格从 4 元上涨到 5 元，投资者则需要在市场上以 5 元的价格买入 1000 股偿还证券公司，亏损了 1000 元，投资损失率达到 62.5%，是股票实际涨幅的 2.5 倍，计算过程如下：

$$
\begin{aligned}
投资者的实际收益率 &= \frac{买卖价差}{初始投入额} \\
&= \frac{4000 - 5000}{1600} \\
&= -62.5\%
\end{aligned}
$$

初始保证金比率又称为法定保证金比率。投资者按照法定保证金比率缴纳初始保证金，其数值等于法定保证金比率和买卖证券的市值的乘积，初始保证金必须在以信用方式买卖证券之前缴足。法定保证金比率越低，投资者的初始投入越低，投资者收益放大的倍数越高，风险越大。

在投资者以信用方式买卖证券之后，随着证券市值的变化，已缴保证金的实际比率相应会发生变化，这一实际保证金(actual margin)比率可能会高于或低于法定保证金比率，投资者缴存保证金的实际价值占证券市值的比率称为保证金实际维持率。证券公司有必要随时计算投资者的保证金实际维持率，了解盈亏状况并及时通知投资者。

证券交易所或证券公司对保证金实际维持率有一个最低限度的要求，即投资者缴付的保证金占证券市值的比率不得低于某一比率，这一比率称为保证金最低维持率。当投资者账户中保证金实际维持率低于规定的最低比率时，证券公司向投资者发出追加保证金通知(margin call)，投资者接到通知后，必须追加保证金，以弥补法定保证金的要求。投资者可以用在账户上存储现金或证券偿还部分贷款、出售账面上的证券并用这笔收益偿还部分债务等办法，增加保证金实际数额。如果投资者在规定时限内不补足保证金，证券公司可出售客户账户上的证券以此补充保证金的法定比率要求，但在出售证券前一般应预先通知客户。

**例 3.3　实际保证金比率计算及达到最低保证金比率时需再缴纳的保证金计算**

针对例 3.1 的保证金买空，在股票涨到 5 元、跌到 3 元或维持在 4 元时，请计算各种情形下保证金的实际维持率？如保证金的最低维持率为 20%，则当股价跌到 3 元时，证券公司向投资者催缴保证金，请问此时投资者应向证券公司补交多少保证金？

**解：**(1) 保证金实际维持率为保证金的实际值与抵押证券市值的比率，计算过程如表 3-1 所示。

表 3-1　保证金实际维持率计算

单位：元

| 每股价格 (1) | 抵押证券市值 (2)=(1)×1000 | 初始保证金 (3)=4000×40% | 融入资金 (4)=4000×(1−40%) | 保证金实际值 (5)=(2)−(4) | 保证金实际维持率 (6)=(5)/(2) | 盈利 (7)=(5)−(3) |
|---|---|---|---|---|---|---|
| 4 | 4000 | 1600 | 2400 | 1600 | 40% | 0 |
| 5 | 5000 | 1600 | 2400 | 2600 | 52% | 1000 |
| 3 | 3000 | 1600 | 2400 | 600 | 20% | − 1000 |

(2) 如保证金的最低维持率为 20%，则当股价跌到 3 元时，证券公司向投资者催缴保证金，使实际保证金比率达到法定保证金比率 40%，此时投资者应补充 600 元的保证金，计算过程如下：

$$应补充的保证金 = 3000 \times 40\% - 600 = 600(元)$$

# 本 章 小 结

当发行人需要筹资时，可以选择发行证券。证券的发行是在一级市场上通过发行承销机构将证券第一次出售给公众；证券的交易是在二级市场上投资者之间的买卖过程。

按发行对象不同，证券发行可以分为私募发行与公募发行；按发行过程中有无中介参与，可分为直接发行和间接发行；按发行人和承销机构的关系，可分为代销发行和包销发行；按照证券发行价格与面值的关系，可以分为平价发行、溢价发行和折价发行。

证券交易包括场内交易和场外交易。场内交易即为交易所交易，交易过程包括开户、委托、竞价成交、结算、过户登记等程序。其中，开户是开立证券账户和资金账户。我国目前的委托形式是限价委托指令。竞价包括开市之前的集合竞价和其他时间的连续竞价，连续竞价的规则为价格优先、时间优先和数量优先。场外交易是指在交易所以外的各证券公司柜台上进行证券买卖，场外交易的场所简称 OTC 市场，又称柜台市场或店头市场。

信用交易又称保证金交易或垫头交易，是指证券交易的当事人在买卖证券时，只向证券公司(证券经纪人)交付一定比例的保证金或者证券，而由证券公司提供融资或者融券，从而进行更多数量证券的买卖。信用交易具体可分为融资买进和融券卖出两种。融资买进证券又称为保证金"买空"，融券卖出证券又称为保证金"卖空"。通过保证金交易，投资者可以购买或出售的证券的数量放大，因此盈亏也在放大，初始保证金比率的倒数即为盈亏放大的杠杆倍数。

# 复习题

## 一、名词解释

| 证券发行 | 证券交易 | 私募发行 | 公募发行 | 直接发行 |
|---|---|---|---|---|
| 间接发行 | 代销发行 | 包销发行 | IPO | 网下配售 |
| 网上发行 | 回拨机制 | 超额配售选择权 | | 路演 |
| 平价 | 溢价 | 折价 | 市价委托 | 限价委托 |
| 停止损失委托指令 | | 停止损失限价委托指令 | | 竞价交易制度 |
| 做市商制度 | 集合 | 竞价 | 连续竞价 | 场外交易 |
| 场内交易 | 信用交易 | 保证金比率 | 保证金买空 | 保证金买空 |

## 二、讨论题

1. 我国证券市场股票发行大致经历了以下几个阶段：1990—2000 年，我国股票发行带有一定的行政审批性质；2001 年 3 月 17 日开始，正式实施核准制；2004 年 2 月起实施保荐制。现代意义上的中国债券市场从 1981 年国家恢复发行国债开始起步，经历了以实物券柜台市场为代表的不成熟的场外债券市场主导、以上海证券交易所为代表的场内债券市场主导到以银行间债券市场为代表的成熟场外债券市场主导的三个阶段。登录上海证券交易所网站 http://www.sse.com.cn，深圳证券交易所网站 http://www.szse.cn，中国债券信息网 http://www.chinabond.com.cn，收集相关资料，根据以下提示，熟悉我国股票和债券的发行市场：

① 我国股票发行制度的演变过程。
② 我国债券发行制度的演变过程。
③ 目前的股票发行制度和发行流程。
④ 目前的债券发行制度和发行流程。

2. 登录上海证券交易所网站 http://www.sse.com.cn 和深圳证券交易所网站 http://www.szse.cn，收集相关资料，根据以下提示，熟悉国内外证券交易制度的异同点：

① 竞价交易制度和做市商制度的异同点，及其对证券市场发行的影响。
② 涨跌停板制度对证券市场的影响。
③ 做空机制对证券市场发行的影响。

## 三、计算题

1. 某投资者本金为 20 000 元，准备买入每股市价为 10 元的该股票。他采用保证金买空的方式买入，保证金比率为 40%。请回答下述问题：

① 该投资者最多可以买入多少股股票？
② 在按保证金比率 40%买入最多量的股票之后，如果该股票上涨到 12 元，投资者保证金的实际维持率为多少？投资者的收益率是多少？如果要使得实际保证金比率维持在 40%，投资者最多可以取多少现金？
③ 在按保证金比率 40%买入最多量的股票之后，如果该股票下跌到 8 元，投资者保证

金的实际维持率为多少？投资者的损失率是多少？如果要使得实际保证金比率维持在 40%，投资者至少要补充多少现金？

④ 如果保证金的最低维持率为 20%，问当股价为多少时就达到最低维持率？此时需要催交保证金，至少要催交多少？

2. 某投资者本金为 20 000 元，准备卖空每股市价为 10 元的该股票，他采用保证金卖空的方式卖出，保证金比率为 40%。请回答下述问题：

① 该投资者最多可以卖空多少股股票？

② 在按保证金比率 40%卖空最多量的股票之后，如果该股票上涨到 12 元，投资者保证金的实际维持率为多少？投资者的损失率是多少？如果要使得实际保证金比率维持在 40%，投资者至少需要再投入多少现金？

③ 在按保证金比率 40%卖空最多量的股票之后，如果该股票下跌到 8 元，投资者保证金的实际维持率为多少？投资者的收益率是多少？如果要使得实际保证金比率维持在 40%，投资者最多可以取出多少现金？

④ 如果保证金的最低维持率为 20%，问当股价涨到多少时就达到最低维持率？此时需要催交保证金，至少要催交多少？

# 第2篇　定价篇

通过第 1 篇的学习，读者已经对证券投资的基本知识有了一些了解和准备，但是要进行理性投资，还需要对所投资对象的价值有一个合理的判断。本篇从绝对定价和相对定价两个方面来介绍证券定价的一般方法。绝对定价主要是指现金流贴现方法，这一方法的关键点有两个，一是贴现率，二是现金流。第 4 章主要讲述了和贴现率相关的概念，如各种类型的收益率和利率等。第 5 章主要讲述了现金流贴现方法，包括终值、现值、债券和股票现金流贴现定价方法。此外，第 5 章还介绍了相对定价方法，如市盈率定价法、市净率定价法等。

# 第4章
# 收 益 率

在投资中，很多人经常讨论从某项投资中获得或损失多少钱，实际上讨论投资收益率更有意义，前者是绝对数值，后者是相对比率。本章主要讲述投资收益率的概念及计算方法，并引出即期利率、远期利率和未来即期利率等概念，最后介绍利率期限结构理论及其应用。

## 4.1 收益率的概念

无论是投资者还是资金管理者，他们的目标都是使单位投入获得更多的报酬，这个目标就是最大化收益率。**收益率**(rate of return)是投资项目或资产的收益与投资本金的比值。收益率有很多计算方法，最简单的方法是计算项目或资产的**持有期收益率**。投资者的持有期收益率等于投资者在持有期中获得的总收入与持有期初的初始投资额的比值。

$$\text{持有期收益率} = \frac{\text{持有期收入}}{\text{购买价格}} = \frac{\text{投资的终值} - \text{投资的初始值} + \text{期间的现金流入}}{\text{投资的初始值}} \tag{4-1}$$

用符号来表示为

$$y = \frac{P_T - P_0 + CF_T}{P_0} \tag{4-2}$$

其中，$T$ 表示项目或资产的持有期，以年为单位；

$P_0$ 表示项目投资的初始值或资产的期初购买价格；

$P_T$ 表示项目投资的终值或资产期末出售时的价格；

$CF_T$ 表示投资持有期间现金流入，如债券利息或股票分红等；

$y$ 表示项目或资产的持有期收益率。

### 例 4.1 持有期收益率计算

某投资者于 2006 年 4 月 10 日以 20 元的价格买入 1 股某上市公司的普通股,然后在 2007 年 10 月 10 日以 21 元的价格卖出,如果该股票在该段时间内发放了 0.2 元的现金股息,求该投资者持有期的投资收益率为多少?

**解:**

$$持有期收益率 = \frac{投资的终值 - 投资的初始值 + 期间的现金流入}{投资的初始值} = \frac{21 - 20 + 0.2}{20} = 6\%$$

$$或者,\ 持有期收益率 = \frac{价格变动 + 现金股利}{购买价格} = \frac{1 + 0.2}{20} = 6\%$$

为便于对不同持有期的项目或资产之间的收益情况进行比较,持有期收益率经常需要转化成**持有期年化收益率**(简称年化收益率)后再进行比较。

$$年化收益率 = \frac{持有期收益率}{项目(或资产)持有效} = \frac{P_T - P_0 + CF_T}{P_0} \times \frac{1}{T} \tag{4-3}$$

其中,项目(或资产)持有期以年为单位。例 4.1 中投资者 1.5 年的持有期收益率为 6%,则该资产投资的年化收益率为 4%,计算过程如下:

$$年化收益率 = \frac{6\%}{1.5} = 4\%$$

在后文中如果没有特殊说明,所有收益率均是指年化收益率。

## 4.1.1 单期收益率和平均收益率

如果某个项目或资产持有期只有 1 期(通常 1 期为 1 年),称为该项目或资产是单期投资。如果持有期超过 1 期,则称该项目或资产的持有期是多期。如果项目或资产是单期投资,则直接计算单期收益率。

$$y_1 = \frac{P_1 - P_0 + CF_1}{P_0} \tag{4-4}$$

其中,$y_1$ 表示单期收益率,$P_0$ 表示项目或资产期初的价值,$P_1$ 表示项目或资产期末的价值,$CF_1$ 表示单期持有期间现金流入。

### 例 4.2 股票单期收益率计算

如果某投资者 2004 年 5 月 14 日以每股 5.88 的价格买入 1 手(100 股)ABC 公司股票,持有期 1 年,于 2005 年 5 月 14 日以每股 6.24 元的价格全部出售,持有期间 ABC 公司分派现金股利,分派比例是每 10 股分派 0.5 元。问投资者购买该股票的收益率是多少?

**解：**

$$单期收益率 = \frac{6.24 - 5.88 + \dfrac{0.5}{10}}{5.88} = 6.24\%$$

如果项目或资产是多期的，则可以计算持有期内的平均收益率。方法一般是先计算各个单期的收益率，再对各个单期的收益率求平均值。求平均值的方法很多，这里主要讲两种方法：**算术平均收益率**(arithmetic mean return，AMR)和**几何平均收益率**(geometric mean return，GMR)。

无论是何种方法，首先要计算各单期的收益率：

$$y_t = \frac{P_t - P_{t-1} + CF_t}{P_{t-1}} \tag{4-5}$$

其中，$t$ 表示各个时期，$y_t$ 表示第 $t$ 期的投资收益率，$P_t$ 表示项目或资产第 $t$ 时刻的价值，$P_{t-1}$ 表示项目或资产第 $t-1$ 时刻的价值，$CF_t$ 表示项目或资产第 $t$ 期的现金流。

**算术平均收益率**就是对多个单期收益率进行简单平均，记为 $\overline{y}$，计算方法如下：

$$AMR = \overline{y} = \frac{1}{T}\sum_{t=1}^{T} y_t = \frac{1}{T}(y_1 + y_2 + \cdots + y_T) \tag{4-6}$$

其中，$T$ 为最后一期。

**注意**：计算算术平均收益率应该用一个完整的周期或是完整周期的整数倍，不然计算的结果会产生季节性(周期性)差异。例如要估算一下投资股市的平均收益率，给准备进入市场的投资者一些参考，那么最好就选择一个完整的周期。如果仅选择上涨的时间段，估算的平均收益率偏高，投资者投资时很难达到；如果仅选择下跌的时间段，估算的平均收益率则会偏低。一个比较合理的估算方法就是选择一个完整的股市周期或几个周期，计算一下平均收益率。

**几何平均收益率**又称为复合平均收益率，是 $T$ 个连续期的收益率的几何平均。公式表达如下：

$$(1 + GMR)^T = (1 + y_1)(1 + y_2)(1 + y_3)\cdots(1 + y_T) \tag{4-7a}$$

GMR 的表达式也可以写成如下等价形式：

$$GMR = \sqrt[T]{(1 + y_1)(1 + y_2)(1 + y_3)\cdots(1 + y_T)} - 1 \tag{4-7b}$$

几何平均收益率也可以用初值和终值来表示：

$$(1 + GMR)^T = \frac{P_T}{P_0} \tag{4-8a}$$

即：

$$GMR = \sqrt[T]{\frac{P_T}{P_0}} - 1 \qquad\qquad (4\text{-}8b)$$

**读一读 2001—2008 年我国通货膨胀率与各类资产的收益率比较**

生活中，我们经常听到黄金保值这样的宣传。的确，对于富有的人，通货膨胀可能造成其实际财富的巨大"流失"，其实，不仅仅针对富人，生活中大部分人都希望自己的资产免遭贬值的危险。由于缺乏广泛的投资渠道，大部分人选择将钱直接存入银行，但这样做的收益率很低，很多人并不愿意这样做，只是苦于没有好的投资途径。那么，长期投资什么才能够得到一个比较好的回报呢？黄金？股票？债券？基金？……

下面比较了通货膨胀和几种主要商品或指数在 2001—2008 年这段时间内的回报：

2001—2008 年，我国居民物价指数(CPI)上涨了 19.61%；

2001—2008 年，黄金价格(美元计价)上涨了 221.68%；

2001—2008 年，石油价格(美元计价)上涨了 302.92%；

2001—2008 年，上证指数下跌了 12.19%；

2001—2008 年，深圳成指上涨了 36.46%。

表面上看，好像投资黄金、石油或股票等资产可以较为轻松地"跑赢"物价指数，但这忽视了这些资产价格大幅波动的事实。如果把时间周期调整为 1991—2008 年，黄金上涨了 140.73%，而我国 CPI 也上涨了 133.55%，这也许意味着黄金在长时间内更多的是"保值"，而不能看成是有效"增值"的投资品。

资料来源：根据 resset 数据库计算。

运用数学不等式可以证明，几何平均收益率永远不会大于算术平均收益率，即 AMR≥GMR，读者不妨去验证一下。

**例 4.3 算术平均收益率和几何平均收益率计算**

一项三年期的投资，初始投资 100 万元，第 1 年年末资产价值为 120 万元，第 2 年年末资产价值为 108 万元，第 3 年年末资产价值为 116.64 万元。求这项投资的算术平均收益率和几何平均收益率。

**解：** 第一年的收益率为 $y_1 = 20\%$，可由公式(4-2)得到：

$$y_1 = \frac{P_1 - P_0}{P_0} = \frac{120 - 100}{100} = 20\%$$

第二年的收益率为 $y_2 = -10\%$，也可由公式(4-2)得到：

$$y_2 = \frac{P_2 - P_1}{P_1} = \frac{108 - 120}{120} = -10\%$$

同理，第三年的收益率为 $y_3 = 8\%$，由于第三年是最后一期，即 $T = 3$。这项投资的算术平均收益率为 6%。由公式(4-3)可以得到

$$\text{AMR} = \bar{y} = \frac{1}{T}\sum_{t=1}^{3} y_t = \frac{1}{3}(y_1 + y_2 + y_3) = \frac{1}{3}(20\% - 10\% + 8\%) = 6\%$$

这项投资的几何平均收益率为 5.26%，可由(4-7b)式得到：

$$\text{GMR} = \sqrt[T]{(1+y_1)(1+y_2)(1+y_3)} - 1 = \sqrt[3]{(1+20\%)(1-10\%)(1+8\%)} - 1 = 5.26\%$$

这项投资的几何平均收益率也可由公式(4-8b)得到：

$$\text{GMR} = \sqrt[T]{\frac{P_T}{P_0}} - 1 = \sqrt[3]{\frac{116.64}{100}} = 5.26\%$$

## 4.1.2 历史收益率和期望收益率

按计算收益率时所用的数据是过去已知的还是对未来的估算，可以将收益率分为历史收益率和期望收益率。

**历史收益率**又称为**实现的收益率**，是用过去的数据计算出来的，表明投资者在过去持有期限中已经实现的收益率。

如果某证券不支付任何现金收益，那么其历史收益率就等于该证券价格的变化率。

$$y_1 = \frac{P_t - P_{t-1}}{P_{t-1}} \tag{4-9a}$$

如果把 $P_t$ 表示当期价格，则 $P_{t-1}$ 表示过去一期的价格，对于目前而言，$P_t$ 和 $P_{t-1}$ 都是已知数据，因此 $y_t$ 表示在 $t$ 时期内实现的收益率即历史收益率。

如果在 $t$ 时期内该证券支付现金收益，如股票支付股利、债券支付利息，计算 $t$ 期历史收益率时，应在式(4-9a)的分子上加上相应的现金流，得到下面的式(4-9b)，其中 $CF_t$ 为在 $t$ 时期内获得的现金流。

$$y_1 = \frac{(P_t - P_{t-1}) + CF_t}{P_{t-1}} \tag{4-9b}$$

如果是期望收益率，式(4-9a)和(4-9b)就会变成下式(4-10a)和(4-10b)，其中 $E(P_{t+1})$ 表示下一期的期望价格，是未知的，需要估算。同样，$E(CF_{t+1})$ 表示下一期内所期望获得的现金流，$E(y_{t+1})$ 则表示下一期的期望收益率。

$$E(y_{t+1}) = \frac{E(P_{t+1}) - P_t}{P_t} \tag{4-10a}$$

$$E(y_{t+1}) = \frac{E(P_{t+1}) - P_t + E(CF_{t+1})}{P_t}$$

(4-10b)

### 读一读 期望收益率的估算方法

对于一个已经在市场上交易的资产或与交易资产性质十分类似的资产，我们经常采用历史数据估算出期望收益率。虽然估算的方法不一，如简单的算术平均、几何平均、中位数以及各种时间序列模型，但是这些方法都是假设资产价格变化遵循历史的模式，而现实往往并不是这样的，因此这种方法在实际应用中存在较大的风险。

还有一种估算资产收益率的方法就是所谓结构模型，它不直接利用资产的历史收益率估算未来的期望收益率，而是从无套利或均衡的角度得出资产的理论价格。这种方法表面上看很完美，但是在估算模型参数时，还是不得不利用历史数据，而且它还面临假设在现实中难以满足等问题，所以这种方法应用的范围比较狭窄，一般应用于基础资产衍生而来的期权、期货或互换等产品。

在作工程项目投资时或财务决策时，我们往往采用现金流折现的方法。这种方法最大的缺陷就是现金流的估计带有较大的主观性和不确定性，因此，误差比较大。

总之，并不存在一个固定的、可靠的方法估计期望收益率，投资者只能综合考虑可利用的信息、估计的难易程度和决策的需要等因素而选择合适的估计方法。

## 4.2 必要收益率

要使得收益率最大化或者财富最大化，应该是追求期望收益超过"资本成本"的投资。**资本成本**(cost of capital)可以是借款的利息支出、付给股东的现金股息，或者是机会成本。机会成本(opportunity cost)等于因为该项投资而放弃的其他替代性投资可能的最高收益。机会成本不仅包括支付的现金费用，例如，学生读书的机会成本不仅包括书费和学费，还包括学生如果工作可获得的工资收入。持有现金也是有机会成本的，其机会成本等于将它投资其他收益更高的资产所获得的收益率。机会成本不像现金支付的成本那样显而易见，但是忽略机会成本，投资者很难做出最好的投资决策。

### 例 4.4 必要收益率的选择

如果一个项目的预期投资收益率是 15%，其投入资金的来源可以是来自于投资者自身的积蓄，也可以是从银行以 8%的利率借入，或者通过发行股票筹集。已知通过发行股票筹集资金时需要付给股东的收益率为 10%。如果该投资者不投资该项目，而投资于其他项目，已知其他项目最大可能的收益为 14%。试分析投资者投资该项目是否会盈利。

**分析：**如果该项目以银行贷款筹集，8%就是资金成本率；如果以发行股票形式筹集，10%就是资金成本率；如果以自有资金投入而放弃其他项目的投资，其机会成本或资金成本率为 14%。如果该项目的预期投资收益率高于资金成本率，投资是盈利的；反之，如果预期投资收益率低于资金成本率，投资是亏损的。因投资者投资该项目的预期收益率是 15%，高于其各项资金成本率，故投资者是会盈利的。

资金成本率又称**必要收益率**(required rate of return)，它是一项投资能增加投资者财富所必须具备的最低收益率。资金成本率或者必要收益率是一种最低可接受收益率，只有所有的投资收益率都超过它，投资者才可能用其资金进行投资。表 4.1 分析了投资收益率与必要收益率对投资者财务的影响。

表 4.1  投资收益率与必要收益率对投资者财富可能的影响

| 投资收益率与必要收益率的比较 | 对投资者财富可能的影响 |
| --- | --- |
| 投资者的必要收益率<投资的收益率 | 财富增加 |
| 投资者的必要收益率=投资的收益率 | 财富不变 |
| 投资者的必要收益率>投资的收益率 | 财富减少 |

### 例 4.5  投资收益与损失分析

苏宁电器是国内最大的家电销售商之一。2004 年该公司股票在深圳中小板上市。某投资者购买了该公司的股票，并打算长期持有。由于投资者长期持有，因此，他的必要收益率除了无风险利率之外，还需要增加长期持有的溢价(作为长期放弃现金的补偿)。另外，投资股票具有较高的股票风险，因此，股票风险补偿也应包含在内。试分析投资苏宁电器的投资权益和损失。

**分析**：假设无风险利率为 2.52%，长期持有的溢价为 2%，中小板股票溢价为 4%，因必要收益率=无风险利率+长期持有溢价+中小板股票溢价，则该投资者投资苏宁电器的必要收益率为 8.52%。因此，当投资者在苏宁电器股票上的收益率大于 8.52%时，其财富增加；反之，财富减少。

## 4.3  即期利率

**即期利率**(spot rate)是指某个给定时点上零息证券的到期收益率。所谓零息证券，是指债券发行之后，期间不进行任何利息支付，期末一次还本付息的证券。零息证券可以引申为任何中途不支付利息，到期一次还本付息的借款合约，它中途不支付任何利息，期末到期一次性偿还本金和利息。所谓**到期收益率**，是指持有期限为债券剩余期限的年化持有期收益率。

### 例 4.6  年化持有期收益率计算

某债券现在的价格是 90 元，剩余期限 3 年，债券面值为 100 元，票面利率 3%，如果投资者一直持有该债券到期，请按照前面所讲的年化持有期收益率的计算方法，计算该债券的年化持有期收益率。

**解**：债券持有 3 年的年化持有期收益率计算如下：

$$y = \frac{P_T - P_0 + CF}{P_0} \times \frac{1}{T} = \frac{100 - 90 + 100 \times 3\% \times 3}{90} \times \frac{1}{3} = 7.04\%$$

需要注意的是，债券持有到期的价值就是面值 100 元，即 $P_T = 100$ 元；该债券剩余期限 3 年，有 3 次利息收入，即 $CF = 100 \times 3\% \times 3 = 9$。

---

这种计算方法本质上是单利的计算方法，没有考虑到不同时点上的现金流是不能直接相加减的，即第 5 章所说的货币时间价值。比较常见的是采用复利的形式计算，如公式(4-11)所示。

$$P_0 = \frac{CF_1}{(1+y)^1} \times \frac{CF_2}{(1+y)^2} + \cdots + \frac{CF_i}{(1+y)^i} + \cdots + \frac{CF_T}{(1+y)^T} + \frac{P_T}{(1+y)^T} \tag{4-11}$$

其中，$P_0$ 是债券现在买入时的价格，$P_T$ 是债券持有到期时债券的价格，$CF_1, CF_2, \cdots, CF_i, \cdots, CF_T$ 是债券持有期间的利息支付，$y$ 就表示复利形式的债券到期收益率。例 4.6 中以复利形式计算的债券到期收益率可由公式(4-12)得到：

$$90 = \frac{3}{(1+y)^1} + \frac{3}{(1+y)^2} + \frac{3}{(1+y)^3} + \frac{100}{(1+y)^3} \tag{4-12}$$

从而得出债券到期收益率 $y$ 为 6.80%。单利或复利形式计算债券到期收益率理论上都是可以的，但是如果持有时间较长，且要考虑持有期间债券利息支付的再投资收益时，最好采用复利形式计算债券到期收益率。

即期利率特指零息债券的到期收益率。如要计算现在时刻 3 年期的即期利率，则应通过计算剩余期限为 3 年的零息债券的到期收益率求得；如要计算现在时刻 4 年期的即期利率，则应通过计算剩余期限为 4 年的零息债券的到期收益率求得。为区别一般的到期收益率 $y$，我们用 $S$ 表示即期利率(零息债券的到期收益率)。

假设我们能在市场上找到离债券到期日还有 $t$ 年期，即剩余期限还有 $t$ 年期的零息债券，知道其当前的市价 $P_0$，到期时的价值 $P_t$，则 $t$ 年期的即期利率 $S_t$ 可由下面的公式(4-13)求解。

$$P_0 = \frac{P_t}{(1+S_t)^t} \tag{4-13}$$

如果在市场上找不到某剩余期限的零息债券，可以按以下的方式进行处理。一般来说都能找到一年期的零息债券，用公式(4-13)计算出一年期即期利率 $S_1$。如果没有两年期的零息债券，只有两年期的附息债券可供投资，已知该两年期的附息债券的当前市场价格为 $P_0'$，到期价值为 $P_2'$，从现在起一年以后的利息支付为 $C_1$。这种情况下，两年期即期利率 $S_2$ 是下列方程的解：

$$P_0' = \frac{C_1}{(1+S_1)^1} + \frac{P_2'}{(1+S_2)^2} \tag{4-14}$$

上述方法称为**息票剥离法**。息票剥离法是将附息债券剥离成若干个零息债券，附息债券的价值就等于剥离后的若干个零息债券的价值之和。公式(4-14)就是将两年期的附息债券剥离成一个一年期的零息债券(一年后的利息支付部分)和一个两年期的零息债券(两年后的利息支付加上本金支付部分)。第一个零息债券的价值为 $\dfrac{C_1}{(1+S_1)^1}$，第二个零息债券的价值为 $\dfrac{P_2'}{(1+S_2)^2}$，这两个零息债券的价值之和应该就等于附息债券的价格 $P_0'$。

### 例4.7 即期利率计算

市场有交易的三种债券 A、B、C。债券 A 是剩余期限为 1 年的零息债券，到期时按面值 100 元进行偿付；债券 B 是剩余期限为 2 年的零息债券，到期时按面值 100 元进行偿付；债券 C 是剩余期限为 2 年，票面利率为 5%的附息债券，每年年末支付利息一次，最后一次付息和本金于债券到期日一起支付。三种债券现在市场上的交易价格为：债券 A(一年期零息债券) 93.46 元，债券 B(两年期零息债券) 85.73 元，债券 C(两年期附息债券) 94.70 元。试根据以上信息计算一年期即期利率和两年期即期利率。

**解：** (1) 一年期即期利率计算

根据公式(4-13)，利用债券 A 的数据得到一年期即期利率为 7%。计算过程如下所示：

$$由 93.46=\frac{100}{(1+S_1)}，得到 S_1=7\%。$$

(2) 两年期即期利率计算

同理根据公式(4-13)，利用债券 B 的数据得到两年期的即期利率为 8%，计算过程如下：

$$由 85.73=\frac{100}{(1+S_2)^2}，得到 S_2=8\%。$$

如果市场上找不到两年期的零息债券来计算两年期的即期利率，可以利用一年期的零息债券 A 和两年期的附息债券 C 的数据通过息票剥离法计算。由债券 A 先可以计算出一年期的即期利率为 7%，再利用公式(4-14)代入两年期附息债券 C 的数据，计算出两年期即期利率为 8%，计算过程如下：

$$由 94.70=\frac{5}{(1+7\%)}+\frac{105}{(1+S_2)^2}，得到 S_2=8\%。$$

在本例中，两年期的即期利率无论是直接由债券 B 计算，还是间接地由债券 A 和 C 来计算，两者都是相等的。但是在实际检验中并不总是发生，差异也不会十分明显。因为如果差异太大，就说明存在套利机会，在一个自由交易的市场，投资者可以通过低买高卖缩小债券之间的定价差异。

## 4.4　远期利率

**远期利率**(forward rate)是现在时刻双方约定好的未来某个日期开始的一段时间的借款利率(或投资收益率)。如某借款人现在时刻与银行约定好的，一年之后借款期限为一年的利率，用符号表示为 $f_{1,2}$。其中，第 1 个下标(1)表示借款开始时间或计息开始时间，第 2 个下标(2)表示借款结束时间或计息结束时间，两者之差为实际借款时间或实际计息时间。按此定义方式，$f_{2,3}$ 就表示现在时刻约定的两年之后期限为一年的借款利率。远期利率和即期利率之间的关系可以通过图 4.1 来表示。

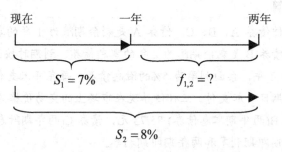

图 4.1　即期利率与远期利率

已知现在时刻的一年期的即期利率 $S_1 = 7\%$，现在时刻的两年期的即期利率 $S_2 = 8\%$，现在时刻约定的一年之后的一年期的远期利率记做 $f_{1,2}$。如果现在有 1 元钱，投资者准备投资两年，那么投资者可以选择如下两种投资策略。第一种策略称为"到期策略"，即按照两年的即期利率进行投资，两年后的价值为：

$$1 \times (1 + 8\%)^2 = 1.1664(元)$$

第二种策略称为"滚动投资策略"，即先按照一年期的即期利率 $S_1 = 7\%$ 投资一年，一年后的本利和再按照现在约定好的一年后的远期利率 $f_{1,2}$ 投资一年。如果市场是均衡的，两种策略下两年后的本利和应该相等，即：

$$1 \times (1 + 7\%)(1 + f_{1,2}) = 1 \times (1 + 8\%)^2 = 1.1664(元)$$

得到 $f_{1,2} = 9\%$。

在对远期利率下定义时，特别强调远期利率是现在时刻双方就约定下来的，以区别"未来的即期利率"这个概念。**未来的即期利率**是指未来时点上由市场决定的即期利率，只有到未来时点才可知，现在是不知道的，它是有风险的，随着市场行情的变化而变化。而远期利率是现在时刻就已经确定下来的，是无风险的。下面通过例子对远期利率和未来的即期利率之间的区别进行说明。

**想一想　按照未来的即期利率投资和按照远期利率投资的区别**

某投资者以 50 万元的初始资金进行为期两年的投资，现在已知一年的即期利率为 7%，一年后将本金和利息按照到时的即期利率(未来的即期利率)再投资一年。

如果未来的即期利率上升到 9%，则该投资者两年之后的本利和为 58.32 万元。

$$两年后的本利和 = 50 \times (1+7\%) \times (1+9\%) = 58.32(万元)$$

如果未来的即期利率下降到 5%，则该投资者 2 年之后的本利和为 56.18 万元。

$$两年后的本利和 = 50 \times (1+7\%) \times (1+5\%) = 56.18(万元)$$

如果现在约定一年以后的远期利率为 8%，那么无论一年以后即期利率上升到 9%，还是下跌到 5%，投资者都会按照事先约定的 8% 的利率获得收益，到期的本利和恒为 57.78 万元。

$$两年后的本利和 = 50 \times (1+7\%) \times (1+8\%) = 57.78(万元)$$

因此，未来的即期利率是可以变动的，而远期利率是现在双方就约定好的未来一段时间所使用的利率。一般来说，远期利率可以看成是未来即期利率的无偏估计，如果它们之间相差太大，就有投机者进行交易，缩小利差。

# 4.5  收益率曲线

在每天的财经类报纸上，都会刊登前一天不同**剩余期限**的国债买卖价格行情表。据此，我们利用求债券到期收益率的方法计算出任意一天不同剩余期限国债的到期收益率。以附息债券为例，计算方法如下：

$$P = \sum_{t=1}^{n} \frac{i \times 100}{(1+y)^t} + \frac{100}{(1+y)^n} \tag{4-15}$$

其中，$i$ 表示债券的票面利率，且假设面值为 100 元。如 2008 年记账式(一期)国债，票面利率 3.95%，每年 2 月 13 日付息一次，2009 年 2 月 13 日的银行间债券市场的价格为 107.4170元，剩余期限为 6 年，那么将数值代入式(4-17)可以得到 2008 年记账式(一期)国债在 2009 年2 月 13 日的到期收益率 $y$ 为 2.60%，即：

$$107.4170 = \sum_{t=1}^{6} \frac{3.95\% \times 100}{(1+y)^t} + \frac{100}{(1+y)^n}$$

由此得到 $y$=2.60%。

同样的道理，我们可以计算出 2009 年 2 月 13 日这一天，其他剩余期限的国债到期收益率。我们以 2009 年 2 月 13 日这一天各国债的剩余期限为横坐标，各国债的到期收益率为纵坐标，画出 2009 年 2 月 13 日这一天不同国债的剩余期限与到期收益率之间的关系，即这一天的国债**收益率曲线**。

同理，我们可以画出任何一天国债的收益率曲线，可以发现这些画出来的收益率曲线的形状往往会出现图 4.2 中的四种情形：向上倾斜的收益率曲线、向下倾斜的收益率曲线、水平的收益率曲线、隆起的收益率曲线。向上倾斜的收益率曲线的含义是债券的剩余期限越长，其到期收益率越高；向下倾斜的收益率曲线的含义是债券的剩余期限越长，其到期收益率越低；水平的收益率曲线的含义是无论债券剩余期限长短如何，各种剩余期限的债券其到期收益率完全一样；隆起的收益率曲线的含义是随着债券剩余期限长度的增加，债券到期收益率先增加后减少。

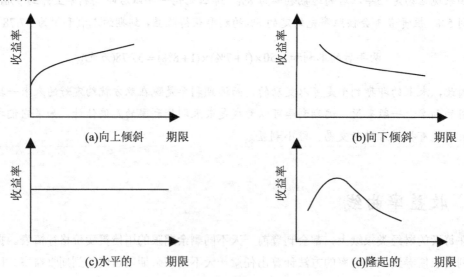

图 4.2　收益率曲线的四种情况

👓 **读一读　利率变化对债券价格的影响**

**（央行加息，使得长期债券价格下跌的幅度要大于短期债券下跌的幅度）**

2008 年 11 月 26 日，中国人民银行宣布下调金融机构一年期人民币存贷款基准利率 108 个基点，第二天，各主要国债纷纷上涨。其中，2011 年 8 月份到期的国债(代码为 100407)上涨 1.70%，2009 年 10 月份到期的国债(代码为 100408)仅仅上涨 0.24%。一般而言，在利率下降时，期限越长的债券上涨幅度更大。

资料来源：根据 resset 数据库计算

## 4.6　利率期限结构

**利率期限结构**特指不同期限零息债券的到期收益率曲线。既然利率期限结构是指不同期限零息债券的到期收益率曲线，那么理论上讲，要画出国债利率期限结构，需要到债券市场上找到各种不同剩余期限的零息国债，并一一计算出不同剩余期限的零息国债的到期收益率。但是，市场上的零息债券一般很少，存在较多的是各种不同剩余期限的附息债券。按照利率期限结构的定义，直接求不同剩余期限零息债券的到期收益率，并以此来画利率期限结构，显然比较困难。因此我们还是需要采用息票剥离法来处理。

假设市场上存在若干只国债，且这些国债的剩余期限、每年付息次数、票面利率和价格如表 4.2 所示。

表 4.2　若干只国债的要素

| 剩余期限/年 | 票面利率/% | 每年付息次数/次 | 价格/元 |
|---|---|---|---|
| 1 | 0 | 0 | 96.50 |
| 2 | 5 | 1 | 100.02 |
| 3 | 6 | 1 | 101.05 |
| 4 | 6.5 | 1 | 102.00 |
| 5 | 7 | 1 | 103.60 |

对表 4.2 中的 5 只国债按照即期利率贴现定价可得式(4-16)：

$$
\begin{cases}
96.5 = \dfrac{100}{1+S_1} \\[2mm]
100.02 = \dfrac{100 \times 5\%}{1+S_1} + \dfrac{100 \times 5\% + 100}{(1+S_2)^2} \\[2mm]
101.05 = \dfrac{100 \times 6\%}{1+S_1} + \dfrac{100 \times 6\%}{(1+S_2)^2} + \dfrac{100 \times 6\% + 100}{(1+S_3)^3} \\[2mm]
102 = \dfrac{100 \times 6.5\%}{1+S_1} + \dfrac{100 \times 6.5\%}{(1+S_2)^2} + \dfrac{100 \times 6.5\%}{(1+S_3)^3} + \dfrac{100 \times 6.5\% + 100}{(1+S_4)^4} \\[2mm]
103.6 = \dfrac{100 \times 7\%}{1+S_1} + \dfrac{100 \times 7\%}{(1+S_2)^2} + \dfrac{100 \times 7\%}{(1+S_3)^3} + \dfrac{100 \times 7\%}{(1+S_4)^4} + \dfrac{100 \times 7\% + 100}{(1+S_5)^5}
\end{cases}
\tag{4-16}
$$

根据式(4-16)中的第一个等式，可以得到 $S_1$ 为 3.63%；将 $S_1$ 代入(4-16)中的第二个等式，就可以得到 $S_2$ 为 5.02%；将 $S_1$ 和 $S_2$ 代入(4-16)中的第三个等式，就可以得到 $S_3$ 为 5.67%；同理可以得到 $S_4$ 为 6.00%，$S_5$ 为 6.25%。因此利率期限结构如图 4.3 所示。

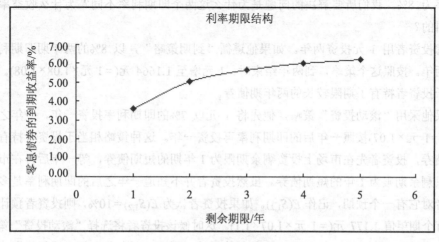

图 4.3　利率期限结构图

当然，利率期限结构作为收益率曲线的一种(零息债券的到期收益率曲线)，它的形状也大体分为图 4.2 中的四类：向上倾斜、向下倾斜、水平和隆起。

👓 **读一读　收益率曲线或利率期限结构均指国债的收益率曲线或利率期限结构**

收益率或即期利率作为资产的回报，它跟很多因素有关，除了资产的剩余期限外，还跟资产的风险、税收政策、流动性等因素有关。所以，收益率曲线或利率期限结构的研究应该尽可能剔除这些影响因素。但是现实中，剔除掉所有的非剩余期限因素是很难做到的。现实中一般研究的利率期限结构都是指国债利率期限结构，因为国债由政府担保，没有违约风险，税收政策类似，虽然流动性可能存在一些差异，但是各种国债收益率之间的差异主要还是跟期限有关，因此便于研究收益率和剩余期限之间的关系(利率期限结构)。

资料来源：Sharpe, W. F., G. Alexander and J. Bailey. Investment 6$^{th}$ edition. Prentice Hall Press

## 4.7　利率期限结构理论

经过前面的讲解，我们已经知道利率期限结构描述的是不同剩余期限的零息债券的到期收益率，利率期限结构的形状大体分为四种类型：向上倾斜型、向下倾斜型、水平型和隆起型。为什么利率期限结构会呈现上述的形态呢？常见的有三种解释理论：无偏预期理论、流动性偏好理论和市场分割理论。

### 4.7.1　无偏预期理论

无偏预期理论认为远期利率是人们对未来即期利率预期的普遍看法，于是向上倾斜的收益率曲线可以解释为市场(即投资者的普遍看法)相信未来的即期利率会上升。反过来，如果是向下倾斜的收益率曲线，可以解释为市场预期未来的即期利率将下跌。

为了更好地理解这一理论，考虑先前的一个例子，一年期的即期利率为 7%，两年期的即期利率为 8%。我们所要解决的问题是为什么这两个即期利率不同？为什么收益率曲线是向上倾斜的？

考虑投资者用 1 元投资两年。如果他遵循"到期策略"，以 8%的两年期即期利率将资金投资两年。按照这个策略，到两年结束时，1 元增至 1.1664 元(=1 元×1.08×1.08)。这种策略相当于投资者持有了期限较长的两年期债券。

如果他采用"滚动投资"策略，他先将 1 元以 7%的即期利率投资一年，一年之后他将1.07 元(=1 元×1.07)按照一年后的即期利率再投资一年。这种策略相当于投资者持有了一系列短期债券，投资者先在市场上投资剩余期限为 1 年期的短期债券，等一年后再在市场上寻找另一只剩余期限为 1 年的短期债券。虽然投资者并不知道一年之后的即期利率是多少，但是投资者对它有一个预期，记作 $E(S_{1,2})$。如果投资者认为 $E(S_{1,2})=10\%$，则投资者预计两年后本利和有个期望值 1.177 元(=1 元×1.07×1.1)。这时候该投资者将选择"滚动投资"策略，但是预期未来的即期利率为 10%不是市场的普遍看法。否则，所有的人都会选择投资 1 年期的国债，等一年之后再投资 1 年期的国债，而不是投资 2 年期的国债。这会导致 2 年期的国债供过于求，市场价格下跌，2 年期的即期利率上涨；相应地 1 年期的国债供不应求，市场价格上涨，1 年期即期利率下降。可见，预期未来的即期利率为 10%不能代表一个均衡的状态。

相反，如果所有的投资者预期 1 年之后的即期利率为 6%，而不是 10%，所有的投资者都会采用将长期债券一直持有到期的"到期策略"，两年之后获得 1.1664 元(=1 元×1.08×1.08)；而不是采用持有一系列短期债券"滚动投资策略"，两年后获得 1.1342 元(=1 元×1.07×1.06)。这种情况下 1 年期的国债供过于求，价格下跌，1 年期的即期利率立即上升；2 年期的国债供不应求，价格上升，2 年期的即期利率立即下跌。因此，预期未来即期利率为 6%也不可能是代表市场的共同看法。

所以，市场普遍预期的未来即期利率应该是 9.01%，它等于前面所算出的远期利率。这种情况下，采用"滚动投资策略"和"到期策略"有相同的预期收益，持有长期债券等价于持有一系列短期债券，这种预期是市场共同的预期，是一种均衡状态。

可见，无偏预期理论认为，预期未来的即期利率等于远期利率，即：

$$E(S_{1,2}) = f_{1,2} = \frac{(1+S_2)^2}{1+S_1} \tag{4-17}$$

在上述例子中，当前一年期即期利率为 7%，两年期即期利率为 8%，这种向上倾斜的利率期限结构暗含着，市场普遍预期一年后即期利率会上升到 $9.01\%\left(=\frac{1.08\times1.08}{1.07}\right)$。所以预期未来的即期利率上升是利率期限结构向上倾斜的原因，表现为该例中一年期的即期利率 7%小于两年期的即期利率 8%。

同理，当预期未来的即期利率会下降时，利率期限结构的图形是向下倾斜的；当预期未来的即期利率不会上升也不会下降时，利率期限结构的图形则是水平的。但是无偏预期理论很难解释利率期限结构发生隆起的情形。

**想一想** 为什么投资者会预期未来的即期利率会上升和下降呢？

因为我们在交易市场观察到的即期利率是名义利率，它会对实际利率和预期通货膨胀做出反应。如果预期未来实际利率和预期通货膨胀中的一个或两个会发生变化，则预期即期利率将发生变化。例如，先假设实际利率为 3%恒定，当前一年期即期利率为 7%，意味着市场的普遍看法是下一年度预期的通货膨胀率约为 4%(名义利率等于实际利率加上预期通货膨胀率)。现在根据无偏预期理论，预期未来的即期利率为 9.01%，比当前的一年期即期利率 7%增加了 2.01%。

为什么即期利率预期会增加 2.01%呢？因为预期通货膨胀率将上升 2.01%，即预期下一年度的通货膨胀率为 4%，再下一年度预期通货膨胀率为 6.01%。也就是说，两年期的即期利率(8%)大于一年期即期利率(7%)，是因为人们预期通货膨胀率将上升，从大约 4%上升到 6.01%，导致未来一年期即期利率(9.01%)大于当前一年期即期利率(7%)。同样的道理，如果在实际利率恒定不变的情形下，预期通货膨胀率的下降会使得预期未来的即期利率下降，从而导致利率期限结构向下倾斜；如果预期通货膨胀率保持不变，预期未来的即期利率也会保持不变，利率期限结构保持水平。同样，如果预期实际利率发生变化，也会相应导致利率期限结构向上、向下或水平走向。

根据上述分析，现实中利率期限结构上升、下降形状出现的情况应该近似相等，因为预期利率上升或下降应该是差不多的概率。但是现实中，利率期限结构更多的是呈现出上升形状，所以无偏预期理论没法完全解释这种现象，同时它也没法解释利率期限结构出现隆起的现象。**流动性偏好理论**则可以解释现实中更多情况出现向上倾斜的利率期限结构，因此接下来将介绍流动性偏好理论。

## 4.7.2　流动性偏好理论

**流动性偏好理论**认为投资者有一种偏好短期债券的倾向。一方面是由于投资者意识到他们对资金的需求可能会比预期的早，因此他们很可能在债券到期之前就被迫出售债券；另一方面，他们认识到，如果提前出售债券可能会使他们面临较大的"价格风险"。

所谓**价格风险**，是指随着市场利率的变化，当投资者中期需要资金而被迫出售长期债券时不能确定到时出售的价格而带来的不确定性。因此，与"滚动投资"策略相比，到期策略就存在一个额外的风险。

因此，投资者在接受长期债券时就会要求对与较长偿还期限相联系的风险给予补偿，这便导致了流动性溢价的存在。在这里，流动性溢价便是远期利率和未来的即期利率之间的差额，即：

$$流动性溢价 L_{1,2} = f_{m,n} - E(S_{m,n}) \tag{4-18}$$

在这种情况下，远期利率与预期的未来即期利率之间的关系不再是无偏预期理论中所要求的相等关系，而是远期利率要大于预期的未来即期利率，使得持有长期债券的"到期"策略所获得的回报必须大于持有一系列短期债券的"滚动投资"策略所获得的回报，投资者才愿意接受。

> **想一想**
>
> 为什么 $f_{m,n} > E(S_{m,n})$ 时，将长期债券一直持有到期的"到期"策略所获得的预期收益要大于持有一系列短期债券的"滚动投资"策略所获得的预期收益，从而弥补持有长期债券的"到期"策略所面临的价格风险。
>
> 持有长期债券一直持有到期的"到期"策略，$n$ 年后1元钱的到期价值为：
>
> $$(1+S_n)^n = (1+S_1) \times (1+f_{1,2}) \times (1+f_{2,3}) \times (1+f_{3,4}) \times \cdots \times (1+f_{n-1,n})$$
>
> 持有一系列短期债券的"滚动投资"策略，$n$ 年后1元钱的到期价值为：
>
> $$(1+S_1) \times (1+E(S_{1,2})) \times (1+E(S_{2,3})) \times (1+E(S_{3,4})) \times \cdots \times (1+E(S_{n-1,n}))$$

由于 $f_{m,n} > E(S_{m,n})$，则持有长期债券一直持有到期的"到期"策略所获得的预期收益要大于持有一系列短期债券的"滚动投资"策略所获得的预期收益，从而弥补"到期"策略所面临的价格风险。

债券期限越长，即"到期"策略的期限越长，债券的价格风险越大，所需要的流动性溢价越高。在流动性偏好理论中，远期利率不再是未来即期利率的无偏估计，它还包含了流动性溢价，因此，收益率曲线的形状是由对未来即期利率的预期和延长偿还期所必需的流动性溢价共同决定的，见图 4.4 所示。

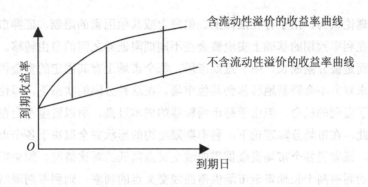

图 4.4　流动性偏好下的利率期限结构

由于流动性溢价的存在，在流动性偏好理论中，如果预期利率上升，其利率期限结构是向上倾斜的；如果预期利率下降的幅度较小，其利率期限结构可能是水平的；如果预期利率下降较多，其利率期限结构是向下倾斜的。在预期利率上升和下降的概率大体相等时，利率期限结构上升的情况要多于利率期限结构下降的情况，与现实中的情况类似。

### 读一读　凯恩斯流动性偏好理论

凯恩斯，英国经济学家，1883 年 6 月 5 日生于英国剑桥，1936 年其代表作《就业、利息和货币通论》出版，引起经济学的一场革命，即"凯恩斯革命"。在凯恩斯的《通论》中，他提出了著名的流动性偏好理论，其主要内容包括如下内容。

1. **利率决定理论**：凯恩斯认为利息就是在一定时期内放弃流动性的报酬。利率因此为货币的供给和货币需求所决定。凯恩斯假定人们可储藏财富的资产主要有货币和债券两种。

2. **货币需求曲线的移动**：在凯恩斯流动性偏好理论中，导致货币需求曲线移动的因素主要有两个，即收入增长和物价的变化影响人们的货币需求。

3. **货币供给曲线的移动**：凯恩斯假定货币供给完全为货币当局所控制，货币供给曲线表现为一条垂线，货币供给增加，货币供给曲线就向右移动，反之，货币供给曲线向左移动。

4. **影响均衡利率变动的因素**：所有上述这些因素的变动都将引起货币供给和需求曲线的移动，进而引起均衡利率的波动。

5. **流动性陷阱对利率的影响**：凯恩斯在指出货币的投机需求是利率的递减函数的情况下，进一步说明利率下降到一定程度时，货币的投机需求将趋于无穷大。因为此时的债券价格几乎达到了最高点，只要利率稍有回升，债券价格就会下跌，债券购买就会有亏损的极大风险。于是，不管中央银行的货币供给有多大，人们都将持有货币，而不买进债券，债券价格不会上升，利率也不会下降。这就是凯恩斯的"流动性陷阱"。在这种情况下，扩张性货币政策对投资、就业和产出都没有影响。

资料来源：约翰·梅纳德·凯恩斯. 就业、利息和货币通论. 北京：商务印书馆，1999

### 4.7.3　市场分割理论

**市场分割理论**认为，由于存在法律上、偏好上或其他因素的限制，证券市场的供需双方不能无成本地在利率预期的基础上实现资金在不同期限证券之间的自由转移。证券市场不再是一个整体，而是被分割成长、中、短期市场，每个市场上有其固定的资金供求双方，而且各个市场的供求双方不会轻易地转移到其他市场。在这种分隔的状态下，即使不同市场之间在理论上出现了套利的机会，但由于跨市场转移的成本过高，所以资金不会在不同市场之间进行转移。因此，在市场分隔理论下，利率期限结构的形状完全取决于各个市场各自资金供求状况的比较，或者说各个市场资金供需曲线交叉点高低的对比情况。如果短期资金市场供需曲线交叉点的利率高于长期资金市场供需曲线交叉点的利率，则利率期限结构呈现向下倾斜的趋势；如果短期资金供需曲线交叉点利率低于长期资金市场供需曲线交叉点利率，则利率期限结构呈现向上倾斜的趋势；同样，利率期限结构还可能呈现水平及隆起形状等。

**读一读　利率期限结构理论在美国的经验论证**

由这三个理论解释现实利率期限结构的相对重要性很难给出一个确定性的回答。从美国历史数据来看，支持市场分割理论的证据最弱。当市场上存在套利的投资者和借款者时，市场之间的利率差异基本上取决于未来利率预期的变化，而受市场分割影响甚微。

无偏预期理论和流动性偏好理论都强调了未来即期利率预期的重要性，这一点要比市场分割理论获得更大的实证支持。无偏预期理论和流动性偏好理论两者比较而言实证支持更倾向于支持流动性偏好理论，一些研究表明确实存在流动性溢价现象。美国的实证数据表明期限在一年以内的债券的流动性溢价随期限递增(比如，$L_{0.5,0.75} < L_{0.75,1}$)，但是期限在一年以上的债券的流动性溢价大致是相同的。即某投资者需要获得一个流动性溢价来购买一年期债券以替代其购买的半年期债券；但是某投资者从购买一年期债券转为购买 1.8 年期债券不需要获得流动性溢价补偿。

资料来源：Sharpe, W. F. , G. Alexander and J. Bailey. Investment 6$^{th}$ edition, Prentice Hall Press

## 本 章 小 结

按照计算的期数不同，可以将收益率分为单期收益率和多期平均收益率，而多期平均收益率又可以分为算术平均收益率和几何平均收益率。按照所用的数据是过去已知的还是对未来的估算,可以将收益率分为历史收益率和期望收益率。按照收益率是实现的还是要求的,可以将收益率分为实现的收益率和必要的收益率,必要的收益率相当于投资的机会成本,只有当实现的收益率大于必要的收益率,投资者的财富才能增加,否则会减少。如果投资者持有债券到期,那么按照现在的市场价格、到期的债券面值、期间的利息支付,可以计算出债券的到期收益率。只要投资者能持有债券到期,那么投资者现在时刻计算出来的到期收益率就是其实际能获得的收益率;但是如果投资者中途出售债券,那么投资者实际获得的收益率和现在时刻计算出来的到期收益率会有偏差。

即期利率是现在时刻确定的从现在时点开始计息的利率,远期利率是现在时刻确定的从未来某个时点开始计息的利率。即期利率通过求零息债券的到期收益率获得;远期利率通过若干个不同期限的即期利率之间的无风险套利计算得到。描述国债的到期收益率与剩余期限之间关系的曲线称为收益率曲线。

利率期限结构是收益率曲线的一种,是描述零息国债的到期收益率(国债即期利率)与剩余期限之间关系的曲线。由于市场上较长期限的零息国债很难找到,国债即期利率求解通常是利用息票剥离法来处理附息国债获得。收益率曲线或利率期限结构通常有四种形状:向上倾斜、向下倾斜、水平和隆起,最为常见的是向上倾斜。解释利率期限结构形状的理论,最主要的包括三种:无偏预期理论、流动性偏好理论和市场分割理论。在无偏预期理论下,利率期限结构向上倾斜是因为市场普遍预期未来利率会上升;利率期限结构向下倾斜是因为市场普遍预期未来利率会下降;利率期限结构水平是因为市场普遍预期未来利率不会发生变化;但是无偏预期理论很难解释利率期限结构出现隆起的情况,也无法解释为什么现实中利率期限结构向上倾斜的情况要多于向下倾斜的情况。

流通性偏好理论认为投资者一般都偏好短期资产,而厌恶长期资产,要使得投资者持有长期资产,必须提供高的回报。在这一理论下,长期利率一般都高于短期利率,即利率期限结构一般向上倾斜。市场分割理论认为,短期利率是由短期资产之间的供求关系决定,长期利率是由长期资产之间的供求关系决定,短期利率和长期利率之间互不影响。在这一理论下,利率期限结构可能出现任何形状,完全取决于短期资产和长期资产之间的相对供求关系。

# 复 习 题

## 一、名词解释

收益率　　　　　持有期收益率　　　持有期年化收益率　　单期收益率

算术平均收益率　几何平均收益率　　历史收益率　　　　　实现的收益率

期望收益率　　　必要收益率　　　　即期利率　　　　　　息票剥离法

远期利率　　　　收益率曲线　　　　利率期限结构　　　　利率期限结构理论

无偏预期理论　　流动性偏好理论　　市场分割理论

## 二、讨论题

1. 收益率是投资者进行投资首先要考虑的问题，期望收益率越高，且高于必要收益率，投资者可能会选择投资，否则投资者不会进行投资。那么正确计算期望收益率和必要收益率就显得非常重要。

① 以房地产投资为例，谈一谈如何计算其期望收益率和必要收益率，需要考虑哪些因素，目前适不适合进行房地产投资。对于自住性购房和投资性购房，购房者考虑的因素会有哪些相同和不同的地方。

② 目前来说，打新股是一种风险相对较低的理财方式，那么打新股的平均收益率应该怎样考虑，它和普通股票投资的收益率计算有什么区别。

2. 收集相应的数据，查阅相关的文献，尝试画出某天的国债收益率曲线或利率期限结构。利用利率期限结构理论，结合中国市场的实际情况，对国债收益率曲线或利率期限结构的形状给出合理的解释。

3. 以一个实际的例子说明为什么未来的即期利率是有风险的，而远期利率是无风险的。

4. 假设当前的利率期限结构是向上倾斜的，投资者应该如何进行投资决策；如果当前的利率期限结构是向下倾斜的，投资者应该如何进行投资决策。

## 三、计算题

1. 假设市场上有若干只国债，这些国债的剩余期限、票面利率和价格如下表所示：

| 剩余期限/年 | 票面利率/% | 每年付息次数/次 | 价格/元 |
| --- | --- | --- | --- |
| 1 | 0 | 0 | 97.00 |
| 2 | 5 | 1 | 100.00 |
| 3 | 5.5 | 1 | 101.00 |
| 4 | 6 | 1 | 101.50 |
| 5 | 6.5 | 1 | 102.00 |

① 依据上表给出的数据，计算出不同期限的即期利率。

② 绘制出利率期限结构。

③ 针对利率期限结构的形状，用无偏预期理论加以解释。

2. 沿用第 1 题的数据，计算下列远期利率：$f_{1,2}$、$f_{1,3}$、$f_{1,4}$、$f_{1,5}$、$f_{2,3}$、$f_{2,4}$、$f_{2,5}$、$f_{3,4}$、$f_{3,5}$、$f_{4,5}$。

# 第 5 章
# 价值评估模型

本章重点介绍如何为债券、股票这两种常见的证券进行定价。具体内容包括货币时间价值的概念及计算方法，利用现金流折现的基本方法给出债券和股票的定价模型。现值、终值、久期、凸度和股利贴现等名词和概念在证券定价时经常用到，应注意其含义和应用范围。

## 5.1 货币时间价值概念

货币是有时间价值的，现在的 1 元钱和一年后的 1 元钱的价值是不一样的。如果将现在的 1 元钱存入银行，假设现在 1 年期定期存款的年利率是 3.78%，1 年后本金和利润之和为 1.0378 元；如果将这 1 元钱进行其他投资，假设社会上的平均投资回报是 4%的话，1 年后本金和利润之和为 1.04 元。因此，对于投资者来说，现在的 1 元钱和未来的 1 元钱价值是不一样的。从某种程度上讲，投资就是在现在的 1 元钱与未来若干元钱之间作决策。

### 5.1.1 终值

货币具有时间价值是因为货币具有按照某种利率进行投资的机会，而这种机会是有价值的。考虑货币的时间价值，主要有两种表达形式：终值与现值。

**终值**是指现在的一笔投资或现金流在未来时点上的价值。终值一般采取复利来计算。所谓复利，就是承认作为本金利息的货币与作为本金的货币一样具有时间价值，都能产生利息。

终值的计算公式为

$$F_n = P_0 \times (1+r)^n \tag{5-1}$$

在式(5-1)中，$n$ 为时期数；$F_n$ 为从现在开始 $n$ 个时期的未来价值，即终值；$P_0$ 为初始投资的本金或现金流；$r$ 为每个时期的利率；表达式 $(1+r)^n$ 表示现在投入一个单位货币，按照复合利率(复利)$r$ 在 $n$ 个时期后的价值。

### 例5.1 终值计算

某一理财产品每年的收益率是 6%，现在用 1000 元投入该理财产品，请计算投资该理财产品 5 年后的本利和是多少？

**解**：若要计算投资该理财产品 5 年后的本利和，就是要计算 1000 元本金按照每年 6% 的收益率在 5 年后的终值，具体计算过程如下：

$$F_5 = P_0 \times (1+r)^n = 1000 \times (1+6\%)^5 = 1338.23(元)$$

也就是说，投资该理财产品 5 年后的本利和为 1338.23 元。

利率越高，复利计算的期数越多，一定量投资的未来价值将越大，最初投资的未来值在此时间内增长越快。例 5.1 中，如果利息是每半年支付一次，那么：

$$r = 6\% \div 2 = 3\%, \quad n = 5 \times 2 = 10$$
$$F_{10} = 1000 \times (1+3\%)^{10} = 1343.92(元)$$

显然，其他条件相同时，利息每半年支付一次时的未来值要高于每年支付一次的未来值。这是因为随着复利的计算过程延长，收取利息的本金将随时间的累进而扩大。这一论点可由图 5.1 和图 5.2 显示。图 5.1 中 $m$ 表示一年内付息的次数。图 5.1 中的曲线表示当年利率为 6%、年内付息次数不同时，每 1 元钱在投资期内的未来值。图 5.2 中的曲线表示年内付息次数相同且均为 1 次，按不同利率计算复利时，每 1 元钱在投资期内的未来值。

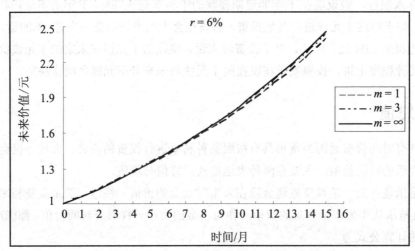

图 5.1 年利率相同时 1 元钱不同计息次数下的未来价值

从图 5.1 中可以看出，当年内付息次数 $m$ 趋向 $\infty$ 时，式(5-1)的离散复利形式变成如下的连续复利形式：

$$F_n = P_0 \times e^{r \times n} \tag{5-2}$$

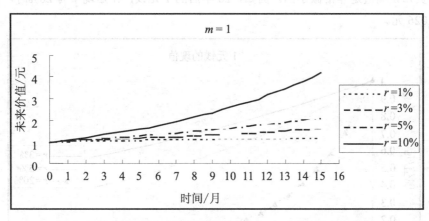

图 5.2　年利率不同时付息周期都为 1 年时 1 元钱的未来价值

## 5.1.2　现值

**现值**是终值计算的逆运算。投资决策在许多时候都需要在现在的货币与未来的货币之间作出选择，也就是将未来所获得的现金流量折现与目前的投资额相比较来测算盈亏。现值的计算公式为

$$P_0 = \frac{F_n}{(1+r)^n} \tag{5-3}$$

计算现值的过程叫做**贴现**，所以现值也常被称为贴现值，其利率 $r$ 则被称为贴现率，它通常指资金的机会成本率、所要求的收益率等。代数式 $\dfrac{1}{(1+r)^n}$ 则被称为**现值系数**或者**贴现因子**。

**例 5.2　现值计算**

假设公司约定 5 年后要向股东支付 100 万元，同时有把握每年实现 10%的投资收益率，那么公司现在要向股东要求的初始投资额应为多少？

**解：** 由条件可知，$r = 10\%$，$n = 5$，$F_n = 1\,000\,000$，则：

$$P_0 = \frac{F_n}{(1+r)^n} = \frac{1\,000\,000}{(1+10\%)^5} = 620\,921.32(元)$$

也就是说，只有股东现在出资 620 921.32 元，公司按照 10%的收益率经营 5 年，股东才有可能获得 100 万元的价值回报。

从式(5-3)中可以看出，当贴现率提高时，收取未来货币的机会成本提高，现值会下降；

或者可以认为当贴现率(收益率)提高时，收取未来货币的初始投入应该降低。此外，当收到货币的未来时间越远，它现在的价值越小。图 5.3 显示了相当高的贴现率，或者遥远的未来才收到的货币，现值是非常微小的。例如，20 年后的 1 元钱，在贴现率为 20%时，它的现值将只有 0.026 元。

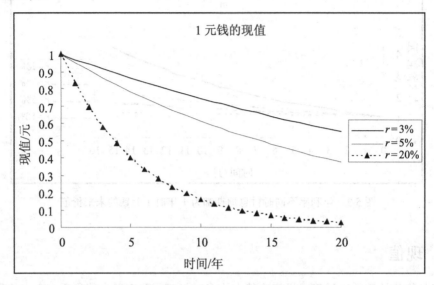

图 5.3　不同贴现率下 1 元钱的现值

# 5.2　一般价值评估模型

## 5.2.1　估值的含义

持有金融资产，未来都会带来一定的现金流入(收益)。持有股票，未来可以获得股利和资本利得。**股利**是公司向股东支付的股票红利，**资本利得**是股票出售价格高于购买价格的部分。资产的价值就在于它未来会产生现金流入，金融资产亦如此。所以确定一项资产价值的方法被称为**收入资本化估价法**或**现金流贴现模型**(discount cash flow，DCF)，即首先确定资产的未来净现金流量(即现金流入量−现金流出量)，然后确定一项合适的贴现率，最后求出现金流量的现值，作为该项资产或投资的价值。尽管金融证券的价值可通过证券市场来揭示，但是不同投资者对同一证券所作的评价是不同的，因此对有价证券所作的价值评估只是评估其内在价值(或公平价值)。

## 5.2.2　单期现金流贴现模型

**单期现金流贴现模型**是指现金流是 1 期，即贴现期为 1 期的现金流贴现模型。单期现金流贴现模型如下：

$$P = \frac{F}{(1+r)} \qquad (5\text{-}4)$$

其中，$F$ 为单期的终值或单期的现金流，$r$ 为单期贴现率或单期所要求的收益率，$\frac{1}{1+r}$ 为贴现因子，算出的 $P$ 为单期资产现值。如果计算出的资产现值高于市场上资产交易的价格，称为资产定价过低，应该按照市价低价买入，等价格回归价值时高价卖出；如果计算出的资产现值低于市场上资产交易的价格，称为资产定价过高，当存在**做空机制**时，可现在高价卖出，等价格回归价值时低价买入。

由现值计算终值则可将式(5-4)变形为：

$$F = P \times (1+r) \qquad (5\text{-}5)$$

在连续复利情形下，单期现金流贴现模型如下：

$$P = \frac{F}{e^r} \qquad (5\text{-}6)$$

由现值计算终值亦可将式(5-6)变形为 $F = Pe^r$，参数含义同上。当 $r$ 趋近于 0 时，$e^r$ 近似等于 $1+r$，式(5-6)和式(5-4)近似相等。在本书中，若未做特殊说明，复利都是指离散化的复利形式。

## 5.2.3　多期现金流贴现模型

**多期现金流贴现模型**是指现金流是多期，即贴现期为多期的现金流贴现模型。

$$P = \frac{CF_1}{(1+r)^1} + \frac{CF_2}{(1+r)^2} + \cdots + \frac{CF_T}{(1+r)^T} \qquad (5\text{-}7)$$

式中，$CF$ 代表现金流——流入或流出；下标和指数表示时期；最后一笔现金流发生的时期为末期(terminal time period)，记为 $T$。如果末期为 $T=\infty$，式(5-7)可以变换为：

$$P = \sum_{t=1}^{\infty} \frac{CF_t}{(1+r)^t}$$

其中 $t$ 表示现金流发生的时期。

## 5.2.4　票据贴现

**票据贴现**是银行常见业务之一。票据持有人如果想在票据到期之前就兑取现金，需要贴付一定的利息给银行作为提前占用资金的代价，这一过程叫做票据贴现过程。提前占用资金的代价称为票据贴现利息，贴现利息与票据面额的比率称为**票据贴现率**(discount rate)。票据贴现率一般都是指年化贴现利率。贴现现值(discount present value)是商业票据面额减去贴现利息。票据贴现中，一般年以 360 天计算，月以 30 天计算。

### 例5.3 票据贴现相关计算

一张剩余期限为3个月、面额为100元的商业票据，已知票据年化贴现率为10%，问持有人到某商业银行贴现，3个月的贴现利息是多少？所获得的贴现现值是多少？

**解：** 由已知条件知：

$$3个月的贴现利息I=面值×票据贴现率×\frac{剩余天数}{360}=100×10\%×\frac{30×3}{360}=2.5(元)$$

$$贴现利息P=面值-贴现利息=100-2.5=97.5(元)$$

### 想一想

例5.3中，票据持有人为了获得97.5元的提前支付，放弃了3个月后的100元到期价值，其3个月资金占用的实际年化借款利率(简称实际利率)或实际年化成本率(简称实际成本率)为多少？

**解：** 该笔资金占用的实际利率计算过程如下：

$$实际利率=\frac{100-97.5}{97.5}×\frac{360}{90}=10.26\%>10\%$$

从该例子中可以看出，票据贴现率要小于实际利率。

## 5.3 债券价格的确定

### 5.3.1 合理的到期收益率

任何一种金融工具的理论价值都等于这种金融工具能为投资者提供的未来现金流量的贴现值。给一张债券进行定价，首先要确定其现金流量，然后选择合适的贴现率，最后将现金流按照贴现率进行贴现，从而计算出该张债券的理论价值。

现金流量的确定取决于债券的种类，如果是附息债券，其现金构成包括两部分：在到期日之间周期性的息票利息支付；票面到期价值。如果是一次性还本付息的债券，现金流只有一次，就是到期日的本息之和。如果是零息债券，现金流也只有一次，即到期日的面值。

其实，在给债券定价过程中最难的部分就是确定某债券各期现金流所对应的贴现率。在前文我们已经讲到，当利率期限结构不是水平的时，各个期限的即期利率是不相等的，严格地讲，应该先确定每个现金流所对应的即期利率，然后再对现金流按照对应的即期利率进行贴现，求出债券的理论价格。

$$P=\sum_{t=1}^{T}\frac{CF_t}{(1+S_t)^t}+\frac{M_T}{(1+S_T)^T} \tag{5-8}$$

式中，$CF_t$表示$t$时刻债券的现金流，$S_t$表示从现在时刻起期限为$t$的即期利率，$M_T$表示债券到期时的现金流，$S_T$表示从现在时刻起期限为$T$的即期利率。

但是，为简便起见，我们认为利率期限结构是水平的，即规定各期的即期利率相等，等于常数$y^*$。

$$S_1 = S_2 = \cdots = S_T = y^* \tag{5-9}$$

则式(5-8)可以转变为：

$$P = \sum_{t=1}^{T} \frac{CF_t}{(1+y^*)^t} + \frac{M_T}{(1+y^*)^T} \tag{5-10}$$

其中常数$y^*$表示**合理的到期收益率或必要到期收益率**，它取决于投资者对债券的某些风险及当前市场条件的主观评价。投资者将必要到期收益率代入到式(5-10)，可以计算出债券的理论价格，但是所计算的理论价格和市场上的实际价格可能会不一致。

## 5.3.2　承诺的到期收益率

**承诺的到期收益率**是指债券的实际价格正好等于未来各期现金流贴现值所倒算出来的贴现率。

$$P = \sum_{t=1}^{T} \frac{CF_t}{(1+y)^t} + \frac{M_T}{(1+y)^T} \tag{5-11}$$

式(5-11)中，如果$P$是市场上某债券的实际价格，同时也已知$CF_t$和$M_T$，则可求得$y$的值，该$y$称为债券承诺的到期收益率。

如果合理的预期收益率$y^*$大于承诺的到期收益率$y$，由式(5-10)和(5-11)可得债券的理论价值低于当前债券的市场价格，债券市场价格被高估，投资者应出售债券。如果合理的预期收益率$y^*$小于承诺的到期收益率$y$，则债券的理论价值高于当前债券的市场价格，债券市场价格被低估，投资者应买入债券，等价格回升到理论价值时再卖出。

换一种思路，承诺的到期收益率可以看成是财务管理学中的内部报酬率，或者看成是如果持有债券到期所能获得的实际收益率，合理的到期收益率或必要的到期收益率是指投资者如果要持有到期，必须要求债券能提供的收益率。很显然，如果可能获得的实际收益率大于必要的收益率，那投资者是有利可图的，应该买入；反之，应该卖出。这种解释和上面的解释结果其实是相同的，只是一个从收益率角度来看，一个从债券的价值和价格的关系来看。从式(5-10)我们可以看到，确定债券理论价值的因素主要有两方面，一个是各期的现金流，一个是所要求的合理收益率。确定现金流相对容易，而确定所要求的合理收益率比较复杂，它取决于投资者对该债券风险以及当前市场条件的主观判断，下面我们就讨论一下影响债券价值的几个因素。

### 5.3.3 影响债券理论价值的几个因素

#### 1. 影响债券理论价值的内部因素

(1) 期限

一般来说，债券期限越长，其市场价格变动的可能性就越大，投资者要求的收益补偿也越高，债券的价值也越低。

(2) 票面利率

票面利率越高，各期的现金流越高，债券价值越高。

(3) 提前赎回规定

提前赎回条款是债券发行人所拥有的一种选择权，它允许债券发行人在债券到期前按约定的赎回价格部分或全部偿还债务。这种规定对债券发行人是有利的，当市场利率低于某个水平时，债券发行人可以执行这个选择权，赎回市场上高票面利率的债券，取而代之按照市场的低利率重新发行债券，从而降低融资成本。相应地，这种规定对债券持有人来说是不利的，提前赎回使其面临较低的再投资利率，这种风险需要从当初投资债券时的购买价格上得到补偿。因此，具有提前赎回条款的债券比同等条件下的债券具有相对较低的内在价值。

(4) 税收待遇

较高税率的债券，其实际现金流会小于票面上规定的现金流，致使同等条件的两个债券，税率高的债券其价值要低于税率低的债券。

(5) 流动性

流动性是指资产能迅速变现，而不至有太大损失的能力。流动性较弱的债券表现为不能按照市价迅速卖出，因此面临遭受损失(包括较高的交易成本和资本损失)的风险。这种风险必须在债券定价中给予补偿，必须给投资者提供较高的收益率，即投资者买入债券时的价格要比较低，投资者才愿意接受，即流动性较低的债券其内在价值小于流动性较高的债券。

(6) 信用级别

发债主体的信用级别是指债券发行人按期履行合约规定的义务，足额支付利息和本金的可靠性程度。一般来说，除政府债券以外，一般债券都有信用风险(或称违约风险)，只是风险大小不同而已。信用级别越低的债券，投资者要求的收益率越高，债券的内在价值也就越低。信用级别低的债券与信用级别高的债券之间的收益率差异称为信用利差，它是弥补信用风险而产生的溢价。

> **读一读 信用评级**
>
> 目前国际上公认的最具权威性的信用评级机构主要有美国的标准普尔公司和穆迪投资服务公司。其他的评级公司还有英国的国际银行业和信贷分析公司(IBCA)，日本的日本公司债券研究所(JBRI)、日本投资家服务公司(NIS)、日本评级研究所(JCB)，加拿大的加拿大债券评级公司(CBRS)、多米宁债券评级公司(DBRS)等等。这些评级机构大都是独立的私人企业，不受政府控制，也独立于证券交易所之外。评级机构对自己的声誉负责，如果评出的级别不公正准确，不被市场接受，则会使其声誉受到致命打击，不仅无法盈利，甚至无法继续生存。

　　评级机构的信用评定是建立在详尽地占有资料并进行深入细致的分析,保持独立的决策程序并严守被评定者秘密的基础上的。它们根据债券发行人报来的资料和自己的调查,对债券发行人的经营状况、财力、借款用途、期限、使用方法、借款方式、偿还方式、偿还能力以及过去清偿欠款的记录等进行分析评定,最后才在可比的基础上对债券发行人的偿还能力作出比较客观的判断。正因为这些,信用评级机构采取了比较科学的分析技术,又有丰富的实践经验,作出的资信评级较有权威性,所以能得到投资者的信任并为债券发行人接受。

　　信用评级机构对投资者负有道义上的义务,但并不承担任何法律上的责任,它们作出的资信评级只是一种客观公正的评价,以帮助投资者在对比分析的基础上作出投资决策,而不是向投资者推荐这些债券。对债券发行人而言,如果对信用评定的结果不满意,可以要求重新评定(以一次为限)或不予公开发表,评级机构对发行人提供的资料负有绝对保密的责任。

　　信用评级机构评出来的债券信用等级(bond ratings)被看成是债券发行人违约概率的一个指标。标准普尔公司将信用等级由高到低分为以下 10 级(如表 5.1 所示):AAA 级、AA 级、A 级、BBB 级、BB 级、B 级、CCC 级、CC 级、C 级、D 级。并且还在从 AA 级到 B 级后面加上"＋"或"－",表示略高于或略低于该级别,从而形成很多小级别。穆迪投资服务公司的资信等级标准从高到低分为 9 级:AAA 级、Aa 级、A 级、Baa 级、Ba 级、B 级、Caa 级、Ca 级、C 级。穆迪公司还在 Aa 级到 B 级后再细分 1、2、3 级,从而形成很多小级别。两家公司级别划分没有多大区别,标准普尔公司的 AAA 级和穆迪公司的 AAA 级类似,其他等级也依次类似。两家公司前 4 个级别的债券由于质量较高,被称为"投资级债券",从第五级开始的债券由于质量低劣,投机因素大,被称为"投机级债券"。

**表 5.1　标准普尔公司的资信等级说明**

| 资 信 等 级 | 级 别 说 明 |
| --- | --- |
| AAA | AAA 级是债券评级中的最高资信等级,具有这种等级的债券被称为金边债券,即优等债券。AAA 级债券投资风险最低,本息的偿付保证很强 |
| AA | AA 级债券也是高级债券,债券发行人的还本付息能力很强,它与最高级别债券仅有细微的差别 |
| A | A 级债券被称为中上等债券,债券发行者在财力上较强,但与更高等级的债券比较欠稳定,易受经济条件变动等不利因素影响 |
| BBB | BBB 级债券被称为中级债券,在正常情况下有足够的支付能力。但是,如果遇到不利的经济环境,其偿债能力就可能大大削弱 |
| BB | BB 级债券有投机特征,对本金和利息的保护很一般,未来不能预计,因此在未来不会有好的保障 |
| B | B 级债券不具备理想的投资品质,对还本付息和履行债务条件的保证程度都很小 |
| CCC | CCC 级债券信誉不好,有可能违约,有危及本金及利息安全的因素 |
| CC | CC 级债券有高度投机性,经常违约,或表现为对本金和利息有危险因素 |
| C | 表示不支付利息的债券 |
| D | 这一等级的债券是不履行债务,即为拒绝还本付息的倒闭债券。它代表拖欠或违约,往往拖欠利息的支付,甚至拖欠到期本金或干脆不偿还 |

资料来源:Sharpe W. F. , G. Alexander and J. Bailey. Investment 6th edition. New York:Prentice Hall Press, 1998

### 2. 影响债券理论价值的外部因素

#### (1) 基础利率

基础利率一般称为无风险利率，其他各种利率都是在基础利率基础上加上风险溢价。由于现实中找不到完全没有风险的资产，所以基础利率一般以风险最小的短期国债利率作为替代物。在我国，一年期定期存款的利率也被经常用作基础利率。

基础利率跟宏观经济政策、市场资金的供求关系有关，包括债券在内的任何资产的收益率都会参考基础利率进行调整。基础利率上升，债券所要求的到期收益率上升，债券的价格会下降；反之亦然。

**读一读** 央行加息对证券市场的影响

按照一般的经济理论，央行加息，则经济活动趋于收缩，证券市场价格理应下降，现实生活中这种现象的确存在，在美国证券市场上表现尤为明显。但是，对于中国市场，这种理论还应验吗？

以下是央行十二次加息后证券市场的表现：

第一次加息：1993 年 5 月 15 日，消息公布后首个交易日上证综指下跌 2.35%。

第二次加息：1993 年 7 月 11 日，消息公布后首个交易日上证综指下跌 2.65%。

第三次加息：2004 年 10 月 29 日，消息公布后首个交易日上证综指下跌 1.58%。

第四次加息：2005 年 3 月 17 日，消息公布后首个交易日上证综指下跌 0.97%。

第五次加息：2006 年 4 月 28 日，消息公布后首个交易日上证综指上涨 1.66%。

第六次加息：2006 年 8 月 18 日，消息公布后首个交易日上证综指上涨 0.20%。

第七次加息：2007 年 3 月 16 日，消息公布后首个交易日上证综指上涨 2.87%。

第八次加息：2007 年 5 月 18 日，消息公布后首个交易日上证综指上涨 1.04%。

第九次加息：2007 年 7 月 20 日，消息公布后首个交易日上证综指上涨 3.81%。

第十次加息：2007 年 8 月 22 日，消息公布后首个交易日上证综指上涨 0.50%。

第十一次加息：2007 年 9 月 14 日，消息公布后首个交易日上证综指上涨 2.06%。

第十二次加息：2007 年 12 月 20 日，消息公布后首个交易日上证综指上涨 1.15%。

从历史数据来看，央行加息在 2006 年之前基本上都造成了股市的下跌，但是在 2006—2007 年的"大牛市"期间，加息并没有对股市造成不利影响，消息公布后，股市仍在上涨。耐人寻味的是，加息后股市往往是低开的为多，这也许意味着获利的机会。

资料来源：根据 resset 数据库计算

#### (2) 其他因素

影响债券定价的外部因素还有通货膨胀率、外汇汇率风险等。当通货膨胀率上升时，投资债券等固定收益率证券所获得的投资收益不足以弥补通货膨胀造成的损失，固定收益证券价格下跌，以提高固定收益产品到期收益率。

## 5.3.4 附息债券的价值评估

为了简便起见,我们把所研究的附息债券设定为每年年底支付利息,且票面利率不变的不可赎回的附息债券。第一步,根据上述附息债券的特点确定现金流量,现金流量包括两个部分:每年年底的利息支付、票面到期价值。第二步,需要在市场上寻找与目标债券有相同或相似信用风险及偿还期限的债券,以确定必要的到期收益率或贴现率。第三步,以现金流贴现的方式对债券进行估价。其公式为

$$P = \sum_{t=1}^{T} \frac{i \times M}{(1+r)^t} + \frac{M}{(1+r)^T} \tag{5-12}$$

式中,$i$ 表示票面利率,$M$ 表示债券面值,$r$ 表示必要的到期收益率或贴现率,$T$ 表示债券的剩余期限,$P$ 表示债券的理论价值。

### 例 5.4 附息债券的价值评估

某附息债券的面值为 100 元,10 年期 10%的票面利率,每年年末支付利息。(1)假设其必要收益率为 12%,则债券的价值应为多少? (2)如果必要收益率是 10%,那么债券的价值是多少? (3)如果必要收益率是 9%,那么债券的价值是多少? (4)如果债券发行一年后,剩余期限只剩下 9 年,同时必要的收益率还是 12%,其他条件不变,则债券现在合理的价值是多少?

**解:**(1) 由条件已知,$i=10\%$,$M=100$,$T=10$,$r=12\%$,则参照附息债券的价值评估公式,计算该附息债券的价值如下:

$$P = \sum_{t=1}^{T} \frac{i \times M}{(1+r)^t} + \frac{M}{(1+r)^T} = \sum_{t=1}^{10} \frac{10\% \times 100}{(1+12\%)^t} + \frac{100}{(1+12\%)^{10}} = 88.70(元)$$

(2) 如果必要收益率是 10%,则债券的价值等于面值 100 元,计算方法如下:

$$P = \sum_{t=1}^{10} \frac{10\% \times 100}{(1+10\%)^t} + \frac{100}{(1+10\%)^{10}} = 100(元)$$

(3) 如果必要收益率是 9%,则债券的价值等于 106.42 元,计算方法如下:

$$P = \sum_{t=1}^{10} \frac{10\% \times 100}{(1+9\%)^t} + \frac{100}{(1+9\%)^{10}} = 106.42(元)$$

(4) 如果债券发行一年后,剩余期限只剩下 9 年,同时必要的收益率还是 12%,其他条件不变,则债券现在合理的价值是:

$$P = \sum_{t=1}^{9} \frac{10\% \times 100}{(1+12\%)^t} + \frac{100}{(1+12\%)^9} = 89.34(元)$$

由上述结果可以看到,其他条件不变时,随着债券到期日的临近,即债券剩余期限的缩短,债券的价值将越来越接近债券面值。如果必要收益率还是 12%,随着债券剩余期限从 10 年变成 9 年,债券的价值从 88.70 元变成 89.34 元,更接近债券面值 100 元。读者可以进一步计算验证。

从上面的例子中我们可以得出这样的结论:

第一,附息债券当票面利率高于必要收益率时,债券的价值高于票面价值;当票面利率低于必要收益率时,债券的价值低于票面价值;当票面利率和必要收益率相等时,债券的价值等于票面价值。

第二,附息债券发行时,如果票面利率高于市场上该债券所要求的收益率,债券溢价(发行价高于面值)发行;如果票面利率低于所要求的收益率时,债券折价(发行价低于面值)发行;如果票面利率等于所要求的收益率时,债券平价(发行价等于面值)发行。

第三,当该债券所要求的必要收益率没发生变化时,债券离到期日越近,债券的合理价格越接近面值。

## 5.3.5　一次还本付息债券的价值评估

一次还本附息债券的定价方法和附息债券的定价方法一样,只是它的现金流形式和附息债券的现金流形式不同。一次还本附息债券由于到期之前不会支付利息,现金流只产生在期末,期末的现金流包括债券面值和利息。定价公式如下:

$$P = \frac{M \times i \times T}{(1+r)^T} + \frac{M}{(1+r)^T} = \frac{M \times (1+i \times T)}{(1+r)^T} \tag{5-13}$$

其中,$M$ 为面值,$i$ 为票面利率,$r$ 为必要的到期收益率或称贴现率,$T$ 表示剩余期限。

**例 5.5　一次还本付息债券的价值评估**

某面值为 100 元的 5 年期一次还本付息债券的票面利率为 8%,2001 年 1 月 1 日发行,2003 年 1 月 1 日买入。假定当时此债券的必要收益率为 6%,请计算买卖当时的均衡价格是多少?

**解:** 均衡价格即价值的计算过程如下:

$$P = \frac{M \times (1+i \times T)}{(1+r)^T} = \frac{100 \times (1+8\% \times 5)}{(1+6\%)^3} = 117.55(元)$$

因此买卖当时的均衡价格是 117.55 元。

## 5.3.6　零息债券的价值评估

与前面的方法一样,零息债券的定价公式如下:

$$P = \frac{M}{(1+r)^T} \tag{5-14}$$

其中,$M$ 为面值,$i$ 为票面利率,$r$ 为必要的到期收益率或称贴现率,$T$ 表示剩余期限。

**例 5.6 零息债券的价值评估**

从现在起 10 年到期的一张零息债券，如果其面值为 100 元，必要收益率为 12%，它的理论价格是多少？

**解：** 参照零息债券的价值评估公式，可以得到该零息债券的理论价格为 32.20 元，计算过程如下：

$$P = \frac{M}{(1+r)^T} = \frac{100}{(1+12\%)^{10}} = 32.20(元)$$

## 5.3.7 定价五定理

1962 年麦尔齐在对债券价格、债券票面利率、到期年限以及到期收益率之间关系进行研究之后，提出了债券定价的五个定理。至今，这五个定理仍被视为债券定价理论的经典。在讲债券定价五定理之前，我们先复习几个概念：债券的**票面利率**(coupon rate)等于一年中向债券持有者支付的息票利息总额除以债券的总面值。离债券承诺的最后一次支付所剩余的时间称为债券的**剩余期限**(term-to-maturity)，而使债券所有现金流的现值等于债券市价的贴现率称为**到期收益率**(yield-to-maturity，或简称收益率)。

为了简便起见，假设债券付息周期是一年付息一次。**债券定价五定理**如下：

(1) 债券的价格与债券的收益率成反比。如果债券的价格上涨，则收益率必然下降；反之，如果债券价格下降，则收益率必然上升。

**例 5.7 债券收益率计算**

债券 A 的期限为 5 年，面值 100 元，票面利率 8%，现行债券的价格为 100 元，则债券的收益率为 8%。如果债券的价格升至 110 元，则收益率下降为 5.76%。相反，如果价格降至 90 元，则收益率上升为 10.68%。请问上述收益率是如何算出来的？

**解：** 按照债券收益率的定义，债券的价格等于债券所有现金流按照债券收益率进行贴现的现值，即债券到期收益率可由债券定价公式反向求解得到。计算公式如下：

$$P = \sum_{t=1}^{5} \frac{8}{(1+r)^t} + \frac{100}{(1+r)^5}$$

将 $P$=100 代入式中，得到收益率为 8%；将 $P$=110 元代入式中，得到收益率为 5.76%；将 $P$=90 元代入式中，得到收益率为 10.68%。

(2) 如果债券的收益率在整个债券期限中都不变，则债券无论是折价还是溢价，其折价或溢价的幅度都会随到期日的临近而逐渐减小。在债券到期时，债券的折价或溢价都会完全消失，债券的价格等于面值，如图 5.4 所示。

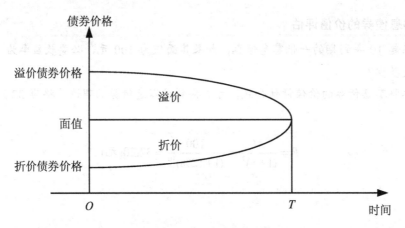

图 5.4　债券在整个期限内的价格变化

这一定理可以等价地解释为：若两种债券具有相同的息票利率、面值和收益率，则具有较短剩余期限的债券的折价或溢价也越小。

### 例 5.8　第二定理验证

假设某一附息债券 B 的期限为 5 年，面值为 100 元，每年付息一次，票面利率为 6%，收益率为 9%。若收益率始终保持不变，一年之后的债券价格和目前债券的价格有何区别？

**解**：按照附息债券的定价公式，可以计算出债券 B 目前的价格为 88.33 元，计算公式如下：

$$P = \sum_{t=1}^{T} \frac{i \times M}{(1+r)^t} + \frac{M}{(1+r)^T} = \sum_{t=1}^{5} \frac{6\% \times 100}{(1+9\%)^t} + \frac{100}{(1+9\%)^5} = 88.33(元)$$

一年之后，收益率仍为 9%，债券的剩余期限为 4 年，同样按照附息债券的定价公式，可以计算出债券 B 一年之后的价格为 90.28 元。计算公式如下：

$$P = \sum_{t=1}^{T} \frac{i \times M}{(1+r)^t} + \frac{M}{(1+r)^T} = \sum_{t=1}^{4} \frac{6\% \times 100}{(1+9\%)^t} + \frac{100}{(1+9\%)^4} = 90.28(元)$$

可以看到，一年之后债券的折价从原来的 11.67 元(＝100 元－88.33 元)降至 9.72 元(＝100 元－90.28 元)，折价幅度随着到期日的临近而逐渐减小。

(3) 如果一种债券的收益率在整个期限内没有变化，债券的价格折价幅度会随到期日的接近而减少，并且以递增的速度减少。

从图 5.4 中可以看出，折价或溢价随到期日的临近越来越小，且曲线斜率的绝对值越来越大。

### 例 5.9　第三定理验证

如果仍以附息债券 B 为例，其他条件不变，问剩余期限从 5 年变为 4 年，债券折价幅度变化多少？剩余期限从 4 年变为 3 年，债券折价幅度变化多少？

**解：** 如果仍以债券 B 为例，两年之后，若收益率仍为 9%，则债券的价格为 92.41 元，折价为 7.59 元(=100-92.41)。

剩余期限从 5 年到 4 年，折价幅度减少了 1.95 元(=5 年的折价幅度-4 年的折价幅度=11.67-9.72)。

剩余期限从 4 年到 3 年，折价幅度减少了 2.13 元(=4 年的折价幅度-3 年的折价幅度=9.72 元-7.59 元)。

由此可以看出，剩余期限 5 年的折价幅度是 11.67 元，剩余期限 4 年的折价幅度是 9.72 元，剩余期限 3 年的折价幅度是 7.59 元。随着债券到期日的临近，债券折价幅度在逐渐减少。同时我们可以看出，剩余期限从 4 年到 3 年的折价幅度变动 2.13 元要大于剩余期限从 5 年到 4 年的折价幅度变动 1.95 元，即随着债券到期日的临近，债券折价幅度减少的速度在逐渐增加。

(4) 债券收益率的下降会引起债券价格的上升，且上升的幅度要超过债券收益率上升同等幅度所引起债券价格下跌的幅度。

### 例 5.10  第四定理验证

假设某一附息债券 C 的面值为 100 元，剩余期限为 5 年，票面利率为 7%，目前债券价格也为 100 元。由于债券的价格等于面值，我们可以计算出债券的收益率为 7%。试分析收益率提高 1%和降低 1%，对债券的价格分别有何影响。

**解：** 如果收益率提高 1%，变为 8%，其他条件不变，按照附息债券的定价公式，我们可以计算出债券的价格为 96.01 元，相比原先的 100 元价格，债券价格下跌 3.99 元。

相反，如果收益率降低 1%，变为 6%，同样按照附息债券的定价公式，我们可以计算出债券的价格为 104.21 元，债券价格上涨 4.21 元。

对比收益率上升 1%和下降 1%，虽然收益率变动幅度一样，但对债券价格变动幅度却不一样。债券收益率同等幅度的下降所带来的债券价格的上升幅度要超过收益率同等幅度的上涨所带来的债券价格的下跌幅度。

(5) 如果债券的票面利率越高，则由收益率变化引起的债券价格变化的百分比越小(注意，这一原则不适用于一年期债券和无限期债券)。

### 例 5.11  第五定理验证

假设某一附息债券 C 和某一附息债券 D，剩余期限均为 5 年，债券 C 的票面利率为 7%，债券 D 的票面利率为 9%，两债券利息均为每年支付 1 次，两债券的收益率相等均为 7%。假设收益率从 7%变为 8%，债券 C 和债券 D 的价格分别变化多少？

**解：** 债券 D 比债券 C 的票面利率高 2%，按照附息债券定价公式，当收益率均为 7%时，计算得到债券 C 和债券 D 的价格分别为 100 元、108.20 元。如果债券 C 和债券 D 的收益率都上升为 8%，同样按照附息债券定价公式，债券 C 和债券 D 的价格为 96.01 元和 103.99 元。

债券C价格下跌的幅度为3.99%$(=\dfrac{100-96.01}{100})$，而债券D下跌的幅度为3.89%$(=\dfrac{108.20-103.99}{108.20})$。
由此可以看出，收益率同样幅度的变动，票面利率越高的债券，其价格变化越小，反之亦然。

## 5.3.8 久期

### 1. 久期的含义

**久期**(duration)是债券现金流收回的"平均到期时间"，它是对获得各笔现金流所需的时间计算加权平均值。权重是各笔现金流的现值占债券市场价格的比率，计算方法如下

$$D = \sum_{t=1}^{T} \frac{PV(C_t)}{P_0} \times t \tag{5-15}$$

其中，$PV(C_t)$表示在$t$时刻所获得现金流$C_t$的现值，计算时所用的贴现率为该债券的到期收益率；$P_0$表示债券当前的市价；$T$表示债券剩余期限；$\dfrac{PV(C_t)}{P_0}$可以看成是$t$的权重(即各笔现金流的现值占债券市场价格的比率)，显然由债券定价公式有$\sum_{t=1}^{T} \dfrac{PV(C_t)}{P_0} = 1$。

### 例 5.12 久期计算

某附息债券的面值为1000元，剩余期限为3年，票面年利率为8%，每年付息一次。该债券市场价格为950.25元，因此该债券的到期收益率为10.00%。请计算该债券的久期是多少？

**解：** 该附息债券剩余期限内会收回3笔现金流，分别是第一年的利息80元，第二年的利息80元，第三年的本金和利息之和1080元。现金流收回时间和现金流金额分别是表5-2中的第一列和第二列。三笔现金流发生的时间不一样，因此对应的现值(贴现)因子也不一样。按照三个贴现因子，三笔现金流贴现到现在的现值分别是72.73元、66.12元和811.40元。贴现计算如下：

第一笔现金流贴现值＝第一笔现金流金额×第一笔现金流贴现因子

$$= 80 \times \frac{1}{1+10\%} = 72.73(元)$$

第二笔现金流贴现值＝第二笔现金流金额×第二笔现金流贴现因子

$$= 80 \times \frac{1}{(1+10\%)^2} = 66.12(元)$$

第三笔现金流贴现值＝第三笔现金流金额×第三笔现金流贴现因子

$$= 1080 \times \frac{1}{(1+10\%)^3} = 811.40(元)$$

其中，第一笔现金流贴现因子为 $\dfrac{1}{1+10\%}=0.9091$，第二笔现金流贴现因子为 $\dfrac{1}{(1+10\%)^2}=0.8264$，第三笔现金流贴现因子为 $\dfrac{1}{(1+10\%)^3}=0.7513$。贴现因子和现金流现值分别是表 5.2 中的第三列和第四列。

现金流之和 950.25 即为债券价格 $P_0$，表 5.2 的第五列是各期现金流现值 $PV(C_t)$ 和现金流收回时间 $t$ 的乘积($=PV(C_t)\times t$)，以及乘积之和 2639.17 元($=\sum\limits_{t=1}^{T}PV(C_t)\times t$)。用乘积之和除以 $P_0$ 就得到债券的久期为 2.78 年。

$$久期=\frac{2639.17}{950.25}=2.78(年)$$

表 5.2  久期计算细表

| 现金流收回时间 | 现金流金额 | 现值(贴现)因子 | 现金流现值 | 现金流现值×现金流收回时间 |
|---|---|---|---|---|
| 1 | 80 | 0.9091 | 72.73 | 72.73 |
| 2 | 80 | 0.8264 | 66.12 | 132.23 |
| 3 | 1080 | 0.7513 | 811.40 | 2434.21 |
| | | | 950.25 | 2639.17 |

**想一想  零息债券的久期是多少？**

零息债券的现金流只有一笔，现金流的现值就等于零息债券的价格，代入公式(5-15)得到：

$$D=\frac{PV(C_T)}{P_0}\times T=1\times T=T$$

根据上面的内容，我们可以得到以下结论：

第一，零息债券的久期等于其剩余期限 $T$。

第二，任何附息债券的久期总是小于其剩余期限 $T$。这一点从式(5-15)可以看出。

**2. 久期与债券价格变动的关系**

收益率变动对具有不同久期的债券的价格影响程度是不一样的。具体来说，债券价格变化的百分比与收益率变动、久期大致存在如下关系：

$$\frac{\Delta P}{P}\approx-D\times\left(\frac{\Delta y}{1+y}\right) \tag{5-16a}$$

其中 $\dfrac{\Delta P}{P}$ 表示债券价格的变化率，$D$ 是债券的久期，$\Delta y$ 表示债券到期收益率的变化量，

$y$ 表示债券初始的到期收益率。久期前的"－"号表示收益率的变动方向和债券价格的变动方向相反，收益率上升，债券价格下跌；收益率下降，债券价格上升。

将 $-D \times \dfrac{1}{1+y}$ 定义为修正久期，式(5-16a)转化为如下公式：

$$\frac{\Delta P}{P} \approx -修正久期 \times \Delta y \tag{5-16b}$$

修正久期度量了由债券到期收益率的微小变化而导致债券价格变化的百分比。

### 例 5.13  利用久期计算价格变动

某种债券当前的市价为 100 元，到期收益率为 8%，假定该债券久期为 10 年。若收益率增加 1%，债券的价格为多少？若收益率减少 1%，债券的价格为多少？

**解**：若收益率增加 1%，即 $\Delta y = 1\%$，则债券的价格下跌 9.26%，即：

$$\frac{\Delta P}{P} \approx -D \times \left(\frac{\Delta y}{1+y}\right) = -10 \times \frac{1\%}{1+8\%} = -9.26\%$$

此时，债券的价格 $= 100 \times (1-9.26\%) = 90.74(元)$
若收益率降低 1%，即 $\Delta y = -1\%$，则债券的价格上升 9.26%，即：

$$\frac{\Delta P}{P} \approx -D \times \left(\frac{\Delta y}{1+y}\right) = -10 \times \frac{-1\%}{1+8\%} = 9.26\%。$$

此时，债券的价格 $= 100 \times (1+9.26\%) = 109.26(元)$

## 5.3.9  凸度

图 5.5 中向右下方凸的曲线是债券价格随收益率变动而变动的曲线。从图 5.5 可以看出，收益率从 $y$ 上升到 $y^+$，债券的价格从 $P$ 下跌到 $P^-$；收益率从 $y$ 下降到 $y^-$，债券的价格从 $P$ 上涨到 $P^+$。但如果是按照久期来计算，当收益率从 $y$ 上升到 $y^+$，债券的价格从 $P$ 下跌到 $P_D^-$；收益率从 $y$ 下降到 $y^-$，债券的价格从 $P$ 上涨到 $P_D^+$。原因是久期是债券价格涨跌与收益率变动之间的**近似线性**关系，当收益率变动很小时，这种近似与实际情况之间的误差可以忽略不计，但是当收益率变动很大时，这种误差是不能忽略的。

**凸度**实质上是债券的价格对收益率进行二次求导。凸度的值永远是正的，凸度具有以下性质：

(1) 收益率下跌，久期引起债券价格的变动是正的，凸度引起的价格变动也是正的。

(2) 收益率上涨，久期引起债券价格的变动是负的，凸度引起的价格变动是正的。

(3) 凸度引起的价格变动幅度远远小于久期引起价格变动幅度的绝对值，所以收益率下跌所导致的债券价格上涨的幅度要大于收益率同等幅度的上涨所带来的债券价格下跌的幅度。这一结论对应债券定价五定理中的第四定理。

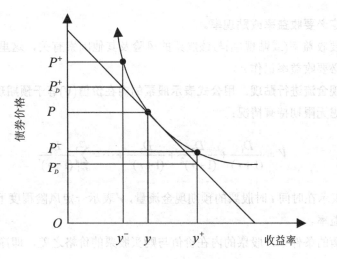

图 5.5　久期和凸度对债券价格的影响

# 5.4　股票价格的确定

## 5.4.1　股利贴现模型

和债券一样，股票定价也可以采用收入资本化方法(capitalization of income method of valuation)的方法。定价步骤也分为如下三步。

**第一，确定现金流状况。**

投资者购买股票后可能会有如下两种状况的现金流：一种情况是投资者购买股票持有一段时间后再出售，即有限期持有；另一种情况是投资者购买股票后一直持有，即无限期持有。因此，投资股票的现金流状况可以分为以下两种情形。

情形一：期初投入 $P_0$，持有期间获得股息红利 $D_1, D_2, D_3 \cdots, D_n$，最后以 $P_n$ 的价格进行出售，如图 5.6 情形一。

情形二：期初投入 $P_0$，一直持有，持有期间获得股息红利 $D_1, D_2, D_3, \cdots, D_n$，如图 5.6 情形二。

图 5.6　购买股票的两种现金流状况

**第二，确定必要收益率或贴现率。**

股票的必要收益率(或贴现率)与该股票的风险及其他因素有关，这里先不介绍，先假设已知。股票的必要收益率记作 $r$。

**第三，对现金流进行贴现。** 用公式表示股票的内在价值($V$)等于预期现金流的现值。

我们先考虑无限期持有情况：

$$V = \frac{D_1}{(1+r)} + \frac{D_2}{(1+r)^2} + \frac{D_3}{(1+r)^3} + \cdots = \sum_{t=1}^{\infty} \frac{D_t}{(1+r)^t} \qquad (5-17)$$

其中，$D_t$ 表示在时间 $t$ 时股票的预期现金流量，$r$ 表示一定风险程度下合理的贴现率，可理解为必要收益率。

在市场均衡的条件下，股票的内在价值与购买股票的价格之差，即净现值为零。用公式表示为：

$$NPV = V - P_0 \qquad (5-18)$$

其中，$NPV$ 表示净现值，$P_0$ 表示 $t=0$ 时股票的价格。

此时，必要收益率使未来现金流贴现值恰好等于股票当前价格的贴现率，这时的必要收益率称为内部收益率(internal rate of return，IRR)，记作 $r^*$，所以：

$$P_0 = \sum_{t=1}^{\infty} \frac{D_t}{(1+r^*)^t} \qquad (5-19)$$

内部收益率相当于前面所说的承诺的到期收益率。如果内部收益率 $r^*$ 大于必要收益率 $r$，股票市价低于内在价值，现阶段应该买入股票，等股票的价格回升到内在价值再出售获得收益；如果内部收益率 $r^*$ 小于必要收益率 $r$，股票市价高于内在价值，股票市价迟早会回落到内在价值，因此为避免损失，现阶段不应买入股票，如果投资者持有股票的话应该卖出。

💡 **想一想** 如果是有限期持有，股票的定价公式应该是怎样的？

如果是有限期持有，按照现金流贴现的方法，股票的内在价值为

$$V = \frac{D_1}{(1+r)} + \frac{D_2}{(1+r)^2} + \frac{D_3}{(1+r)^3} + \cdots + \frac{D_n}{(1+r)^n} + \frac{P_n}{(1+r)^n}$$

其中 $P_n$ 表示预期第 $n$ 期出售时的价格，如果是一个合理预期，$P_n$ 应该等于其第 $n$ 期时的内在价值 $V_n$，即 $P_n = V_n$

而第 $n$ 期的内在价值 $V_n$ 应该等于从 $n+1$ 之后的预期股利现金流的贴现值，即：

$$V_n = \frac{D_{n+1}}{(1+r)} + \frac{D_{n+2}}{(1+r)^2} + \frac{D_{n+3}}{(1+r)^3} + \cdots$$

因此有

$$V = \frac{D_1}{(1+r)} + \frac{D_2}{(1+r)^2} + \frac{D_3}{(1+r)^3} + \cdots + \frac{D_n}{(1+r)^n} + \frac{V_n}{(1+r)^n}$$

$$= \frac{D_1}{(1+r)} + \frac{D_2}{(1+r)^2} + \frac{D_3}{(1+r)^3} + \cdots + \frac{D_n}{(1+r)^n} + \frac{P_{n+1}}{(1+r)^{n+1}} + \frac{P_{n+2}}{(1+r)^{n+2}} + \cdots$$

$$= \sum_{t=1}^{\infty} \frac{D_t}{(1+r)^t}$$

资料来源：金德环. 投资学. 北京：高等教育出版社，2007

可以看出，无论是无限期持有还是有限期持有，股票的内在价值都可以表示成未来所有时期股利收入的贴现值。这种收入资本化定价方法决定普通股内在价值的模型又称为**股利贴现模型**(dividend discount model，DDM)。为普通股定价的关键之一就是预测所有未来期的股利收入，即预测无限期的股利收入。围绕着预期股利的变化，有不同形式的股利贴现模型。

### 1. 零增长模型

**零增长模型**(zero growth model)假设未来的股利按照固定数量交付，股利增长率为零。即以后各期期末支付的股利都等于期初的股利支付 $D_0$，即：

$$D_1 = D_2 = D_3 = \cdots = D_0 \tag{5-20}$$

将式(5-20)代入式(5-19)，则股票的内在价值为：

$$V = \sum_{t=1}^{\infty} \frac{D_0}{(1+r)^t} = \frac{D_0}{r} \tag{5-21}$$

零增长模型的股利现金流相当于给股票投资者提供了一笔**永续年金**。

### 例 5.14　零增长模型股票定价

假定公司 A 在未来无限期内，每股固定支付股利 1 元，公司的必要收益率为 8%，请计算公司 A 的股票和利价格。

**解**：由式(5-21)可以得到公司每股价值为，计算过程如下：

$$V = \frac{D_0}{r} = \frac{1}{8\%} = 12.5(\text{元})$$

### 2. 不变增长模型

**不变增长模型**(constant growth model)假设公司股利每期按照一个不变的增长率 $g$ 增长。在不变增长假设状态下，各期股利的一般表达式为：

$$D_t = D_{t-1} \times (1+g) = D_0 \times (1+g)^n \tag{5-22}$$

将式(5-22)代入式(5-19)得到：

$$V = \sum_{t=1}^{\infty} \frac{D_0 \times (1+g)^t}{(1+r)^t} = \frac{D_0 \times (1+g)}{r-g} = \frac{D_1}{r-g}$$ (5-23)

式(5-23)有一个重要的假设就是 $r > g$。如果 $r = g$ 或 $r > g$ 时，股票价值将出现无穷大或负值的情况，这是不符合现实的。$r > g$ 的假设在一个相当长的时间区域内(比如 10 年或 30 年中)，就行业整体水平而言，是符合现实情况的。但单以某个特定的企业，在特定阶段上并不一定严格遵守这一假设，短期内，$g$ 是可以等于甚至大于 $r$ 的。对于这样的公司，股票的定价可以采取分阶段对现金流贴现加总的方法求得，即后面所要讲到的多元增长模型。

同时我们发现，零增长模型是不变增长模型的一个特例。如果是零增长模型，则 $g = 0$，$D_1 = D_0$，式(5-23)和式(5-21)没有区别。

### 例 5.15　不变增长模型股票定价

假定 B 公司去年每股发放的股利是 1 元，预计未来的无限期限内，每股股利支付额将以每年 10% 的比率增长，B 公司的必要收益率为 12%。请计算 B 公司股票的合理价格。

**解：** 由式(5-23)可以得到公司的每股价值为 55 元，计算过程如下：

$$V = \frac{D_1}{r-g} = \frac{D_0 \times (1+g)}{r-g} = \frac{1 \times (1+10\%)}{12\% - 10\%} = 55(\text{元})$$

如果市场的价格低于 55 元，应该买入股票；否则，应该卖出股票。

### 3. 多元增长模型

**多元增长模型**(multiple growth model)放宽了股利按不变比例 $g$ 增长的假设以及 $r > g$ 的限制。在多元增长模型中，股利在某一特定时期内(从现在到 $T$ 的时期内)没有特定的模式可以观测或者说其变动率是需要逐年预测的，并不遵循严格的等比关系。过了这一特定时期后，股利的变动将遵循不变增长的原则。这样，股利现金流就被分为两部分，$T$ 时刻及之前的作为一部分，$T$ 时刻之后的作为一部分。前一部分现金流的现值记作 $V_{T_-}$，后一部分现金流的现值记作 $V_{T_+}$，多元增长模型下股票的内在价值等于这两部分之和，即：

$$V = V_{T_-} + V_{T_+}$$ (5-24)

其中，$V_{T_-}$ 是 $T$ 时刻及之前的不规则现金流的贴现值，用公式表示为：

$$V_{T_-} = \sum_{t=1}^{T} \frac{D_t}{(1+r)^t}$$ (5-25)

$V_{T_+}$ 是 $T$ 时刻以后的现金流贴现到现在时刻的贴现值。令 $V_T$ 表示 $T$ 时刻以后的现金流贴现到 $T$ 时刻的贴现值，则 $V_{T_+}$ 和 $V_T$ 之间的关系如下：

$$V_{T+} = \frac{V_T}{(1+r)^T} \qquad (5-26)$$

因为 $T$ 时刻以后的股利变动遵循不变增长原则，用 $D_T$ 代替 $D_0$ 代入式(5-23)得到 $V_T$：

$$V_T = \frac{D_T \times (1+g)}{(r-g)} \qquad (5-27)$$

将式(5-27)代入式(5-26)得到：

$$V_{T+} = \frac{D_T \times (1+g)}{(1+r)^T (r-g)} \qquad (5-28)$$

将式(5-25)和(5-28)代入式(5-24)得到：

$$V = V_{T-} + V_{T+} = \sum_{t=1}^{T} \frac{D_t}{(1+r)^t} + \frac{D_T \times (1+g)}{(1+r)^T (r-g)} \qquad (5-29)$$

式(5-29)比较符合现实世界的企业实际成长情况。而且，根据现值加速衰减规律，当 $r > 15\%$ 且 $T > 10$ 时，$V_{T+}$ 在 $V$ 中所占比重一般不超过 25%。所以当我们明确测算了 8~10 年的股利贴现值而后对 $T$ 时期以后的现金流量作出不变增长的假设，不会对 $V$ 造成过大的影响。

### 例 5.16　多元增长模型股票定价

公司 C 去年每股股利为 1 元，本年预计每股股利 0.5 元，第二年支付 0.9 元，第三年支付 0.6 元，从第四年之后股利每年以 8% 的速度增长，给定公司 C 的必要收益率为 10%，求公司 C 股票的内在价值。

**解：**按照多元增长模型，$T = 3$，股票的内在价值 $V$ 由 $V_{T-}$ 和 $V_{T+}$ 两部分组成，即：

$$V_{T-1} = \frac{0.5}{(1+10\%)} + \frac{0.9}{(1+10\%)^2} + \frac{0.6}{(1+10\%)^3} = 1.649(元)$$

$$V_{T+} = \frac{0.6 \times (1+8\%)}{(1+10\%)^3 \times (10\%-8\%)} = 24.343(元)$$

$$V_T = V_{T-} + V_{T+} = 1.649 + 24.343 = 25.99(元)$$

公司 C 股票的内在价值为 25.99 元。如果公司 C 股票的市场价格低于 25.99 元，应该买入；反之应该卖出。

多元增长模型需要逐一测算 $T$ 时刻之前的现金流量，工作量较大，因此常用二元或三元模型来简化。二元模型假定在时间 $T$ 之前，企业的股利以一个不变增长速度 $g_1$ 增长，$T$ 之后以另一个比较小的不变增长速度 $g_2$ 增长。三元模型把期限股利发放分为三期，在 $T_1$ 之间，股利发放有一个不变增长速度为 $g_1$；在 $T_1$ 到 $T_2$ 时期内股利发放有一个递减的速度 $g_2$；$T_2$ 之后再按一个不变速度 $g_3$ 增长。分别计算出两部分或三部分股利的现值相加后就是二元或三元模型下的股票的内在价值。

二元模型和三元模型其实就是多元模型的一个特例。各模型下股利增长率 $g$ 与时间 $t$ 的关系可参照图 5.7、图 5.8 和图 5.9。

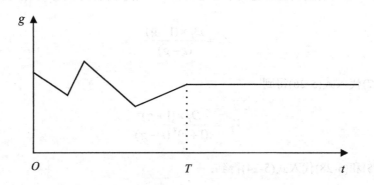

图 5.7 多元增长模型中 $g$ 与 $t$ 之间的关系

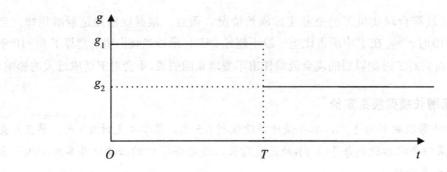

图 5.8 二元增长模型中 $g$ 与 $t$ 之间的关系

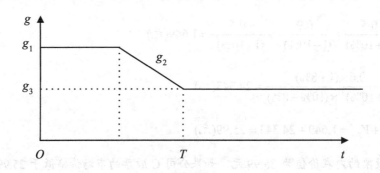

图 5.9 三元增长模型中 $g$ 与 $t$ 之间的关系

## 5.4.2 相对定价模型

相对定价法认为股票的合理价格应该是公司一些基本财务指标的一定倍率,这些指标包括每股收益、每股净资产、每股销售收入和每股现金流。

### 1. 市盈率法

**市盈率**(price/earning ratio，P/E ratio)是股票当前的价格(P)和公司每股收益(EPS)的比值。

$$市盈率 = \frac{P}{EPS} \tag{5-30}$$

### 例 5.17　市盈率计算

如果某公司的股价是 20 元，一季度每股盈利为 0.4 元，二季度每股盈利为 0.4 元，三季度每股盈利为 0.5 元，四季度每股盈利为 -0.3 元。问该公司的市盈率是多少?

**解:** 该公司全年每股盈利为 1 元，市盈率为 20 倍，计算过程如下:

全年每股盈利 = 0.4 + 0.4 + 0.5 - 0.3 = 1(元)

$$市盈率 = \frac{P}{EPS} = \frac{20}{1} = 20$$

市盈率又称为翻本期，含义是按公司当前的盈利水平，多长时间投资者才能收回本金。例 5.16 中，市盈率为 20 倍，可以大体看成如果公司保持目前的盈利水平，投资者 20 年才能收回投资该股票的本金。

因此，市盈率可以衡量所投资股票的风险程度。其他条件一定的情况下，股票市盈率越高，翻本期越长，股票的投资风险越高。

市盈率可以分为当前市盈率和预期市盈率。当前市盈率是用现在的价格除以过去 4 个季度或 12 个月每股收益的比值。预期市盈率是用现在的价格除以公司未来 4 个季度或 12 个月每股收益的比值。后者反映了对公司收益与估价的预期。

如果反过来我们能分别估计出股票的市盈率和每股收益，那么就能间接地由公式(5-31)计算出股票的合理价格，这种方法就是**市盈率估价方法**。

$$P = EPS \times 市盈率 \tag{5-31}$$

对于股票的市盈率和每股收益的估计，我们需要参考历史数据、同行业数据、世界市场数据以及公司所处行业周期等因素。同时也要注意剔除公司非经常性损益、周期性或季节性盈利波动、因采用有别于其他公司的会计政策和因为有员工股票期权、发行可转债、优先股、认股权证等导致盈利稀释效应的影响。

### 例 5.18　按照市盈率计算对公司进行合理估值

如果某公司的每股盈利为 1 元，该公司所在行业其他公司的平均市盈率是 20 倍，公司过去三年的平均市盈率是 21 倍，考虑到该公司所在行业的地位和前景，证券分析师给出该公司的合理市盈率为 19~22 倍。请对该公司进行合理估值。

**解:** 按照市盈率估价方法，该公司合理的估价为 19~22 元。如果该公司股票的市场价格为 18 元，则应该买入; 如果该公司股票的市场价格为 23 元，则应该卖出; 如果该公司股票的市场价格为 20 元，则认为是合理的。

市盈率估价方法相对于股利贴现模型最大的优点是数据可得、计算方便。此外，市盈率估价方法适用范围广泛，在首次公开发行(initial public offering，IPO)、收购兼并、未上市公司的估值等方面都可以使用。但市盈率估价方法也有局限性，当公司的每股收益是负值的时候，计算市盈率没有意义；当公司存在非经常性收益或收益波动性较大时会影响对公司内在价值的合理评估；公司可能采取不同的会计政策操纵每股收益；各公司的实际市盈率与行业平均市盈率会有一定的背离等，这些因素都可能产生误导性的结果。

### 2. 市净率法

除了市盈率外，通常还有一些指标用来对股票进行相对估值。这些指标包括市净率、价格与每股现金流比率、价格与销售收入比率等。

**市净率**(price/book value ratio，P/BV ratio)，是指股票当前的市场价格和每股账面净资产的比值。用公式表示为：

$$市净率 = \frac{市场价格}{每股净资产} \tag{5-32}$$

每股净资产作为企业一个相对稳定和直观的指标，经常也被用作基准对市场价格进行分析。通常认为，市净率较低的公司，投资价值较高，低于行业平均市净率的公司价值可能被低估了；反之，则可能被高估了。

市净率指标能较好地反映存续期较长的公司的价值，对新公司的估值意义不大。对盈利为负的公司或是生产周期较长的公司，无法用市盈率进行估值，市净率则能较好地反映公司价值，因此，市盈率和市净率结合使用，有较好的效果。另外，市净率只能用于对整个公司的评估，不能用于对公司部分资产的评估。

### 3. 价格与每股现金流比率法

**价格与每股现金流比率**(price/cash flow ratio)是股票市场价格与发行在外的普通股每股自由现金流量的比值。用公式表示为：

$$价格与每股现金流比率 = \frac{股票市场价格}{发行在外的普通股每股自由现金流量} \tag{5-33}$$

式中：股权自由现金流=经营现金+公司净借入资金－固定资本投资

用现金流定价与用市盈率定价的本质是一样的，区别在于将现金流代替盈利，强调的是现金流的增长而非盈利增长。现金流比盈利更真实，因为它可以排除因采用不同会计政策对盈利的影响和可能的对盈利的操作。价格与每股现金流比率既可用于存续期较长的公司股票估值，也可用于新公司股票的估值，还可用于收购兼并、不同行业公司的估值、公司部分资产的估值。

### 4. 价格与销售收入比率法

**价格与销售收入比率**(price/sales ratio，P/S ratio)也是对公司进行估值，特别是对公司部

分资产或某一部门进行估值的有用指标。用公式表示为:

$$价格与销售收入比率 = \frac{每股价格}{每股销售收入} \tag{5-34}$$

$$公司某一部门的价值 = 价格与销售收入比率 \times 该部门的销售收入 \tag{5-35}$$

加总公司各业务业务部门的价值可得到公司的总价值。较低的价格与销售收入比率意味着市场还没有认识到公司较高销售收入的价值,低估了公司的价值。

价格与销售收入比率可以弥补市盈率的不足,对亏损公司和未盈利公司而言,计算市盈率指标毫无意义,但是只要有销售收入,有现金流,价格与销售收入比率、价格与每股现金流比率仍可计算,从而可以对这类企业进行估值比较。价格与销售收入比率和价格与每股现金流比率一样可以消除会计政策和盈利操纵的影响。由于价格与销售收入比率指标可以计算公司部分资产的价值,我们也可以得到各部门的现金流量,因此价格与销售收入比率、价格与每股现金流比率在公司兼并重组、出售公司独立业务部门、出售产品品牌或无形资产时经常用于对部分资产的价值评估。

# 本 章 小 结

货币时间价值是贴现思想的由来,贴现思想是定价的基础。终值和现值是货币时间价值中非常重要的两个概念,终值是现值的未来值,现值是终值的现在值,两者之间相差一个贴现率。最为主要的定价方法就是现金流贴现方法,这种方法对绝大多数资产定价都适用。该方法的思想就是将资产未来可能的现金流(终值)按照合理的贴现率进行贴现,并对贴现的现值加总得到资产的合理价值,因此定价的关键是确定资产未来可能的现金流以及合理的贴现率。资产未来可能的现金流取决于资产的性质和特征,合理的贴现率取决于基础利率以及该资产本身的风险特征。基础利率(如一年期定期存款利率)增加,所有资产的贴现率都增加;反之亦然。单个资产的风险越大,投资者所要求的风险溢价也越高,贴现率(投资者所要求的收益率)也越大,贴现率的确定带有一些主观性。如果按照现金流贴现的方法计算出来的理论价值高于资产的现价,就认为资产的现价被低估,应该买入;如果计算出来的理论价值低于资产的现价,就认为资产的现价被高估,应该卖出。这是从价值和价格之间的关系来考虑资产是否值得投资,当然投资者也可以从收益率的角度进行考虑。从收益率角度考虑需要确定两个概念,承诺的到期收益率(内部报酬率)和合理的到期收益率(要求的到期收益率)。承诺的到期收益率是资产的净现值为 0 时所计算出来的收益率,合理的到期收益率是投资者根据该资产的风险和市场的基准利率水平所确定的收益率。当承诺的到期收益率高于合理的到期收益率时,投资者应该买入;当承诺的到期收益率低于合理的到期收益率时,投资者应该卖出。

债券和股票都可以按照现金流贴现的思想进行定价。由于零息债券、附息债券的现金流有所差别,因此定价公式略有不同。根据债券定价公式,可以看出债券价格跟债券票面利率、到期期限、到期收益率有关。麦尔齐根据债券价格、债券票面利率、到期年限以及到期收益率之间的关系，提出了债券定价的五定理。久期是衡量债券价格相对于利率变动的敏感性指标。当利率变动幅度很小时，利率变动 $\Delta y$，债券价格变动 $\dfrac{\Delta P}{P} \approx -$ 修正久期 $\times \Delta y$。当利率变动幅度比较大时，债券价格的变动用久期来计算会出现比较大的误差，此时应该考虑凸度。

用现金流贴现的思想对股票进行定价又称为股利贴现模型。按照对现金流预期的假设不同，股利贴现模型还可以细分为：零增长模型、不变增长模型和多元增长模型等。股利贴现模型实质上是一种绝对定价模型，股票定价还可以采用相对定价模型。常见的相对定价模型包括：市盈率法、市净率法、价格与每股现金流比率法、价格与销售收入比率法。

# 复 习 题

## 一、名词解释

| | | | |
|---|---|---|---|
| 货币时间价值 | 终值 | 现值 | 现金流贴现模型 |
| 票据贴现 | 合理的到期收益率 | 承诺的到期收益率 | 债券定价公式 |
| 债券定价五定理 | 久期 | 凸度 | 股利贴现模型 |
| 零增长模型 | 不变增长模型 | 多元增长模型 | 相对定价模型 |
| 市盈率法 | 市净率法 | 价格与每股现金流比率法 | |
| 价格与销售收入比率法 | | | |

## 二、讨论题

1. 绝对定价和相对定价是两种流派。绝对定价的目的是定出资产的内在价格，相对定价是通过其他资产价格来推断某一资产价格。两种方法看似不同，但是却彼此交融，绝对定价法中含着相对定价的成分，相对定价法中含着绝对定价的成分。例如现金流贴现模型中，贴现率的选定就含有"相对"的内容。贴现率一般是基准利率加上某资产特有的风险溢价，这种表述本身就是一种"相对"概念。此外，某资产特有的风险溢价该是多少，更是一种"相对"概念。反过来，相对定价中也有绝对定价的成分，例如市盈率定价中利润的确定就是一个"绝对"概念。因此说，绝对定价中不可能每个要素都是绝对的，相对定价不可能每个要素都是相对的。

① 从绝对定价和相对定价的含义、异同点出发，分析何种资产在何种情况下，更适合用绝对定价或相对定价进行定价。

② 试思考房地产、股票、债券、投资项目等怎样用绝对定价或相对定价进行定价。在利用已有定价公式时，如何将各资产一些不同点考虑进来。

③ 不妨用绝对定价或相对定价的方法对一些资产进行定价，并与实际价格相比较，看看差别多大。如果差别很大，请思考是选用定价方法的问题，还是所选定价方法中要素考虑不周，并尝试如何去缩小定价与实际价格之间的差异。

2. 结合影响债券理论价值的几个因素和债券定价公式，具体分析每个影响因素体现在债券定价公式的哪一项中？央行加息、减息对债券价格的影响体现在债券定价公式的哪一项中，进而分析央行加息、减息对债券价格的影响。找出央行加息、减息的一些实际例子，看看是不是如你所分析的那样，如果不是，请分析原因。

3. 某投资者提出，虽然利率变动会影响债券价格，但是持有期间利率变动不会影响债券的面值，只要我一直持有到期就可以避免利率变动对债券价格的影响。试分析这一论述是否正确。

4. 结合债券定价五定理，谈谈如何利用这五个定理指导投资实践。

5. 久期和凸度是利率风险管理中两个非常重要的概念，查阅相关书籍，谈谈如何利用久期和凸度进行债券组合管理。提示：①如果预期利率上升，构造的债券组合其久期大一点好还是小一点好，为什么？②如果预期利率下降，构造的债券组合其久期大一点好还是小一点好，为什么？③如果没法判断未来利率的变化，构造债券组合时，组合的久期应该如何考虑。

6. 两个上市公司，一个上市公司的市盈率已经很高，股价还是在涨；另一个上市公司的市盈率已经很低了，股价还是跌，这是为什么？(提示：从历史市盈率和预期市盈率来考虑。)

### 三、计算题

1. 某投资项目期初一次性投入，项目期限为 10 年，每年的净现金流 2 万元，贴现率为 5%，计算该投资项目 5 年后的终值和现在时刻的现值。如果该项目初始投入 9 万元，该不该进行此项投资？如果不该进行该项投资，那么初始投入需要低于多少万元才值得进行？如果初始投入正好等于第一步计算出来的项目现值，那么该项目的投资收益率是 0%，还是 5%？

2. 某债券期限 5 年，票面利率 5%，每年付息一次，发行时所要求的收益率(发行时的贴现率)为 5.5%，问该债券合理的发行价格为多少？如果债券发行 1 年后，该债券市场所要求的收益率(贴现率)变为 5%，问债券此时合理的价格为多少？如果离债券到期还有半年，该债券市场所要求的收益率为 6%，问那时债券合理的价格为多少？(注意：如果某次现金流的贴现期不是整数，该次现金流的现值同整数期现金流的贴现方法，只是贴现期用分数表示。)

3. 某上市公司股票目前的市场价是 5 元/股，为了判断该不该投资该公司的股票，投资者收集了如下数据：

① 该公司去年的股利是 0.2 元/股，预计股利每年会按 2%的速度增长。

② 市场比较认可该公司股票收益率为 6%，即贴现率为 6%。

③ 去年该公司的盈利为每股 0.3 元/股，目前和该公司同类型的公司股票的市盈率为 17 倍。

问：从现金流贴现模型角度和市盈率定价模型角度，分别分析该公司股票的合理股价为多少。

# 第3篇  资产组合

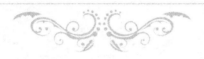

　　第2篇中对资产的定价都是在确定性条件下进行的,投资者对资产的选择只需要比较资产收益率的大小。但现实中资产都是有风险的,即资产的期末收益率是不确定的,显然投资者不可能完全依靠未来收益率的大小来进行投资决策,此时的决策称为不确定性决策。

　　这一问题的解决带来了现代证券组合理论的产生和发展。现代证券组合理论以马柯维茨的投资组合理论为标志,目前还在不断发展之中。根据已有的研究成果,现代证券组合理论可以分为四大部分:马柯维茨的均值方差模型、资本资产定价模型、套利定价理论、投资管理和业绩评价。

# 第3篇　资产组合

# 第6章

# 马柯维茨投资组合理论

如果你的资金只有3000元，按照2009年9月15日的浦发银行市场价30元一股，你只能购买100股，即一个最少交易单位——1手。但如果你是一位基金经理，拥有30亿元资金，你肯定不会将资金全部买入浦发银行的股票，一则相关法规不允许，更为重要的是30亿元全部投入一只股票，风险很大，即所谓"鸡蛋不能放在同一个篮子里"。鸡蛋不能放在同一个篮子里，要放在多个篮子里，以分散风险，这就是现代证券组合理论最简单直观的表述。那么，具体如何进行分散投资，怎样的分散投资才是最优的呢？这就是本章所要解决的问题。

马柯维茨均值方差模型或称马柯维茨投资组合理论是由哈里·马柯维茨创立的，以1952年马柯维茨发表的一篇题为《证券组合选择》的论文为标志，这也是现代证券组合理论产生的标志。

马柯维茨在这篇文章中考虑了如下的单阶段投资决策问题：在期初，投资者用一笔自有资金购买一组证券并持有一段时期(称为持有期)，在持有期结束时(即期末)，出售并将收入用于消费或再投资，同时未来出售的收入是不确定性的。那么，在期初投资者决定购买哪些证券，资金如何在这些证券上分配？投资者需要解决的问题是在所有可能的证券组合中选择一个他认为最优的组合进行投资，这一问题称为马柯维茨问题。

马柯维茨注意到，一个典型的投资者，在不确定性决策的环境中，他不但希望投资收益最大化，还要求投资风险最小化，其决策是实现两个相互制约目标之间的某种平衡。马柯维茨分别用期望收益率和收益率的方差来衡量投资的预期收益水平和不确定性(风险)，建立均值方差模型来阐述如何全盘考虑上述两个目标，从而进行投资决策。推导的结果是，投资者应该通过同时购买多种证券而不是一种证券，进行分散化投资。

均值方差模型的求解主要通过两种方法。一种是建立一个二次规划模型求解有效证券组合，并根据某个投资者的无差异曲线确定该投资者的最优证券组合。另一种方法就是将所有证券组合的点在均值——方差的二维图中描绘出来，根据预期收益率相同的情况下方差(风险)

最小，在方差(风险)相同的情况下预期收益率最大的原则，找出图中的有效证券组合，并根据每个投资者各自的无差异曲线最终确定其认为最优的证券组合。

本书主要侧重第二种解法，其求解过程更直观，并且蕴含了大量重要的结论。该方法首先是对所有可能的资产组合(包括单个资产)的预期收益率和风险情况进行度量，并将其描述在均值——方差(或标准差)的二维图中。接下来我们就对单个资产以及资产组合的收益率和风险的度量方法进行介绍。

马柯维茨投资组合理论假设：

(1) 投资者用期望收益的概率分布来描述一项投资。

(2) 投资者为理性的个体，服从非满足和风险回避的特征。

(3) 投资者以投资的期望收益的波动性来估计投资的风险。

(4) 投资者仅依靠期望收益和投资风险来作出投资决定。

(5) 在给定投资风险后，投资者偏好更高的期望收益，在给定期望收益后，投资者偏好更低的风险。

(6) 市场是完全的，即市场不存在交易费用和税收，不存在进入或者退出市场的限制，所有的市场参与者都是价格的接受者，市场信息是有效的，资产是完全可以分割的。

马柯维茨的6个假设条件，在下面中会一一涉及。

# 6.1 单个资产的收益和风险

## 6.1.1 收益度量

对某一资产来说，持有期收益率(holding-period return，HPR)取决于投资期内资产价格上涨(或下跌)的程度，以及分红或派息的收益，具体而言：

$$持有期收益率 = \frac{期末价格 - 期初价格 + 分红或派息}{期初价格} \tag{6-1}$$

则，

$$持有期间的年化收益率 = \frac{持有期收益率}{持有期} \tag{6-2}$$

上述对持有期收益率的定义隐含了分红或派息是在期末进行支付的。否则，该定义忽略了分红或派息在其支付日到资产持有期期末之间的再投资收益，即货币的时间价值。

**例6.1 未考虑再投资收益情况下的收益率计算**

某投资者投资宝钢股份1000股3年，买入价5元，卖出价7元，投资期间只在第3年年末发放每股0.5元的现金股利，问投资者3年的持有期收益率是多少，年化收益率是多少？

解：$持有期收益率 = \frac{期末价格 - 期初价格 + 分红或派息}{期初价格} = \frac{7 - 5 + 0.5}{5} = 50\%$

$$年化收益率 = \frac{50\%}{3} = 16.67\%$$

如果分红或派息的支付不是发生在持有期期末，并且考虑分红或派息的再投资收益，则资产收益率的计算如下：

$$P_0 = \frac{D_1}{(1+r)^1} + \frac{D_2}{(1+r)^2} + \cdots + \frac{D_T}{(1+r)^T} + \frac{P_T}{(1+r)^T} \tag{6-3}$$

其中，$P_0$ 表示期初价格，$P_T$ 表示期末价格，$T$ 表示资产的持有期，$r$ 表示所要求的持有期间年化收益率(简称收益率)，$D_t$ 表示第 $t$ 期支付的分红或派息。

#### 例 6.2　考虑再投资收益情况下的收益率计算

假如例 6.1 中其他条件不变，只是股利的发放改变为第一年年末发放股利 0.2 元，第二年年末发放股利 0.2 元，第三年年末发放股利 0.1 元，则资产的持有期年化收益率(简称收益率)是多少？

**解**：根据公式(6-3)有：$5 = \dfrac{0.2}{(1+r)^1} + \dfrac{0.2}{(1+r)^2} + \dfrac{0.1}{(1+r)^3} + \dfrac{7}{(1+r)^3}$，求得该资产的持有期年化收益率 $r = 14.95\%$。

如果期末价格是已知的，则本节所谈到的收益率为历史收益率；如果期末价格是未知的(即未来的价格)，则本节所谈到的收益率为未来收益率。

但是未来的价格是不确定的，所以根据上述方法计算出的收益率也是不确定的。假设未来某只股票的价格有 $n$ 种可能性，且第 $i$ 种可能性的概率为 $P_i$，$i = 1, \cdots, n$。按照上述方法可计算出第 $i$ 种可能性下所对应的未来收益率 $r_i$，如表 6.1。对各种可能性下的未来收益率按照发生的概率进行加权平均，可以得到该资产的期望收益率 $E(r)$，计算公式为：

$$E(r) = \sum_{i=1}^{n} P_i \times r_i \tag{6-4}$$

**表 6.1　某只股票未来收益率的概率分布**

| 情形($i$) | 概率($P_i$) | 各种可能性下的未来收益率($r_i$) |
|---|---|---|
| 繁荣时期(1) | 25% | 44% |
| 正常时期(2) | 50% | 14% |
| 衰退时期(3) | 25% | −16% |

利用表 6.1 的数据，可以得到该股票未来的期望收益率为：

$$E(r) = \sum_{i=1}^{n} P_i \times r_i$$
$$= 25\% \times 0.44 + 50\% \times 0.14 + 25\% \times (-0.16)$$

期望收益率是各种可能性下的收益率的加权平均值,和未来真实情况是有偏差的,这种偏差说明了资产的收益是有风险的。例如现在算出该只股票的未来期望收益率是 14%,但是如果未来经济步入了衰退期,则该股票的实际收益率就是 -16%;当然,如果未来经济步入了繁荣期,则该股票的实际收益率就是 44%。所以说,投资是有风险的!

## 6.1.2　风险度量

投资的风险被认为是资产未来收益的不确定性,常用资产未来收益偏离期望收益的程度作为风险的度量指标。资产未来收益偏离期望收益的程度,常用资产收益率的方差 $\sigma^2$ 或标准差 $\sigma$ 来表示。

$$\sigma^2 = \sum_{i=1}^{n} P_i \left[ r_i - E(r) \right]^2 \tag{6-5}$$

其中,$r_i - E(r)$ 表示第 $i$ 种情形下未来收益率与期望收益率的偏差,之所以对其进行平方运算,是为了防止正负偏差进行抵消。对方差进行开方得到标准差,标准差的单位和收益率的单位都是一样的。

$$\sigma = \sqrt{\sigma^2} \tag{6-6}$$

按照方差和标准差的计算方法,可以得到表 6.1 中那只股票的方差和标准差:

$$\begin{aligned}
\sigma^2 &= \sum_{i=1}^{n} P_i \left[ r_i - E(r) \right]^2 \\
&= 25\% \times (0.44 - 0.14)^2 + 50\% \times (0.14 - 0.14)^2 + 25\% \times (-0.16 - 0.14)^2 \\
&= 0.045
\end{aligned}$$

故 $\sigma = \sqrt{\sigma^2} = \sqrt{0.045} = 0.21$。

### 读一读　用方差和标准差对风险度量的缺陷

投资者面对表 6.1 中的股票,可能觉得跌 16% 才是风险,涨 44% 不是风险,但是在计算方差和标准差时,涨跌都算在风险里面,增大了风险。其实这种考虑是有道理的,将下偏风险(低于期望收益率)算进,而不算上偏风险(高于期望收益率),可能更符合常理。有很多学者也逐渐开始用下偏风险来度量资产的风险,但是这却增加了计算风险的难度,而且相关基于方差(或均值)为风险指标的相关理论都要进行修改,比较复杂。所以本书对资产的风险度量都是以资产收益率的方差或标准差进行度量。

如果资产收益率的分布服从正态分布,那么资产收益率的下偏风险和上偏风险是对称的,即正偏差出现的可能性与同等幅度的负偏差出现的可能性差不多。用方差或用下偏方差来度量资产的风险,效果是差不多的,因为方差正好是下偏方差的两倍。事实证明,大部分多样化投资组合的收益率可以用正态分布来描述,因此我们还是采用方差(或标准差)来度量风险。

资料来源:Linter, J. The valuation of Risk Assets and the Selection of Risky Investments in Stock Portfolios and Capital Budgets. Review of Economics and Statistics, 1965

**例 6.3　单个资产期望收益率和风险的计算**

某公司当前的股价为 23 元。证券分析师列举了可能出现的三种情况(如表 6.2 所示)：第一种情况，宏观经济高增长，该公司的年末股价为 32 元/股，年末股利是 4 元/股；第二种情况，宏观经济正常增长，该公司的年末股价为 25 元/股，年末股利是 3.5 元/股；第三种情况，宏观经济无增长，该公司的年末股价为 15 元/股，年末股利是 3.5 元/股。这三种情况发生的概率分别是 0.35、0.3 和 0.35。

表 6.2　某公司未来股票价格和分红的情况

| 三 种 情 形 | 概　　率 | 年末价格/元 | 年末股利/元 |
| --- | --- | --- | --- |
| 高增长 | 0.35 | 32 | 4 |
| 正常增长 | 0.3 | 25 | 3.5 |
| 无增长 | 0.35 | 15 | 3.5 |

试问：对该公司股票投资一年，在三种情形下投资收益率分别是多少？投资期望收益率与标准差各是多少？

**解**：(1) 不同情况下的未来收益率：

高增长情形下，投资收益率 $r_1 = \dfrac{32-23+4}{23} = 56.52\%$；

正常增长情形下，投资收益率 $r_2 = \dfrac{25-23+3.5}{23} = 23.91\%$；

无增长情形下，投资收益率 $r_3 = \dfrac{15-23+3.5}{23} = -19.57\%$。

(2) 期望收益率的计算过程如下：

$$E(r) = P_1 \times r_1 + P_2 \times r_2 + P_3 \times r_3$$
$$= 0.35 \times 56.52\% + 0.3 \times 23.91\% + 0.35 \times (-19.57\%) = 20.11\%$$

(3) 先求解方差得：

$$\sigma^2 = \sum_{n=1}^{N} P_n [r_n - E(r)]^2$$
$$= 0.35 \times (56.52\% - 20.11\%)^2 + 0.3 \times (23.91\% - 20.11\%)^2 + 0.35 \times (-19.57\% - 20.11\%)^2$$
$$= 0.101932$$

则标准差 $\sigma = \sqrt{0.101932} = 31.93\%$

## 6.1.3　风险分类

用方差或标准差度量的是资产的总风险，总风险等于系统风险和非系统风险之和。

**系统风险**是与市场的整体运动相关联的风险。这类风险因来源于宏观因素变化对市场整体的影响，因而亦被称之为"宏观风险"。前面提及的市场风险、贬值风险、利率风险、汇率风险和政治风险均属系统风险。

非系统风险是指与某个具体资产相关联，而不对其他产生影响的风险。如宝钢股票的这种风险来自于宝钢公司内部的微观因素，如偶然事件风险、破产风险、流通性风险、违约风险等，因而这类风险又被称之为"微观风险"。

## 6.1.4　风险和收益的权衡

### 1. 风险厌恶

对于两个资产 A 和 B。假设 A 资产的期望收益率 $E(r_A)$ 为 8%，风险 $\sigma_A^2$ 为 0.02；B 资产的期望收益率 $E(r_B)$ 为 12%，风险 $\sigma_B^2$ 为 0.04。如果投资者只能从中选择一种资产持有，他应该持有哪个资产呢？对于一个理性的投资者而言，如果要让他持有一个高风险的资产，他必然需要高收益进行补偿，即**风险溢价**(risk premium)，也就是高风险高收益，低风险低收益。这样的投资者一般称为风险规避者或风险厌恶者。

但是我们发现，B 资产的收益高，同时风险也高，A 资产的收益低，同时风险也低。投资者该如何选择？在现实中，可能有人选择 B 资产，有人选择 A 资产，也有可能有人觉得两个资产是无差异的。

如果某个投资者选择了 B 资产，那么他至少认为 B 资产相对于 A 资产的超额收益 4%(=12%-8%)已经弥补了 B 资产相对于 A 资产的超额风险 0.02(=0.04-0.02)，否则他不会选择 B 资产。

如果某个投资者选择了 A 资产，那么他可能认为冒 0.02 的超额风险只获得 4%的超额收益是不值得的，要弥补 0.02 的超额风险，必须给出 6%的超额收益才行。

认为 A 资产和 B 资产无差异的投资者，觉得 4%的超额收益刚好弥补了 0.02 的超额风险。

三个投资者对 A、B 资产有不同的评价，原因在于这三个投资者的风险厌恶(或风险偏好)程度是不一样的。风险厌恶程度越高的投资者，他对单位超额风险所要求的超额补偿越高；反之则较低。根据上面三个投资者对 A、B 资产的评价结果，我们可以给出这样的结论：第一个投资者的风险厌恶程度较低；第二个投资者的风险厌恶程度较高；第三个投资者的风险厌恶程度居中。

### 2. 无差异曲线

投资者对资产的风险和收益权衡还可以用比较形象的**无差异曲线**(indifference curve)来表示。无差异曲线可以在一个二维坐标图上表示，一般纵坐标表示期望收益率，横坐标表示标准差 $\sigma$ 或方差 $\sigma^2$。任何一个资产或资产的组合只要能计算出期望收益率和方差(或标准差)，都可以在二维坐标图中标识出来；或者说二维坐标图中的任何一点都表示一个具有特定期望收益率和方差(或标准差)的资产或资产组合。

投资者经过对各资产或资产组合的期望收益率和风险进行权衡，将认为没有差异的资产或资产组合在二维坐标图中标出，并连接起来，就形成了针对该投资者的一条条**无差异曲线**。无差异曲线具有如下几个特征：

(1) 无差异曲线反映了某个投资者对风险和收益的权衡。

对于同一投资者而言，无差异曲线上的任何资产之间是无差异的。如图 6.1 中，A 和 B 资产处于某一投资者的同一条无差异曲线上，则认为对该投资者而言，A 资产和 B 资产是无差异的，B 资产相对于 A 资产的超额收益正好弥补了 B 资产相对于 A 资产所带来的超额风险。

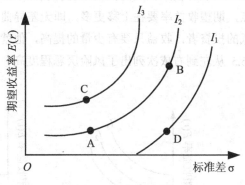

图 6.1　无差异曲线

(2) 无差异曲线具有正的斜率。

对于风险厌恶投资者而言，要想让他接受高风险的资产，必须给他较高的风险补偿。因此，无差异曲线必须具有正的斜率。

(3) 投资者更偏好位于左上方的无差异曲线。

风险厌恶的投资者一般都具有**非满足性**和**风险回避**的特征。所谓**非满足性**，是指在风险相同而收益不同的投资对象中进行选择，投资者会选择收益较高的投资对象。如图 6.1 中，A 资产和 C 资产的风险相同，C 资产的收益高于 A 资产的收益，因此投资者更偏好 C 资产，即更偏好 C 资产所在的无差异曲线。所谓**风险回避性**，是指在预期收益相同的情况下，投资者更偏好风险小的资产。如图 6.1 中，A 资产和 D 资产的预期收益相同，A 资产的风险要小于 D 资产的风险，因此投资者更偏好 A 资产，即更偏好 A 资产所在的无差异曲线。因此图 6.1 中的三条无差异曲线，投资者最偏好左上角的 $I_3$，其次是 $I_2$，最后是 $I_1$。

(4) 无差异曲线不可能相交。

无差异曲线是一组上倾的平行线，永远不可能相交。图 6.2 中，如果有两条无差异曲线 $I_1$、$I_2$ 相交，根据特征(1)得到 A 资产和 B 资产是无差异的，B 资产和 D 资产是无差异的，则 A 资产和 D 资产是无差异的。根据特征(3)得到 A 资产是优于 D 资产的，这样就发生了矛盾。因此，对于同一投资者而言，其无差异曲线是一组平行上倾的曲线。

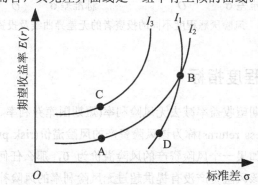

图 6.2　无差异曲线不可能相交

(5) 不同的投资者有不同类型的无差异曲线。

投资者不一样，对风险的厌恶程度也不一样，无差异曲线的形状会发生变化。对于风险厌恶程度高的投资者，收益必须有较大幅度的提高才能促使他承担较大的风险。在无差异曲线上，标准差向右移一点，期望收益率要往上移更多，即无差异曲线的斜率比较大。

对于风险厌恶程度低的投资者，收益只要有少量的提高，他就愿意承担较大的风险，无差异曲线比较平坦。图 6.3 从左到右依次列出了风险厌恶程度高、中、低的三类投资者的无差异曲线的形状。

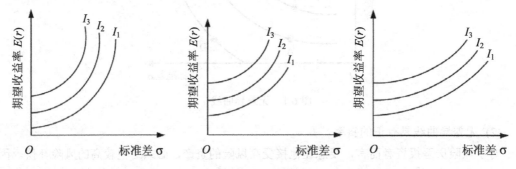

图 6.3　风险厌恶程度不同的投资者的无差异曲线

用无差异曲线对上述的 A、B 资产进行选择。在图 6.4 中，从左至右分别是风险厌恶程度高、中、低的三类投资者的无差异曲线。在风险厌恶程度高的投资者看来，A 资产落在 B 资产左上方的无差异曲线上，选择 A 资产；在风险厌恶程度中的投资者看来，A 资产和 B 资产落在同一条无差异曲线上，A 资产和 B 资产是等价的；在风险厌恶程度低的投资者看来，B 资产落在 A 资产左上方的无差异曲线上，故选择 B 资产。

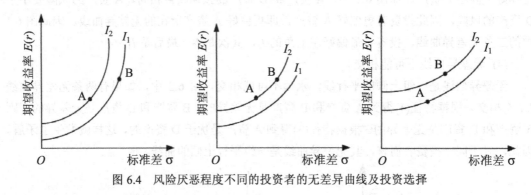

图 6.4　风险厌恶程度不同的投资者的无差异曲线及投资选择

## 6.1.5　风险厌恶程度指标

我们将风险资产的期望收益率减去无风险利率(短期国库券利率、银行一年期定期存款利率)之后的超额收益(excess returns)称为该风险资产的**风险溢价**(risk premium)，即投资该风险资产需要的风险补偿。如果一个风险资产的风险溢价为 0，那么任何风险厌恶的投资者都不会投资于该资产，因为该风险资产没有提供超过无风险利率的风险补偿。

假定投资者预计某资产的期望收益率为 $E(r)$，该资产的风险指标为 $\sigma^2$，无风险资产利

率为 $r_f$，那么该资产的风险溢价为 $E(r)-r_f$。投资者风险厌恶程度越高，针对 $\sigma^2$ 的风险所要求的风险溢价 $E(r)-r_f$ 越高，反之越低。

用 $A$ 表示投资者的风险厌恶程度。通过上面的分析，我们可以得到投资者对资产的风险溢价或称要求的风险补偿 $E(r)-r_f$ 依赖于投资者的风险厌恶程度 $A$ 和该资产的风险 $\sigma^2$。具体用公式表示如下：

$$E(r)-r_f = \frac{1}{2} \times A \times \sigma^2 \tag{6-7}$$

式(6-7)的含义是：对于具有同样风险厌恶程度的投资者来说，资产的风险越大，所要求的风险补偿越高；针对同样的风险，风险厌恶程度低的投资者需要比较少的收益补偿，而风险厌恶程度高的投资者需要更多的收益补偿。

式(6-7)右边的 $\frac{1}{2}$ 仅仅是为了计算方便而选取的一个比例因素，在分析中没有实际意义。从式(6-7)得到投资者的风险厌恶程度 $A$ 为

$$A = \frac{E(r)-r_f}{\frac{1}{2} \times \sigma^2} \tag{6-8}$$

### 例 6.4　风险厌恶程度的计算

如果投资者认为某风险资产的风险溢价为 8%，资产收益率的标准差为 20%，请计算投资者的风险厌恶程度。

**解**：根据式(6-8)，我们可以得到投资者的风险厌恶程度：

$$A = \frac{E(r)-r_f}{\frac{1}{2} \times \sigma^2} = \frac{8\%}{\frac{1}{2} \times 0.2^2} = 4$$

$\dfrac{E(r)-r_f}{\sigma^2}$ 也可以理解为对单位风险所要求的风险补偿，或单位风险价格。投资者所要求的单位风险溢价越高，说明其对风险的厌恶程度 $A$ 越高，反之越低。

## 6.2　资产组合的收益和风险

### 6.2.1　资产组合的收益和风险度量

前面我们了解了如何计算单个资产的收益率和风险。但是如果投资者不是持有单个资产，而是持有由若干资产构成的资产组合，那么该投资者持有的资产组合的收益和风险如何度量呢？是不是各资产收益和风险的简单加权平均呢？

假设资产组合 $P$ 含有 $n$ 种资产，很显然我们可以按照前面的计算方法得到这 $n$ 种资产中每一种资产的期望收益率和方差。不妨记第 $i$ 种资产的期望收益率为 $E(r_i)$，方差为 $\sigma_i^2$，其中 $i=1,\cdots,n$。假设组合 $P$ 中第 $i$ 种资产的初始投资权重为 $\omega_i$，即第 $i$ 种资产的初始投资额与组合初始总投资额的比率，显然 $\sum_{i=1}^{n}\omega_i=1$。

### 例 6.5 资产初始权重的含义

假设投资者以 10 万元的初始总投资额，购买了 3 万元的宝钢股票、5 万元的万科股票和 2 万元的宁波银行的股票，构成了由宝钢股票、万科股票和宁波银行股票这三个资产组成的资产组合。那么每种资产的初始投资权重分别为：宝钢股票 30%、万科股票 50%、宁波银行股票 20%，所有资产的权重之和为 100%。投资者持有投资组合的过程中，随着各资产价格的变动，投资组合中各资产的权重也会发生变动。如宝钢股票上涨了 50%，市值达到 4.5 万，假设其他两个股票的价格没有发生变动，此时宝钢股票的权重即宝钢股票的市值占组合总市值的比例为 $39.13\%(=\dfrac{4.5}{4.5+5+2})$，万科股票的权重为 $43.48\%(=\dfrac{5}{4.5+5+2})$，宁波银行股票的权重为 $17.39\%(=\dfrac{2}{4.5+5+2})$，所有资产的权重之和还是 100%。一般而言，所谓的资产权重，不加特别说明都是指构建组合时的初始权重。

组合的期望收益率为：

$$E(r_P)=E(\sum_{i=1}^{n}\omega_i r_i)=\sum_{i=1}^{n}\omega_i E(r_i) \tag{6-9}$$

组合的方差为：

$$\sigma_P^2=E(r_P-E(r_P))^2 \tag{6-10a}$$

对组合的方差 $\sigma_p^2$ 进行方差分解，则

$$\sigma_P^2=E\left(\sum_{i=1}^{n}w_i r_i-\sum_{i=1}^{n}\omega_i E(r)_i\right)^2 \tag{6-10b}$$

$$=E\left(\sum_{i=1}^{n}\omega_i(r_i-E(r)_i)\right)^2=\sum_{i=1}^{n}\omega_i^2\sigma_i^2+2\sum_{i=1,i<j}^{n-1}\omega_i\omega_j\operatorname{cov}(r_i,r_j)$$

其中 $\operatorname{cov}(r_i,r_j)$ 为 $r_i$ 和 $r_j$ 之间的协方差，为方便起见，记 $\sigma_{i,j}=\operatorname{cov}(r_i,r_j)$。协方差还可以继续分解，$\sigma_{i,j}=\rho_{ij}\sigma_i\sigma_j$。其中 $\rho_{ij}$ 为资产 $i$ 和资产 $j$ 收益率之间的相关系数，且 $-1\leqslant P_{ij}\leqslant1$，因此，组合的方差还可以表述为：

$$\sigma_p^2=\sum_{i=1}^{n}\omega_i^2\sigma_i^2+2\sum_{i=1,i<j}^{n-1}\omega_i\omega_j\rho_{ij}\sigma_i\sigma_j \tag{6-11}$$

👓 **读一读　资产收益之间的相关性**

资产收益之间的相关性，即资产价格变动的同步性情况，我们一般用 $\rho$ 来表示。$\rho$ 取值范围在 $[-1,1]$ 之间，数值的大小代表了两个资产相关性的强弱。如果两个资产同时涨跌，则说明其收益具有明显的正相关性，$\rho > 0$。如果两个资产涨跌之间没有明显的关系，则 $\rho = 0$。如果两个资产一涨一跌，则说明这两个资产具有明显的负相关性，$\rho < 0$。

相关系数 $\rho$ 的计算方法为 $\rho_{i,j} = \dfrac{\sigma_{i,j}}{\sigma_i \sigma_j}$。

---

从式(6-9)和(6-11)来看，组合的期望收益率是各资产的期望收益率简单加权平均；但是组合标准差不是各资产的标准差简单加权平均，除非任意两个资产之间的相关系数 $\rho_{ij}$ 都等于 1，即任意两个资产的收益率完全正相关。当任意两个资产之间的相关系数 $\rho_{ij}$ 都等于 1 时，式(6-11)可以表示为：

$$\sigma_p^2 = \sum_{i=1}^{n} \omega_i^2 \sigma_i^2 + 2 \sum_{i=1, i<j}^{n-1} \omega_i \omega_j \sigma_i \sigma_j$$
$$= \left( \sum_{i=1}^{n} \omega_i \sigma_i \right)^2 \tag{6-12}$$

即：

$$\sigma_P = \sum_{i=1}^{n} \omega_i \sigma_i \tag{6-13}$$

公式(6-13)表示当组合中任意两个资产之间的相关系数都等于 1 时，组合的标准差等于组合中各资产标准差的加权平均值，否则，其他任何情况下组合的标准差都不会等于各资产标准差的加权平均值。不仅如此，由于其他情况下 $-1 \leqslant \rho_{ij} \leqslant 1$，组合的标准差都会小于各资产标准差的加权平均值。关于这一点的说明，后文还会涉及。

## 例 6.6　计算开放式基金的投资收益和风险状况

现有某开放式资金将其资产投资于三类资产，上海交易所的股票、深圳交易所的股票以及国债。该开放式基金投资策略为跟踪指数，在这三类资产上的配置比例依次为：50%、30% 和 20%，以一年为周期，试分析该开放式基金的投资收益和风险状况。

**解**：首先通过历史数据计算，我们得出上证指数的年化收益率为 15.6%，标准差为 20%，深圳综合指数的年化收益为 18.7%，标准差为 22%，两者之间的相关系数等于 0.99，国债的年化收益率为 3.8%，标准差为 1%，国债与上证指数和深圳综合指数的相关系数分别为 -0.1、-0.15。

假设未来的市场行情可以得以延续，即我们用历史收益率、标准差和协方差作为未来收益率、标准差和协方差的无偏估计。

那么，组合的期望收益率：

$$E(r_p) = \sum_{i=1}^{n} \omega_i E(r_i) = 0.5 \times 15.6\% + 0.3 \times 18.7\% + 0.2 \times 3.8\% = 14.17\%$$

组合的方差：

$$\sigma_p^2 = \sum_{i=1}^{n} \omega_i^2 \sigma_i^2 + 2\sum_{i=1,i<j}^{n-1} \omega_i \omega_j \sigma_{i,j} = 0.5^2 \times (20\%)^2 + 0.3^2 \times (22\%)^2 + 0.2^2 \times (1\%)^2$$

$$+2 \times 0.5 \times 0.3 \times 0.99 \times 20\% \times 22\% + 2 \times 0.5 \times 0.2 \times (-0.1) \times 20\% \times 1\% + 2 \times 0.3 \times 0.2$$

$$\times (-0.15) \times 22\% \times 1\% = 2.7348 \times 10^{-2}$$

因此，组合的标准差 $\sigma_p = 16.54\%$。

不难看出，该开放式资金的期望收益率要低于上证指数和深圳综合指数的期望收益率，但同时我们也可以看到该基金的风险也要小于上证指数和深圳综合指数，这说明基金通过分散化投资降低了其风险，但同时其期望收益率也随之下降。如图 6.5 所示。

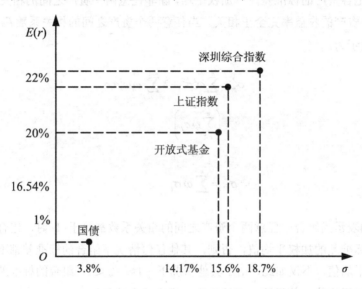

图 6.5　基金与其标的资产的期望收益率和标准差

(?) **想一想**

可不可能存在这样一种基金，它的期望收益率要好于上证指数，但是该基金的风险要小于上证指数？

从长期来说是不存在的，但是短期来说有可能存在。设想一下如果该基金的风险小于上证指数，期望收益率好于上证指数，那么所有人都会对其进行投资，那么该基金只能获得和指数一样的收益。加之基金建仓或改变仓位需要手续费，其长期收益会低于指数收益。当然，短期可能会有一些基金好于指数，我们可以看到短期一些基金会跑赢指数，但是如果观测期为几十年，几乎很少有基金能够跑赢指数。

在计算和分析组合的期望收益率和方差时，存在很多的方法，一般的分析师和研究者习惯采用历史数据来计算期望收益率和方差，这样做的好处是数据容易获得，而且不受研究者的主观影响(在基本面分析的时候，分析师对公司发展前景往往陷入主观的判断)。但是，这里存在一个重要的假设是证券未来的走势将重演"历史"。实际上，当经济结构发生很大变迁时，这种假设根本不成立。因此，合理的方法是在预测未来的基础上作分析。然而，经济学家的预测往往失败，所以我们说采用历史代替未来是不得已而为之的办法。

## 6.2.2　资产组合效应

**资产组合效应**是指资产组合的风险要小于构建组合的各资产的加权平均风险，即**风险分散效应**。资产组合分散风险的效果(组合风险比各资产加权平均风险减少的程度)和资产的数量以及各资产之间的相关性有关。

### 1. 资产数量

式(6-10b)中，组合资产的方差可以分解为 $\sum_{i=1}^{n}\omega_i^2\sigma_i^2$ 和 $2\sum_{i=1,i<j}^{n-1}\omega_i\omega_j\sigma_{i,j}$ 两部分。第一部分是仅与 $n$ 项单个方差项相关的风险，这种风险即为前面所说的非系统性风险。第二部分是投资组合中各项资产收益间的相关性所带来的风险，是 $n(n-1)$ 的协方差，这种风险即为系统风险或市场风险。

现在构建一个等权重的资产组合，即每个资产的权重均为 $\dfrac{1}{n}$，此时式(6-10b)可以改写为

$$\sigma_p^2 = \sum_{i=1}^{n}\frac{1}{n^2}\sigma_i^2 + 2\sum_{i=1,i<j}^{n-1}\frac{1}{n^2}\sigma_{i,j} \tag{6-14}$$

如果我们定义组合算术平均方差和组合算术平均协方差为

$$\overline{\sigma^2} = \frac{1}{n}\sum_{i=1}^{n}\sigma_i^2 \qquad \overline{\text{cov}} = \frac{1}{n(n-1)}\left(2\sum_{i=1,i<j}^{n-1}\sigma_{i,j}\right)$$

那么，我们可以将组合方差的表达式改写为

$$\sigma_p^2 = \frac{1}{n}\overline{\sigma^2} + \frac{n-1}{n}\overline{\text{cov}} \tag{6-15}$$

由此我们可以看到投资组合分散化的影响：当 $n$ 趋向于无穷大时，式(6-15)中右边第一项趋近于零，即组合的非系统风险趋于 0，只剩下式(6-15)中的右边第二项——各资产之间的协方差，即只剩下组合的系统风险。

一般来说并不需要资产组合的资产数量达到无穷，一般资产数量达到 20 种以上，非系统风险就被分散得差不多了，基本上只剩下不能被分散的系统风险。如图 6.6 所示，当资产数量增加到一定程度，再靠增加资产的数量来降低组合的风险，意义已经不大。

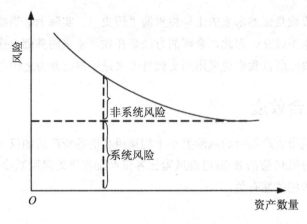

图 6.6 组合风险分解

## 2. 相关性

组合风险分散的程度还和组合中资产之间的相关性有关。对式(6-11)的组合方差开平方可以得到标准差的计算公式：

$$\sigma_p = \sqrt{\sum_{i=1}^{n} \omega_i^2 \sigma_i^2 + 2 \sum_{i=1,i<j}^{n-1} \omega_i \omega_j \rho_{ij} \sigma_i \sigma_j} \tag{6-16}$$

当　　　　　$\rho_{ij} = 1$，$\sigma_p = \sqrt{\sum_{i=1}^{n} \omega_i^2 \sigma_i^2 + 2 \sum_{i=1,i<j}^{n-1} \omega_i \omega_j \sigma_i \sigma_j} = \sum_{i=1}^{n} \omega_i \sigma_i$ $\tag{6-17}$

当　　　　　$\rho_{ij} < 1$，$\sigma_p < \sqrt{\sum_{i=1}^{n} \omega_i^2 \sigma_i^2 + 2 \sum_{i=1,i<j}^{n-1} \omega_i \omega_j \sigma_i \sigma_j} = \sum_{i=1}^{n} \omega_i \sigma_i$ $\tag{6-18}$

从式(6-17)和(6-18)可以看出，组合资产的标准差小于等于各资产标准差的加权平均，当且仅当 $\rho_{ij} = 1$ 才取等号。同时可以看到 $\rho_{ij}$ 越小，$\sigma_p$ 越小，当 $\rho_{ij} = -1$ 时，$\sigma_p$ 达到最小值。

投资组合的风险分散情况与投资组合资产相关性之间的关系可以归纳为以下几点：

(1) 资产组合中各单个资产预期收益存在完全正相关，则这些资产的组合不会产生任何风险分散效应；它们之间正相关的程度越小，则其组合可产生的分散效应越大。

(2) 当资产组合中各单个资产预期收益存在完全负相关，这些资产的组合分散风险的程度最大；它们之间负相关的程度越小，则其组合可产生的风险分散效应也越小。

(3) 当资产组合中各单个资产预期收益之间相关程度为零(处于正相关和负相关的分界点)时，这些资产组合可产生的分散效应，将比具有负相关时小，但比具有正相关时大。

如图 6.7(a)所示，两资产收益完全正相关，即要么都涨，要么都跌，两个资产进行组合起不到分散风险的作用；图 6.7(b)中两个资产收益完全负相关，即一个涨一个跌，这样对两个资产进行组合后，一个资产的收益弥补了另一个资产的损失，最后使组合资产的风险降低。

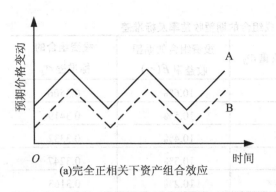 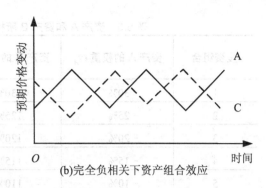

(a)完全正相关下资产组合效应　　　　　(b)完全负相关下资产组合效应

图 6.7　资产组合风险分散效应

## 6.3　可行集

对各资产设定不同的投资权重$\{\omega_1,\omega_2,\cdots,\omega_n\}$，就构成了不同的投资组合，只要组合中资产的权重之和$\sum_{i=1}^{n}\omega_i\leqslant 1$，就称该组合是可行的。为简便起见，我们将投资者不足额投资，即$\sum_{i=1}^{n}\omega_i<1$，看成是投资者将剩余的资产投资于 1 个零收益率的资产，即组合包括$n+1$个资产，所有资产的权重之和为 1。所谓可行组合，即指组合资产的权重之和等于 1 的情形，即$\sum_{i=1}^{n}\omega_i=1$。

所有的可行组合组成了可行集。根据前面的方法，我们可以计算出可行集中各个可行组合的期望收益和风险，并在均值—方差图中表示出来。

### 6.3.1　两种资产的可行集

如果某资产组合只包括资产 A 和资产 B，将资产 A 和资产 B 组成的所有可能组合的均值和方差都计算出来，并在均值—方差图中表示出来，就形成了可行集的形状。

**例 6.7　资产 A 和资产 B 的可行集的形状**

假设资产 A 的期望收益率为 8%，标准差为 0.2，资产 B 的期望收益率是 10%，标准差是 0.3，资产 A 和资产 B 的相关系数为 0.7。

通过对资产 A 和资产 B 设置不同的权重，得出由资产 A 和资产 B 构成的不同投资组合如表 6.3 所示，并绘制图形如图 6.8 所示。

表 6.3 列出 33 个由资产 A 和资产 B 构成的投资组合，每个资产组合中资产 A 和资产 B 权重之和为 1。各投资组合的期望收益率为不同权重下资产 A 和资产 B 收益率的加权平均值，计算方法如式(6-9)所示；各投资组合的标准差为方差的平方根，计算方法为式(6-11)和(6-12)。注意：各投资组合的标准差不是不同权重下资产 A 和资产 B 的标准差的加权平均值。将各投资组合的期望收益率和标准差绘制在二维坐标下，如图 6.8 所示。图 6.8 中的任何一点都对应一个由资产 A 和资产 B 的不同权重所构成的投资组合。

表 6.3　资产 A 和资产 B 所构成组合的期望收益率及标准差

| 投资组合 | 资产 A 的权重 $\omega_A$ | 资产 B 的权重 $\omega_B$ | 投资组合的期望收益率 $E(r_P)$ | 投资组合的标准差 $\sigma_P$ |
|---|---|---|---|---|
| 1 | − 30% | 130% | 10.6% | 0.3506 |
| 2 | − 25% | 125% | 10.5% | 0.3419 |
| 3 | − 20% | 120% | 10.4% | 0.3332 |
| 4 | − 15% | 115% | 10.3% | 0.3247 |
| 5 | − 10% | 110% | 10.2% | 0.3163 |
| 6 | − 5% | 105% | 10.1% | 0.3081 |
| 7 | 0% | 100% | 10.0% | 0.3000 |
| 8 | 5% | 95% | 9.9% | 0.2921 |
| 9 | 10% | 90% | 9.8% | 0.2844 |
| 10 | 15% | 85% | 9.7% | 0.2768 |
| 11 | 20% | 80% | 9.6% | 0.2695 |
| 12 | 25% | 75% | 9.5% | 0.2624 |
| 13 | 30% | 70% | 9.4% | 0.2556 |
| 14 | 35% | 65% | 9.3% | 0.2491 |
| 15 | 40% | 60% | 9.2% | 0.2428 |
| 16 | 45% | 55% | 9.1% | 0.2369 |
| 17 | 50% | 50% | 9.0% | 0.2313 |
| 18 | 55% | 45% | 8.9% | 0.2261 |
| 19 | 60% | 40% | 8.8% | 0.2213 |
| 20 | 65% | 35% | 8.7% | 0.2169 |
| 21 | 70% | 30% | 8.6% | 0.2129 |
| 22 | 75% | 25% | 8.5% | 0.2095 |
| 23 | 80% | 20% | 8.4% | 0.2065 |
| 24 | 85% | 15% | 8.3% | 0.2040 |
| 25 | 90% | 10% | 8.2% | 0.2021 |
| 26 | 95% | 5% | 8.1% | 0.2008 |
| 27 | 100% | 0% | 8.0% | 0.2000 |
| 28 | 105% | − 5% | 7.9% | 0.1998 |
| 29 | 110% | − 10% | 7.8% | 0.2001 |
| 30 | 115% | − 15% | 7.7% | 0.2011 |
| 31 | 120% | − 20% | 7.6% | 0.2026 |
| 32 | 125% | − 25% | 7.5% | 0.2046 |
| 33 | 130% | − 30% | 7.4% | 0.2072 |

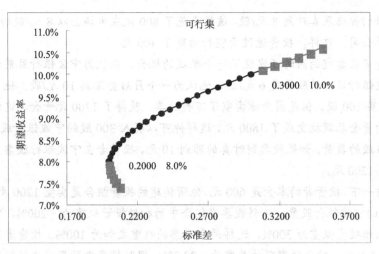

图 6.8　资产 A 和资产 B 所构成的可行集

从图 6.8 来看，资产 A 和资产 B 所构成的可行集是连接资产 A 和资产 B 的曲线以及其延长线。其中资产 A 的坐标为(0.2，8%)，资产 B 的坐标为(0.3，10%)。在资产 A 和资产 B 连线上的点表示的组合，两个资产的权重都大于 0；其中越接近资产 A 的点所代表的组合中持有资产 A 的权重越大，持有资产 B 的权重越小；越接近资产 B 的点所代表的组合中持有资产 B 的权重越大，持有资产 A 的权重越小。在资产 A 的下方延长线上的点，表示持有资产 A 的权重超过 1，持有资产 B 的权重小于 0；在资产 B 的上方延长线的点，表示持有资产 B 的权重超过 1，持有资产 A 的权重小于 0。当组合中某个资产的权重小于 0 时，表示卖空该资产。

如图 6.8 所示，由资产 A 和资产 B 所构成的可行集的形状是连接 A、B 两点的曲线(不允许卖空)；如果允许卖空，则为 A、B 两点的连线以及其延长线。

所谓允许卖空和不允许卖空，差异在于组合中资产的权重是否可以为负。如果不允许卖空，则组合中各资产的权重都在[0,1]之间。如果允许卖空，则组合中某个或某几个资产的权重可以小于 0。如果组合中某个资产的权重小于 0，则称卖空该资产。如表 6.3 中的前 6 个投资组合以及后 6 个投资组合。在前 6 个投资组合中，资产 A 的投资权重为负，表示卖空资产 A，用卖空资产 A 所获得的资金可以多买入资产 B，所以资产 B 的权重大于 1。相反，在后 6 个投资组合，则卖空资产 B，买入更多权重的资产 A。

## 👓 读一读　卖空

卖空是指股票投资者当看跌某种股票价格时(即认为某只股票会跌)，便从经纪人手中借入该股票抛出。若日后该股票价格果然下落，再以更低的价格买进股票归还经纪人，从而赚取中间差价。但是如果日后该股票不跌反涨，则投资者需要花更高的价格买进股票归还经纪人，那么投资者就会亏损。

例如，万科目前的价格是 12 元/股，某投资者认为在未来一个月万科的价格要跌到 8 元/股，为了能赚取 4 元钱的差价，他向证券公司借了 100 股，并且卖出，获得 1200 元的资金。

一个月后万科的价格果真跌到 8 元/股，该投资花了 800 元在市场上以 8 元/股的价格买入 100 股，还给证券公司。这样，投资通过卖空行为赚了 400 元。

假设投资者在卖空的同时还发现了一个赚钱的机会，他认为宁波银行目前的股价处于低估状态，宁波银行目前的股价是 6 元/股，他认为一个月后会涨到 10 元/股。他自有资金只有 600 元，可以买 100 股，但是因为他卖空了万科股票，获得了 1200 元资金，这样他可以用来买宁波银行的资金总额就变成了 1800 元，这样他可以买入 300 股的宁波银行股票，远大于之前能买的 100 股的数量。如果股票到时真的涨到 10 元，投资者在宁波银行股票上的盈利不是 400 元，而是 1200 元。

我们来看一下，投资者的本金是 600 元，他所构建的投资组合是卖空 1200 元的万科股票，买入 1800 元的宁波银行股票。万科股票在组合中的初始投资权重为 −200%，宁波银行股票在组合中的初始投资权重为 300%，这样两个股票的权重之和为 100%。投资者预期万科股价会从 12 元跌至 8 元，股票的期望收益率为 −33.3%；同时投资者预期宁波银行股价会从 6 元涨至 10 元，股票的期望收益率为 66.7%。按照组合投资期望收益率的计算方法，该投资者的投资收益率为 266.7%。计算过程如下：

投资者的收益率 = −200% × (−33.3%) + 300% × 66.7% = 266.7%

或者，投资者的收益率 $= \dfrac{400 + 1200}{600} \times 100\% = 266.7\%$

以上的卖空我们都没有考虑保证金问题，如果考虑保证金会稍微复杂些。

我们先不考虑允许卖空的情形，设定例 6.7 中资产 A 和资产 B 有四种可能的相关系数，−1、0、0.7、1，按照例 6.7 的方法，列举出每种相关系数下由资产 A 和资产 B 组成的可行组合，并计算出不同相关系数下各可行组合的期望收益率和标准差，最后将不同相关系数下的可行集标示出来，如图 6.9 所示。

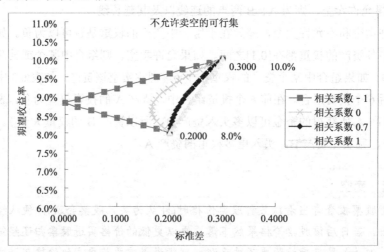

图 6.9 不同相关系数所导致的不同的可行集(不允许卖空)

图 6.9 中，从左至右四个可行集依次对应的是相关系数为 −1、0、0.7 和 1 四种情形。为了便于阐述，我们以图 6.10 来分析。

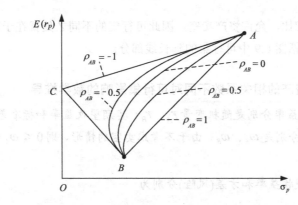

图 6.10　资产 A 和资产 B 所构成的可行集

图 6.10 表示资产 A、资产 B 构成的可行集，其中 A 点表示所有的财富只投资于资产 A，B 点表示所有的财富只投资资产 B。如果资产 A、资产 B 都配置一个大于等于 0 的权重，即不允许卖空，由于资产 A 和资产 B 之间的相关系数不同，由这两个资产所构成的投资组合的有效集形状会相差很大。如果资产 A、资产 B 完全正相关，即 $\rho_{AB}=1$，则资产 A、资产 B 组成的投资组合都落在直线段 $AB$ 上，即有效集为直线段 $AB$。如果资产 A、资产 B 完全负相关，即 $\rho_{AB}=-1$，则资产 A、资产 B 组成的投资组合都落在折线段 $ACB$ 上，即有效集为折线段 $ACB$。如果资产 A、资产 B 不完全相关，即 $-1<\rho_{AB}<1$，则资产 A、资产 B 组成的投资组合都落在曲线段 $AB$ 上，即有效集为曲线段 $AB$；其中相关系数 $\rho_{AB}$ 越接近于 $-1$，则资产 A、资产 B 所构成的有效集的曲线段越向折线段 $ACB$ 弯曲；相关系数 $\rho_{AB}$ 越接近于 1，则资产 A、资产 B 构成的有效集的曲线段越向直线段 $AB$ 弯曲。如图 6.10 所示，从左至右分别是相关系数 $\rho_{AB}$ 为 $-1$、$-0.5$、0、0.5 和 1 时的有效集。市场上很难找到完全正相关或完全负相关的两种资产，一般来说，两种资产的相关系数 $-1<\rho_{AB}<1$，则两种资产构成的可行集为曲线段 $AB$。

接下来我们考虑允许卖空的情形，同样对例 6.7 中的资产 A 和资产 B 设定四种可能的相关系数 $-1$、0、0.7、1，以同样的方法画出允许卖空的情形下，资产之间的不同相关系数所导致的不同可行集，如图 6.11 所示。

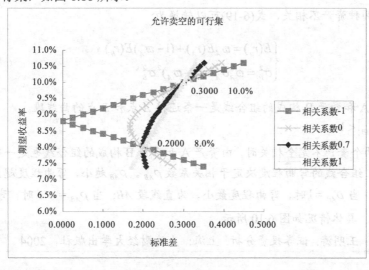

图 6.11　不同相关系数所导致的不同可行集(允许卖空)

图 6.11 与图 6.9 相比，允许资产卖空，因此可行集的不同之处就在于可行集不仅包括图 6.9 中的可行集，还包括图 6.9 中可行集的延长线部分。

### 👓 读一读　两种资产的相关系数不同对可行集影响的数学推导

设资产 A、B 的收益率分别是随机变量 $r_A$、$r_B$；其期望收益率和标准差分别为 $E(r_A)$、$\sigma_A$ 和 $E(r_B)$、$\sigma_B$；其权重分别是 $\omega_A$、$\omega_B$，由于不考虑卖空的情形，则 $0 \leqslant \omega_A \leqslant 1$，$0 \leqslant \omega_B \leqslant 1$ 且 $\omega_A + \omega_B = 1$。

资产组合 $P$ 的期望收益率和方差(风险)分别为：

$$\begin{cases} E(r_p) = \omega_A E(r_A) + \omega_B E(r_B) \\ \sigma_P^2 = \omega_A^2 \sigma_A^2 + \omega_B^2 \sigma_B^2 + 2\omega_A \omega_B \rho_{AB} \sigma_A \sigma_B \end{cases} \tag{6-19}$$

(1) $\rho_{AB} = 1$

当 A、B 两种资产完全正相关，式(6-19)可以转换为：

$$\begin{cases} E(r_p) = \omega_A E(r_A) + (1-\omega_A)E(r_B) \\ \sigma_p = \omega_A \sigma_A + (1-\omega_A)\sigma_B \end{cases} \tag{6-20}$$

因此由资产 A 和资产 B 构成的组合线是连接 $A$、$B$ 两点的直线段。

(2) $\rho_{AB} = -1$

当 A、B 两种资产完全正相关，式(6-19)可以转换为：

$$\begin{cases} E(r_p) = \omega_A E(r_A) + (1-\omega_A)E(r_B) \\ \sigma_p = \left| \omega_A \sigma_A - (1-\varpi_A)\sigma_B \right| \end{cases} \tag{6-21}$$

由此资产 A 和资产 B 构成的组合线是分段线段，即图 6.10 中的折线段 $ACB$。

(3) $\rho_{AB} = 0$

当 A、B 两种资产不相关，式(6-19)可以转换为：

$$\begin{cases} E(r_p) = \varpi_A E(r_A) + (1-\varpi_A)E(r_B) \\ \sigma_P^2 = \varpi_A^2 \sigma_A^2 + (1-\varpi_A)^2 \sigma_B^2 \end{cases} \tag{6-22}$$

因此资产 A 和资产 B 构成的组合线是一条连接 $A$ 点和 $B$ 点的曲线段。

(4) $0 < |\rho_{AB}| < 1$

当 A、B 两个资产不完全相关时，由资产 A 和资产 B 构成的组合线也是一条连接 $A$ 点和 $B$ 点的曲线段。组合线的弯曲程度决定于相关系数 $\rho_{AB}$。$\rho_{AB}$ 越小，弯曲程度越大；$\rho_{AB}$ 越大，弯曲程度越小。当 $\rho_{AB} = 1$ 时，弯曲程度最小，为直线段 $AB$；当 $\rho_{AB} = -1$ 时，弯曲程度越大，为折线段 $ACB$。具体情况如图 6.10 所示。

资料来源：王明涛. 证券投资分析. 上海：上海财经大学出版社，2004

## 6.3.2　多种资产的可行集

假设有 $n$ 种资产，且不允许卖空，即每种资产的权重为 $\omega_i$，且 $0 \leqslant \omega_i \leqslant 1$，$\sum_{i=1}^{N} \omega_i = 1$，则 $n$ 种资产的投资组合可行集为，类似鸡蛋壳的封闭式区间如图 6.12。

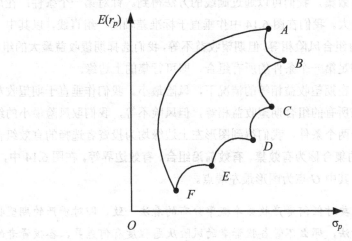

图 6.12　$n$ 种资产投资组合的预期收益－风险图

**? 想一想**　$n$ 种资产组合的可行集为什么会是类似鸡蛋壳的封闭式区间呢？

在图 6.13 中，按照两种资产构成的可行集的画法，将这些资产进行两两连接。三个资产的组合可以看成是两个资产的组合与第三个资产的再组合，如资产 A、资产 B 和资产 F 的组合，可以由资产 A 和资产 B 组合之后，再与资产 F 组合，即可行集为曲线段 $AB$ 的任意一点再与 F 点画连接线。依次下去，可以画出所有资产之间的可行集，即最后为图 6.13 中封闭的鸡蛋壳形状。

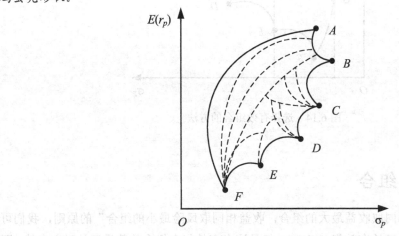

图 6.13　鸡蛋壳形状的形成过程

## 6.4 有效集

同时满足以下两个条件的资产组合，称为**有效组合**：第一，在风险相同的情况下，期望收益最大；在期望收益相同的情况下，风险最小。理性的投资者一般都会选择这样的组合。

在可行集中找到**有效集**，我们可以通过画线的方法得到。针对第一个条件：在风险相同的情况下，期望收益最大。我们在图 6.14 中作垂直于标准差轴的一组直线，以其中一条直线 $E'E$ 来看，$E'E$ 上的所有组合风险相等，但期望收益不等，我们选择期望收益最大的组合 $E'$ 点。同理，我们可以找到满足第一个条件的所有组合，即可行集的上边缘。

针对第二个条件：在期望收益相等的情况下，风险最小。我们作垂直于期望收益轴的一组直线，在各条直线上所有的组合期望收益相等，但风险不等，我们取风险最小的组合，即可行集的左边缘。综合两个条件，我们得到图形左上边缘均为投资者选择的有效组合，即曲线 $AE'C'G$。有效组合的集合称为**有效集**、**有效前沿组合**、**有效边界**等。在图 6.14 中，$AE'C'G$ 即为投资者的**有效集**，其中 $G$ 点为图形最左端点。

**注意**：各投资者只要对任何资产收益率概率分布的看法一致，即对资产的期望收益、方差和协方差有一致的看法，那么不管各投资者的风险厌恶程度有何差异，各投资者的有效集都是一样的。这一结论是后面资本资产定价模型的一个重要前提。

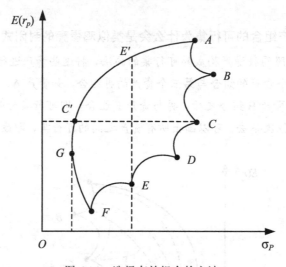

图 6.14　选择有效组合的方法

## 6.5 最优证券组合

虽然根据"风险相同取收益最大的组合，收益相同取风险最小的组合"的原则，我们可以得到所有投资者都认可的有效集 $AE'C'G$。但是这个有效集中组合的数量还是无穷多的，因此还是没有达到选择一个最优组合的目的。我们还发现在有效集中的各组合之间存在这样的情况：收益率高，风险也高；收益率低，风险也低。因此，在有效集上用我们之前说的两个方法已经没法判断组合的好坏了。如果要对有效集中的各个组合排序，那就要考虑各投资者如何看待高出的收益和风险。如果投资者心里认为某组合相比另一个组合高出的收益远远弥补了高出来的风险，那么在这个投资者看来，该组合要比另一个组合好，但是另一个投资者的看法可能会相反。**因此说，任何投资者找到的有效集是一样的，但是从有效集中找最优组合，每个人找的可能都不一样，完全取决于各投资者对待风险的态度。**

上面已经讲到，投资者对风险的态度可以用无差异曲线来表示。同时我们还知道，投资者对同一条无差异曲线上的点具有相同的偏好；投资者更偏好位于左上方的无差异曲线；无差异曲线的斜率为正；无差异曲线的形状因人而异，愿意冒风险的投资者的无差异曲线较为平坦，而不愿意冒风险的投资者的无差异曲线较为陡峭。

将各投资者的无差异曲线和有效边界结合在一起就可以定出各个投资者的**最优组合**。如图 6.15 所示，某投资者的无差异曲线与有效集的切点，就是该投资者所要找的最优组合。有效集是可能的最优组合，有效集与无差异曲线的切点是可能的最优组合中投资者最偏好的点，即投资者心中的最优组合，也是投资者最终选择的组合，如图 6.15 中的 $H$ 点。根据无差异曲线的特征，虽然 $H$ 点左上方的点投资者更偏好，但是这些点不属于可行集(有效集已经是可行集中最好的了)，所以 $H$ 点是投资者所能找到的最优组合。

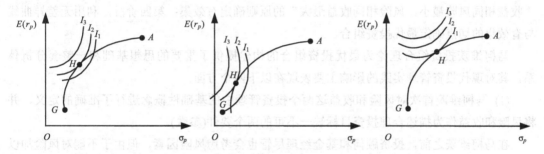

图 6.15　风险态度不同的投资者最优投资组合 $H$ 的选择

每个投资者都可以根据无差异曲线与有效集相切的方法找到其认为最优的投资组合，而且由于每个投资者的无差异曲线的形状往往不一样，他们最终所找到的最优投资组合往往也是不一样的。

我们已经知道，斜率越是大的无差异曲线，投资者的风险厌恶程度越高(低风险偏好)；斜率越小的无差异曲线，投资者的风险厌恶程度越低(高风险偏好)。如图 6.15 所示，从左到右分别是低风险偏好者、中等风险偏好者和高风险偏好者所选择的最优投资组合。

# 6.6　马柯维茨投资组合理论的贡献和缺陷

## 6.6.1　马柯维茨投资组合理论的贡献

上述基于均值—方差(或标准差)的分析框架寻找投资者的最优投资组合的理论，是由马柯维茨提出来的，因此称为**马柯维茨投资组合理论**。

### 读一读 马柯维茨简介

哈里·马柯维茨与夏普和默顿·米勒三位美国经济学家同时荣获 1990 年诺贝尔经济学奖，是因为"他们对现代金融经济学理论的开拓性研究，为投资者、股东及金融专家们提供了衡量不同的金融资产投资的风险和收益的工具，以估计预测股票、债券等证券的价格"。这三位获奖者的理论阐释了下述问题：在一个给定的证券投资总量中，如何使各种资产的风险与收益达到均衡；如何以这种风险和收益的均衡来决定证券的价格；以及税率变动或企业破产等因素又怎样影响证券的价格。马柯维茨的贡献是他发展了资产选择理论。他于 1952 年发表的经典之作《资产选择》一文，将以往个别资产分析推进一个新阶段，他以资产组合为基础，配合投资者对风险的态度，从而进行资产选择的分析，由此便产生了现代的有价证券投资理论。他的研究在今天被认为是金融经济学理论前驱工作，被誉为"华尔街的第一次革命"。

资料来源：杰克·弗朗西斯，罗杰·伊博森. 投资学全球视角(中译本). 北京：中国人民大学出版社，2006

**马柯维茨投资组合理论**的基本观点是证券组合的构建过程应分为四个阶段：第一阶段，考虑各种可能的证券组合；第二阶段，计算这些证券组合的收益率、方差；第三阶段，通过"收益相同风险最小，风险相同收益最大"的原则确定有效集；第四阶段，利用无差异曲线与有效集的切点确定最优投资组合。

马柯维茨投资组合理论为最优投资组合的构建提供了重要的思想基础和一整套分析体系，其对现代投资管理实践的影响主要表现在以下四个方面：

(1) 马柯维茨首次对风险和收益这两个投资管理中的基础性概念进行了准确的定义，并将风险和收益作为描述合理投资目标缺一不可的两个要件(参数)。

在马柯维茨之前，投资顾问和基金经理尽管也会考虑风险因素，但由于不能对风险加以有效的衡量，只能将注意力放在投资收益方面。马柯维茨用投资回报的期望值(均值)表示投资收益(率)，用方差(或标准差)表示收益的风险，解决了对资产的风险衡量问题，并认为典型的投资者是风险回避者，他们在追求高期望收益的同时会尽量回避风险。

(2) 投资组合理论关于分散投资合理性的阐述为基金管理业提供了重要的理论依据。

在马柯维茨之前，尽管人们很早就对分散投资能够降低风险有一定的认识，但从未在理论上形成系统化的认识。投资组合的方差公式说明投资组合的方差并不是组合中各个证券方差的简单线性组合，而是在很大程度上取决于证券之间的相关关系。单个证券本身的收益和标准差指标对投资者可能并不具有吸引力，但如果它与投资组合中的证券相关性小甚至是负相关，它就会被纳入组合。当组合中的证券数量较多时，投资组合方差的大小在很大程度上取决于证券之间的协方差，单个证券的方差则会居于次要地位。因此投资组合的方差公式对分散投资的合理性不但提供了理论上的解释，而且提供了有效分散投资的实际指引。

(3) 马柯维茨提出的"有效投资组合"的概念，使基金经理从过去一直关注于对单个证券的分析转向对构建有效投资组合的重视。

自 20 世纪 50 年代初马柯维茨发表其著名的论文以来，投资管理已从过去专注于选股转到分散投资和组合中资产之间的相互关系上来。事实上，投资组合理论已将投资管理的概念扩展为组合管理，从而使投资管理的实践发生了革命性变化。

(4) 马柯维茨的投资组合理论已被广泛应用到投资组合中各主要资产类型的最优配置活动中，并被实践证明是行之有效的。

## 6.6.2 马柯维茨投资组合理论的缺陷

马柯维茨的投资组合理论不但为分散投资提供了理论依据，而且也为如何有效进行分散投资提供了分析框架。但在实际运用中，马柯维茨模型也存在着一定的局限性和困难。

### 1. 参数估计量大

马柯维茨模型所需要的基本输入包括证券的期望收益率、方差和两两证券之间的协方差。当证券的数量较多时，基本输入所要求的估计量非常大，从而也就使得马柯维茨的运用受到很大限制。

### 2. 数据误差带来的解的不可靠性

马柯维茨模型需要将证券的期望收益率、期望标准差和证券之间的期望相关系数作为已知数据输入。如果这些数据没有估计误差，马柯维茨模型就能够保证得到有效的证券组合。但由于期望数据是未知的，需要进行统计估计，因此这些数据就不会没有误差。这种由于统计估计而带来的数据输入方面的不准确性会使最优组合中一些资产类别的投资比例过高而使另一些资产类别的投资比例过低。

### 3. 解的不稳定性

马柯维茨模型的另一个应用问题是输入数据的微小改变会导致资产权重的很大变化。解的不稳定性限制了马柯维茨模型在制定资产配置政策方面的实际应用。如果基于新季度对输入数据进行重新估计，用马柯维茨模型就会得到新的资产权重的解，且新的解中资产权重与上一季度解的资产权重差异可能很大。这意味着必须对资产组合进行较大的调整，而频繁的调整会使人们对马柯维茨模型产生不信任感。

### 4. 重新配置的高成本

资产比例的调整会造成不必要的交易成本的上升和其他很多不利的影响，因此正确的政策可能是维持现状而不是最优化。

📖 **读一读 马柯维茨的数学模型**

均值—方差(mean-variance)模型是由哈里·马柯维茨等人于 1952 年建立的，其目的是寻找有效边界。投资者通过期望收益和方差来评价组合是理性的，他们害怕风险且追求收益，即希望：

(1) 给定收益的条件下，风险最小化。

(2) 给定风险的条件下，收益最大化。

上述问题可以转化为下面的一个数学优化问题，即在给定资产组合的期望收益为 $c$ 的条件下，求解组合中各资产的权重，以保证资产组合的风险最小：

$$\min \sum_{i=1}^{n}\sum_{j=1}^{n}\omega_i\omega_j\sigma_{ij}$$

$$\text{s.t.} \sum_{i=1}^{n}\omega_i E(r_i)=c$$

$$\sum_{i=1}^{n}\omega_i=c$$

这个优化问题，用矩阵的形式可以表示为：

$$\min W \times \boldsymbol{\Sigma} \times W'$$

$$\text{s.t.} W \times E(r)'=c$$

$$\sum_{i=1}^{n}\omega_i=1$$

其中，$\boldsymbol{\Sigma} = \begin{bmatrix} \sigma_{11} & \cdots & \sigma_{1n} \\ \vdots & \ddots & \vdots \\ \sigma_{1n} & \cdots & \sigma_{nn} \end{bmatrix}$ 表示方差—协方差矩阵；

$E(r)=[E(r_1),E(r_2),\cdots,E(r_n)]$ 表示组合中各个资产期望收益向量；

$W=(\omega_1,\omega_2,\cdots,\omega_n)$ 表示所要求解的组合中的资产权重向量。

对于上述带有约束条件的优化问题，可以引入拉格朗日乘子 $\lambda$ 和 $\mu$ 来解决这一优化问题。构造拉格朗日函数如下：

$$L=\sum_{i=1}^{n}\sum_{j=1}^{n}\omega_i\omega_j\sigma_{ij}-\lambda(\sum_{i=1}^{n}\omega_i E(r_i)-c)-\mu(\sum_{i=1}^{n}\omega_i-1)$$

上式左右两边对 $\omega_i$ 求导数，令其一阶条件为 0，得到方程组：

$$\begin{cases} \dfrac{\partial L}{\partial \omega_1}=\sum_{j=1}^{n}\omega_j\sigma_{1j}-\lambda E(r_1)-\mu=0 \\[2mm] \dfrac{\partial L}{\partial \omega_2}=\sum_{j=1}^{n}\omega_j\sigma_{2j}-\lambda E(r_2)-\mu=0 \\[2mm] \quad\vdots \\[2mm] \dfrac{\partial L}{\partial \omega_n}=\sum_{j=1}^{n}\omega_j\sigma_{nj}-\lambda E(r_n)-\mu=0 \end{cases}$$

加上约束条件：

$$\begin{cases} \sum_{i=1}^{n}\omega_i E(r_i)=c \\[2mm] \sum_{i=1}^{n}\omega_i=1 \end{cases}$$

这样共有 $n+2$ 个方程，未知数为 $\omega_i(i=1,2,\cdots,n)$、$\lambda$ 和 $\mu$，共有 $n+2$ 个未知量，其解是存在的。注意，上述方程是线性方程组，可以通过线性代数加以解决。

假设三种不相关的资产，其均值分别为 1，2，3，方差都为 1，若要求三项资产构成的组合期望收益为 2，求解最优的权重。

由于 $\Sigma = \begin{bmatrix} 1 & 0 & 0 \\ 0 & 1 & 0 \\ 0 & 0 & 1 \end{bmatrix}$，$E(r)=(1,2,3)$，$c=2$

$$\begin{cases} \dfrac{\partial L}{\partial \omega_1} = \displaystyle\sum_{j=1}^{3} \omega_j \sigma_{1j} - \lambda E(r_1) - \mu = \omega_1 - \lambda - \mu = 0 \\[3mm] \dfrac{\partial L}{\partial \omega_2} = \displaystyle\sum_{j=1}^{3} \omega_j \sigma_{2j} - \lambda E(r_2) - \mu = \omega_2 - 2\lambda - \mu = 0 \\[3mm] \dfrac{\partial L}{\partial \omega_3} = \displaystyle\sum_{j=1}^{3} \omega_j \sigma_{3j} - \lambda E(r_3) - \mu = \omega_2 - 3\lambda - \mu = 0 \\[3mm] \displaystyle\sum_{i=1}^{3} \omega_i E(r_i) = \omega_1 + 2\omega_2 + 3\omega_3 = 2 \\[3mm] \displaystyle\sum_{i=1}^{3} \omega_i = \omega_1 + \omega_2 + \omega_3 = 1 \end{cases}$$

所以得到 $\lambda=0$，$\mu=1/3$，$\omega_1=1/3$，$\omega_2=1/3$，$\omega_3=1/3$，资产组合的最小方差 $\sigma^2=1/3$。

资料来源：王明涛. 证券投资分析. 上海：上海财经大学出版社，2004

# 本 章 小 结

本章主要介绍马柯维茨的投资组合理论，马柯维茨理论所要解决的问题是投资者如何在各种可行的资产组合中选择一个他认为最优的投资组合。马柯维茨理论是研究投资者在一个不确定的环境中如何进行最优决策，投资者不仅希望预期收益率最大化，还要求投资风险最小化，因此是在期望收益率最大和投资风险最小两个目标之间的权衡。马柯维茨分别用期望收益率和收益率的方差来衡量投资的预期收益水平和不确定性(风险)，并构建均值方差模型来确定最优投资组合。均值方差模型的求解主要通过两种方法：一种是建立一个二次规划模型求解有效证券组合，并根据某个投资者的无差异曲线确定该投资者认为的最优证券组合。另一种方法就是将所有证券组合的点在均值—方差的二维图中描绘出来；根据预期收益率相同的情况下方差(风险)最小，方差(风险)相同的情况下预期收益率最大的原则，找出图中的有效证券组合，并根据每个投资者各自的无差异曲线最终确定其认为最优的证券组合。

马柯维茨构建的均值方差模型有一定的假设条件：①投资者用期望收益的概率分布来描述一项投资；②投资者为理性的个体，服从非满足和风险回避的特征；③投资者以投资的期望收益的波动性来估计投资的风险；④投资者仅依靠期望收益和投资风险来做出投资决定；

⑤在给定投资风险后，投资者偏好更高的期望收益，在给定期望收益后，投资者偏好更低的风险。

马柯维茨投资组合理论的贡献在于：①马柯维茨首次对风险和收益这两个投资管理中的基础性概念进行了准确的定义，并将风险和收益作为描述合理投资目标缺一不可的两个要件(参数)。②投资组合理论关于分散投资的合理性的阐述为基金管理业的存在提供了重要的理论依据。③马柯维茨提出的"有效投资组合"的概念，使基金经理从过去一直关注对单个证券的分析转向了对构建有效投资组合的重视。④马柯维茨的投资组合理论已被广泛应用到了投资组合中各主要资产类型的最优配置活动中，并被实践证明是行之有效的。马柯维茨投资组合理论应用过程中也有缺陷：①参数估计量大；②数据误差带来的解的不可靠性；③解的不稳定性；④重新配置的成本高。

本章还要注意一些重要的概念。收益率可以分为历史收益率和期望收益率，马柯维茨投资组合理论所考虑的收益率是期望收益率。在马柯维茨投资组合理论中，风险是用资产收益率的标准差或方差来表示。用标准差或方差表示的风险称为资产的总风险，任何资产的总风险都可以分为系统风险和非系统风险两部分。在金融投资领域，一般都假设投资者是风险厌恶者(风险规避者)，风险厌恶者在投资高风险资产时需要获得风险溢价。投资者风险厌恶程度的高低可用投资者的无差异曲线来表示。无差异曲线的横坐标是资产的标准差或方差，纵坐标是资产的期望收益率；落在某投资者同一条无差异曲线的资产或资产组合，在该投资者看来是无差异的；同一个投资者具有一组永不相交的、向右上倾斜的无差异曲线，越往左上方的无差异曲线投资者越偏好。通过各投资无差异曲线的陡峭(或平坦)程度，可以区别不同风险厌恶程度的投资者，无差异曲线越是陡峭(越不平坦)，该投资者的风险厌恶程度越高。此外，还可以用风险厌恶程度指标直接来度量投资者的风险厌恶程度。资产组合的收益等于各资产收益的加权平均，但是资产组合的标准差不等于各资产标准差的加权平均，除非资产组合中各资产的收益率完全正相关。资产组合效应是指资产组合的风险要小于组合中各资产的加权平均风险，资产组合效应跟资产组合中资产的数量和资产收益率之间的相关性有关。随着资产组合中资产数量的增加，资产组合中的非系统风险逐渐趋向于 0，但趋向于 0 的速度在减小；当组合中资产数量增加到一定的程度，可以近似地看成资产组合的非系统风险完全被分散掉了，只剩下系统风险(不能被分散掉的风险)。资产组合中资产收益率相关性越低，资产组合效应越明显。对各资产设置不同的权重可以构造出这些资产组成的可行集。两种资产构成的可行集的形状跟这两种资产的相关系数有关，相关系数越高，越趋向于直线；相关系数越低，越凸向纵坐标，当相关系数为 - 1 时，凸得最厉害，为一条折线。三种及三种以上资产组成的可行集是一个类似于鸡蛋壳形状的区域。按照"在风险相同的情况下期望收益最大，在期望收益相同的情况下风险最小"的原则，可以在可行集中找到有效集。有效集是可行集的左上边缘，所以有效集又称为有效前沿或有效边界。任何投资者，不管其风险厌恶程度如何，其有效集都是相同的。每个投资者之所以选择不同的最优组合，是因为其无差异曲线不同，各投资者的无差异曲线与公共的有效集的切点就是各投资者可选择的最优组合。

# 复 习 题

## 一、名词解释

| | | | |
|---|---|---|---|
| 马柯维茨投资组合理论 | 收益 | 历史收益率 | 期望收益率 |
| 风险 | 系统风险 | 非系统风险 | 风险厌恶 |
| 风险溢价 | 无差异曲线 | 非满足性 | 风险回避 |
| 风险厌恶程度指标 | 资产组合效应 | 可行集 | 有效集 |
| 最优证券组合 | | | |

## 二、讨论题

1. 如果你是投资经理，准备为两个客户进行理财投资，首要的工作就是确定这两位投资者的风险厌恶程度，想一想如何确定这两位投资者的风险厌恶程度？两个投资者的无差异曲线怎样获得？

2. 为什么投资者会更喜欢位于左上方的无差异曲线上的投资组合？

3. 为什么无差异曲线不能相交？

4. 为什么风险厌恶程度较高的投资者的无差异曲线比风险厌恶程度低的投资者的无差异曲线更陡峭？

5. 如果你是一个投资经理，按照马柯维茨投资组合理论，你怎样为客户构建合适的投资组合？

6. 按照马柯维茨投资组合理论构造出来的最优投资组合，在持有期间要不要调整，如果要调整，怎样进行调整？

## 三、计算题

1. 考虑下面四种资产，对风险厌恶者来说，是否有某种资产要优于另一种资产？

| 资产 | 期望收益率/% | 标准差/% |
|---|---|---|
| 1 | 14 | 11 |
| 2 | 12 | 7 |
| 3 | 13 | 6 |
| 4 | 15 | 10 |

2. 某投资者在年初构建了如下的投资组合，首先计算各资产的期望收益率，再计算所构建投资组合的期望收益率是多少？

| 资产 | 股数/股 | 当前价格/元 | 预期年末价格/元 |
|---|---|---|---|
| 1 | 100 | 5 | 5.5 |
| 2 | 200 | 4 | 5 |
| 3 | 80 | 3 | 3.4 |
| 4 | 120 | 2.5 | 3.1 |

3. 如果某投资者构造的组合信息如下，首先计算各资产的期望收益率，再计算所构建投资组合的期望收益率是多少？第3题和第2题的答案是否一样？

| 资产 | 年初投资价值/元 | 期望年末投资价值/元 | 投资组合的年初投资价值比例/% |
|------|------|------|------|
| 1 | 500 | 550 | 27.17 |
| 2 | 800 | 1000 | 43.48 |
| 3 | 240 | 272 | 13.04 |
| 4 | 300 | 372 | 16.30 |

4. 某投资者拟投资宝钢股票，并且对宝钢股票未来一年股票收益率的概率分布做了如下估计。请问：基于该投资者的估计，宝钢股票的期望收益率和标准差是多少？

| 收益率/% | 概率/% |
|------|------|
| -10 | 20 |
| 0 | 10 |
| 5 | 25 |
| 15 | 15 |
| 25 | 30 |

5. 假设股票A和股票B之间的相关系数为0.3，两只股票的期望收益率和标准差如下表所示：

| 股票 | 期望收益率/% | 标准差/% |
|------|------|------|
| A | 10 | 20 |
| B | 5 | 25 |

若投资股票A的权重为60%，投资股票B的权重为40%，那么投资组合的期望收益率和标准差分别是多少？

6. 假设股票A、股票B和股票C的期望收益率、标准差以及彼此之间的相关系数如下表所示：

| 股票 | 期望收益率/% | 标准差/% | 相关系数 | | |
|------|------|------|------|------|------|
| | | | A | B | C |
| A | 10 | 15 | 1 | -1 | 0.2 |
| B | 8 | 12 | -1 | 1 | -0.2 |
| C | 7 | 10 | 0.2 | -0.2 | 1 |

如果投资股票A的权重为0.4，股票B的权重为0.35，股票C的权重为0.25，那么这样的投资组合其期望收益率和标准差分别是多少？

7. 假设某投资组合中股票的期望收益率、标准差及权重分别如下：

| 股票 | 期望收益率/% | 标准差/% | 权重/% |
|------|------|------|------|
| A | 15 | 20 | 0.4 |
| B | 10 | 25 | 0.6 |

对于各种相关系数，投资组合的最大标准差是多少？最小标准差是多少？

# 第**7**章

# 资本市场理论

在马柯维茨提出的投资组合理论基础上，诺贝尔经济学奖获得者威廉·夏普(Willian F. Sharpe)于1970年在他的著作《投资组合理论与资本市场》中提出了资本市场理论(capital market theory，CMT)。资本市场理论研究的是，在资本市场达到均衡时，资产的价格(期望收益率)行为、资产风险度量，以及资产价格与风险之间的关系，是一般均衡理论。资本市场理论包括两个主要部分：①资本市场线(capital market line，CML)；②证券市场线(stock market line，SML)或资本资产定价模型(CAPM模型)。

资本市场线对有效投资组合的风险和期望收益率之间的关系提供了分析框架；证券市场线或资本资产定价模型则对更一般的非有效投资组合(包括单个资产)的风险和期望收益率之间的关系提供了分析框架。

## 7.1 资本市场理论的假设

表7.1列示出资本市场理论所常用的假设。需要注意的是，由于资本市场理论是建立在马柯维茨模型的基础上，那么这些假设对于投资组合分析模型自然也是必需的。资本资产定价模型作为一种一般均衡模型，需要比投资组合分析模型更强的假设条件。

表7.1 资本市场理论的假设

**马柯维茨模型和资本市场理论的共同假设**

1. 投资者用期望收益的概率分布来描述一项投资。
2. 投资者为理性的个体，服从非满足和风险回避的特征。
3. 投资者以投资的期望收益的波动性来估计投资的风险。
4. 投资者仅依靠期望收益和投资风险来作出投资决定。
5. 在给定投资风险后，投资者偏好更高的期望收益，在给定期望收益后，投资者偏好更低的风险。

（续表）

| 马柯维茨模型和资本市场理论的共同假设 |
| --- |
| 6. 市场是完全的，即市场不存在交易费用和税收，不存在进入或者退出市场的限制，所有的市场参与者都是价格的接受者，市场信息是有效的，资产是完全可以分割的。 |

| 资本市场理论附加的假设 |
| --- |
| 1. 投资者可以无风险利率无限制地进行借入和贷出。 |
| 2. 投资者们对于资产期望收益率、方差及协方差具有相同的预期。 |

资料来源：Sharpe W. F. , G. Alexander and J. Bailey. Investment 6$^{th}$ edition, New York：Prentice Hall Press,2

附加假设第一条是：存在一种无风险资产，并能以无风险利率无限制地进行借入和贷出无风险资产。用投资组合理论的术语来说，"无风险"意味着结果资产的收益是确定性的(即收益率的方差等于零)。在现实中很难找到没有任何风险的资产，一般以风险较低的短期国库券、一年期定期存款等作为无风险资产。

附加条件第二条是：投资者对于资产期望收益率、方差及协方差具有相同的预期。这条假设表明，每一个投资者对每一种资产都有完全相同的认识。

上面的假设放松之后，不一定会使资本市场理论不成立，但需要一一验证，考虑到证明的繁琐性，本书不对放松条件后的情况作讨论。

# 7.2　资本市场线

## 7.2.1　加入无风险借贷后的有效前沿组合

在马柯维茨投资组合理论中我们讨论了由风险资产构成的组合，但未讨论资产中加入无风险资产的情形。无风险资产具有正的期望收益，且其方差为 0。所谓可以在资产组合中加入无风险资产，是指投资者既可以投资风险资产也可以投资无风险资产。如果投资无风险资产的权重在[0,1]之间称为**无风险贷出**，如果投资无风险资产的权重小于 0 则称**无风险借入**。通俗一点讲，无风险贷出是指投资者将其总资金的一部分投资风险资产，一部分投资无风险资产；无风险借入是指投资者借入无风险资产，以使得投资风险资产的资金额更多。

**读一读　无风险借贷**

无风险借贷又称无风险借入和无风险贷出。无风险借入和无风险贷出包括两层含义：一，借入或贷出；二，无风险。第一层含义是投资者可以在市场上借钱(借入)或者把钱借给别人(贷出)；第二层含义是投资者借入或贷出的利率都是相同的，且都等于无风险利率，如银行一年期定期存款利率、3 个月的短期国库券利率。任何一个条件不满足，都不能称为无风险借入和无风险贷出。

假设市场上有一种无风险资产，如银行一年期定期存款，利率为 3%。有两个投资者，投资者甲和投资者乙。已知两个投资者都有资金 10 万元，并且都准备进行投资。投资者甲在股市上想投入 8 万，权重为 80%；还剩的 2 万，想存入银行一年期定期存款账户，权重为 20%。投资者乙看好股市，想投入更多的资金，故向银行借入 2 万元，连同自己的本金 10 万元，共计 12 万元投入股市，股市的投入资金占到 120%。

　　投资者甲将 2 万元资金存入银行一年期定期存款账户的行为就称为无风险贷出。他把资金贷给银行或通过银行贷给客户使用，获得无风险利率 3%。投资者乙向银行借入 2 万元，且借款利率也等于无风险利率 3%，这种行为称为无风险借入。

　　当允许无风险借贷时，资产组合可行集和有效集的形状都会发生变化。由于无风险资产和风险资产(或风险资产组合)的组合是一条由无风险资产点 $(0, r_f)$ 向风险资产无限延伸的射线，所以加入无风险资产后的资产组合的可行集可以看成是由无风险资产点向原可行集上任意点无限延伸的所有射线组成的集合，如图 7.1 所示。

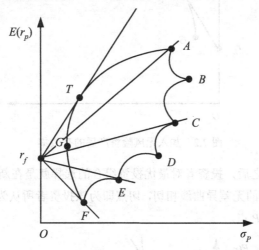

图 7.1　加入无风险资产后的可行集

👓 **读一读　无风险资产和风险资产(或风险资产组合)的组合是一条直线**

　　假定风险资产组合已经构成，其期望收益为 $\overline{r_1}$，方差为 $\sigma_1$，无风险资产的收益为 $r_f$，方差为 0。$\omega_1$ 为风险组合的投资比例，$1-\omega_1$ 为无风险资产的投资比例，则组合的期望收益 $\overline{r_p}$ 为

$$\overline{r_p} = \omega_1 \overline{r_1} + (1-\omega_1) r_f \tag{7-1}$$

组合的标准差为：

$$\sigma_p = \omega_1 \sigma_1 \tag{7-2}$$

一种风险资产与无风险资产构成的组合，其标准差是风险资产的权重与标准差的乘积。由式(7-1)和(7-2)可得：

$$\overline{r_p} = \frac{\sigma_p}{\sigma_1} \overline{r_1} + \left(1 - \frac{\sigma_p}{\sigma_1}\right) r_f = r_f + \frac{(\overline{r_1} - r_f)}{\sigma_1} \sigma_p \tag{7-3}$$

可以看出这是一条以 $r_f$ 为截距，以 $\dfrac{\overline{r_1} - r_f}{\sigma_1}$ 为斜率的直线。

资料来源：王明涛. 证券投资分析. 上海：上海财经大学出版社，2004

根据"期望收益相同取风险最小的资产组合，风险相同取期望收益最大的资产组合"的原则，可以利用画直线的方法，得到在风险资产组合中再加入无风险资产后所获得的新有效集。如图 7.2 加入无风险资产，且允许进行无风险借贷，资产组合的有效集由原先的 *GTA* 变成由(0,*r_f*)出发的与 *GTA* 相切的一条射线，其中 *T* 点为切点。

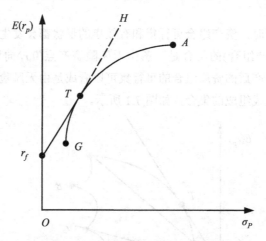

图 7.2  加入无风险资产后的有效集

在加入无风险资产之后，投资者对最优投资组合的选择就是在新有效集上选择，即用新有效集 *r_f TH* 与各投资者的无差异曲线相切，切点即为该投资者所认为的最优组合。如图 7.3，该投资者的最优组合为 *P* 点。

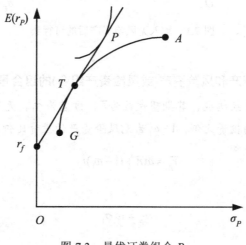

图 7.3  最优证券组合 *P*

## 7.2.2  切点资产组合 *T* 的特征以及经济含义

### 1. 切点组合 *T* 的特征

(1) *T* 是有效组合中唯——个不含无风险资产而仅由风险资产构成的组合。

(2) 有效前沿上的任意资产组合(有效组合)，都可以看成是无风险资产和 $T$ 点组合的再组合。

(3) $T$ 点组合完全由市场确定，与投资者的偏好无关。

**2. 切点组合 $T$ 的经济含义**

(1) 所有投资者拥有完全相同的有效集。由于一种资产或资产组合在均值—标准差平面上的位置完全由该资产或资产组合的期望收益率和标准差确定，并假定所有投资者对证券的收益、风险及资产间的关联性具有完全相同的预期，因此同一种资产或资产组合在均值—标准差平面上的位置对任何投资者来说是完全相同的。那么由所有资产构成的有效集对任何投资者而言都是相同的。如图 7.2，射线 $r_fTH$ 是市场上所有投资者面对的同一个有效集，与各投资者的偏好无关。

(2) 投资者对风险部分的投资均可视为对 $T$ 的投资(如图 7.3)。每个投资者按照各自的偏好购买各种资产，即按照各自的无差异曲线与共同的有效集的切点寻找各自的最优组合。其最终结果是每个投资者手中持有的全部风险资产所形成的风险资产组合在结构上恰好与切点资产组合 $T$ 相同。这是因为，最优资产组合 $P$ 位于有效集 $r_fT$ 上，可视为无风险资产与切点 $T$ 的再组合。如果所选择的最优组合位于 $r_f$ 与 $T$ 之间，表明他同时买入无风险资产和切点证券组合 $T$；如果所选择的最优组合 $P$ 位于 $T$ 的右侧，表明他将卖空无风险资产，并将获得的资金与原有资金一起全部投资于风险资产组合 $T$ 上。无论如何，每一个投资者的最优证券组合中所包含的对风险资产的投资部分都可以在形式上归结为对同一风险资产组合——切点资产组合 $T$ 的投资。这就意味着，如果投资者把自己所选择的最优证券组合的投资分为无风险投资和风险投资两部分的话，那么风险投资部分所形成的资产组合的结构与切点证券组合 $T$ 的结构完全相同，所不同的仅是不同偏好投资者的风险投资金额(即对切点资产组合的投资资金规模)占全部投资金额的比例不同。这一特征称为**分离定理**，即：一个投资者的最优风险资产组合，可以在并不知晓投资者对风险和回报率的偏好时就加以确定，即在确定投资者无差异曲线之前，就可以确定风险资产的最优组合。

**读一读**　不同投资者的最优证券组合可能不一样，但各最优证券组合中的风险资产部分的结构完全一样

假设只考虑 A、B、C 三只股票。当无风险利率为 4%时，切点组合 $T$ 分别由 0.15 的 A 股票、0.21 的 B 股票、0.64 的 C 股票构成。风险厌恶程度比较高的甲投资者，可能将一半的资金投资于无风险资产，一半的资金投资于 $T$ 组合。另一个风险厌恶程度比较低的乙投资者，可能会通过无风险借贷市场借入资金，假设借入资金的数量是其自有资金数量的一半，该投资者将借入的资金加上其自有资金一并投资于 $T$ 组合。于是可以得到甲、乙投资者投资于三种股票的比例分别为：

$$\text{对于甲投资者：} 0.5 \times \begin{bmatrix} 0.15 \\ 0.21 \\ 0.64 \end{bmatrix} = \begin{bmatrix} 0.075 \\ 0.105 \\ 0.32 \end{bmatrix}$$

$$\text{对于乙投资者：} \quad 1.5 \times \begin{bmatrix} 0.15 \\ 0.21 \\ 0.64 \end{bmatrix} = \begin{bmatrix} 0.225 \\ 0.315 \\ 0.96 \end{bmatrix}$$

尽管甲、乙两个投资者投资于三种风险资产的比例明显不同，但是两者投资于三种资产上的相对比例是相同的，分别都等于 0.15、0.21 和 0.64。

(3) 当市场处于均衡状态时，最优风险资产组合 $T$ 就等于市场组合。所谓**市场组合**，是指市场上各风险资产的实际存在形式，它是对整个市场的定量描述。如沪深两市的所有股票就可以看成是市场组合，在市场组合中各股票的权重就是各股票的市值占总市值的比例。市场组合常用 $M$ 来表示。

设市场组合中共有 $n$ 种风险资产，分别记作资产 1、资产 2、…、资产 $n$，且风险资产 $i$ 在市场组合 $M$ 中的投资比例 $\omega_i$ 为：

$$\omega_i = \frac{P_i Q_i}{\sum_{k=1}^{n} P_k Q_k} \tag{7-4}$$

其中，$P_i$ 表示资产 $i$ 的市场价格，$Q_i$ 表示资产 $i$ 的流通股数，$P_i Q_i$ 为资产 $i$ 的流通市值，$\sum_{k=1}^{n} P_k Q_k$ 是市场组合的总流通市值。所谓最优风险资产组合 $T$ 就等于市场组合，是指最优风险资产组合 $T$ 中各资产的投资比例与整个市场上各风险资产的权重比例相一致。

在均衡状态下，最优风险组合 $T$ 等于市场组合 $M$，这是因为：

第一，每个投资者手中持有的风险资产均以最优风险资产组合 $T$ 的形式存在，所不同的仅是各自在组合 $T$ 上投放的资金比例不同而已。当将全体投资者视为一个整体时，每个投资者手中持有的最优风险资产组合 $T$ 在形式上合并成为一个整体组合。这个整体组合在结构上与最优风险资产组合 $T$ 相同，但在规模上等于全体投资者所持有的风险资产的总和。

第二，在均衡状态下，整个市场投资于无风险资产的净值必须为 0，而全体投资者所持有的风险资产的总和也就是市场上流通的全部风险资产的总和。这就意味着，全体投资者作为一个整体，其所持有的风险资产的总和所形成的整体组合在规模和结构上恰好等于市场组合 $M$。

综合以上两个方面的分析，在均衡状态下，最优风险资产组合 $T$ 就等于市场组合 $M$。

## 7.2.3 资本市场线

描述资产组合期望收益率与风险之间的关系式有两类：一类为有效资产组合的期望收益率与风险的关系式；一类为包含无效资产组合在内的所有资产组合的期望收益率与风险之间的关系式。前一类称为**资本市场线**，后一类称为**证券市场线**。这里首先讨论资本市场线。

通过上面的讨论，我们知道，在资本市场理论的假设下，当市场达到均衡时，任何投资者的最优风险资产组合即为市场组合 $M$，任何投资者所选择的最优投资组合都是无风险资产

与市场组合 $M$ 的再组合，都落在一条连接 $r_f$ 与 $M$ 的射线上，这条射线则被称为**资本市场线**，如图 7.4 所示。其实根据前文的知识，资本市场线就是加入无风险资产后的有效集。根据两点确定一线的公式，资本市场线的方程可用公式(7-5)描述：

$$E(r_p) = r_f + \left[\frac{E(r_M) - r_f}{\sigma_M}\right]\sigma_P \tag{7-5}$$

其中，$E(r_p)$ 和 $\sigma_P$ 分别表示有效组合 $P$ 的期望收益率和标准差；$E(r_M)$ 和 $\sigma_M$ 分别表示市场组合 $M$ 的期望收益率和标准差；$r_f$ 表示无风险证券收益率。任何一个落在资本市场线上的有效组合，其期望收益率 $E(r_p)$ 和标准差 $\sigma_P$ 都可以用式(7-5)来表示。

从公式(7-5)来看，有效组合的期望收益率由两部分构成：一部分是无风险利率 $r_f$，是资金的时间价值；另一部分则是 $\left[\frac{E(r_M) - r_f}{\sigma_M}\right]\sigma_P$，是对承担风险 $\sigma_P$ 的补偿。风险补偿 $\left[\frac{E(r_M) - r_f}{\sigma_M}\right]\sigma_P$ 通常又称为风险溢价，是任何资产组合的期望收益率 $E(r_p)$ 超过无风险收益率 $r_f$ 的部分。资产组合的风险补偿与资产组合所承担的风险 $\sigma_P$ 大小成正比，其中系数 $\left[\frac{E(r_M) - r_f}{\sigma_M}\right]$ 则代表了单位风险的补偿，通常称之为单位风险的价格。

单位风险的价格 $\left[\frac{E(r_M) - r_f}{\sigma_M}\right]$ 和无风险资产的价格 $r_f$，与其他价格一样，依赖于供求关系。如果人们更倾向于即期消费，而不愿储蓄，那么资金的供给小于需求，资金的价格上升，无风险利率 $r_f$ 上升，反之则下降。如果人们更厌恶风险，那么多承担一份风险所要求的风险补偿就大，从而会提高风险价格。由于受供求因素的影响，无风险资产的价格和风险价格在不同时期的数值会变化，因此不同时期的资本市场线也会变化。一条资本市场线描述的只是特定时期的有效组合期望收益与风险之间的关系。

当无风险资产的价格变动时，资本市场线随之变动，如图 7.4 所示；当风险价格变动时，资本市场线也会随之变动，如图 7.5 所示。

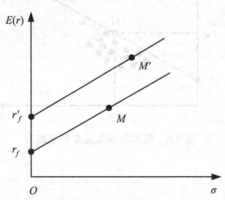

图 7.4　无风险资产的价格变动所引起资本市场线的变动

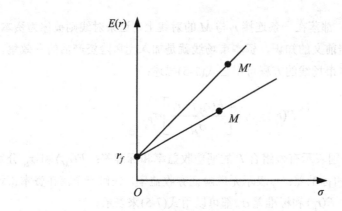

图 7.5 风险价格变动所引起资本市场线的变动

**例 7.1  利用资本市场线确定某有效组合的期望收益率**

假设市场组合的期望收益率 $E(r_M)$ 为 8%，标准差为 0.2，无风险利率为 3%，某有效组合的标准差为 0.3，问该有效组合的期望收益率是多少？

**解:** 根据资本市场线方程，该有效组合的期望收益率计算过程如下:

$$E(r_P) = r_f + \left[\frac{E(r_M) - r_f}{\sigma_M}\right]\sigma_P$$
$$= 3\% + \frac{8\% - 3\%}{0.2} \times 0.3$$
$$= 10.5\%$$

资本市场线上的组合都是有效组合，非有效组合都落在资本线下方，如图 7.6 所示。

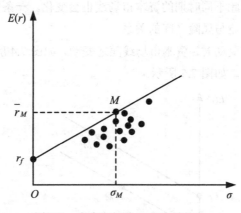

图 7.6 资本市场线及非有效组合

## 7.2.4 证券市场线

资本市场线代表有效组合期望收益率与其标准差之间的均衡关系，单个的风险资产始终位于该线的下方，因为单个风险资产本身是一个非有效的组合。资本市场线没有给出单个资产或其他非有效组合的期望收益率与标准差之间的特定关系，因此需要引入证券市场线。证券市场线是描述任何资产或组合(包括非有效资产或组合)的期望收益率与系统风险之间关系的直线。

### 1. 协方差形式

假设市场组合有 $n$ 种资产，每种资产在市场组合中的权重分别为 $\omega_i$，$i=1,\cdots,n$，按照组合标准差的计算公式，市场组合的标准差可以表示为

$$\sigma_M = \left[ \sum_{i=1}^n \sum_{i=1}^n \omega_i \omega_j \sigma_{ij} \right]^{\frac{1}{2}} \tag{7-6}$$

其中，$\sigma_{ij}$ 表示资产 $i$ 和资产 $j$ 之间的协方差。

将式(7-6)分解为：

$$\sigma_M = \left[ \omega_1 \sum_{j=1}^n \omega_j \sigma_{1j} + \omega_2 \sum_{j=1}^n \omega_j \sigma_{2j} + \omega_3 \sum_{j=1}^n \omega_j \sigma_{3j} + \cdots + \omega_n \sum_{j=1}^n \omega_j \sigma_{nj} \right]^{\frac{1}{2}}$$
$$= \left[ \omega_1 \sigma_{1M} + \omega_2 \sigma_{2M} + \cdots + \omega_n \sigma_{nM} \right]^{\frac{1}{2}} \tag{7-7}$$

其中，$\sigma_{iM}$ 表示资产 $i$ 与市场组合之间的协方差，即为资产 $i$ 的系统风险。从式(7-7)可以看出，市场组合的标准差 $\sigma_M$ 等于所有资产与市场组合的协方差的加权平均值的平方根，权数等于各种资产在市场组合中的比例。由此可以看到，资产与市场组合的协方差而不是资产的标准差对市场组合的风险起作用，即不能认为那些具有较大标准差的证券相对于那些具有较小标准差的资产，必然就会给市场组合增加更多的风险，只有具有较大协方差的资产相对于具有较小协方差的资产，才能给市场组合增加更多的风险。也就是说，资产的系统风险对市场组合的风险有作用，非系统风险不对市场组合的风险起作用。

既然是资产的系统风险对市场组合的风险起作用，那么我们有理由认为具有较大系统风险 $\sigma_{iM}$ 值的资产必然能给投资者提供较高的期望收益率。否则，如果这种资产的风险较大，期望收益率较低，那么将这一资产从市场组合中删除，将会导致市场组合的期望收益率相对于其标准差出现上升。投资者理性的行为就是将这一资产从其资产组合中剔除出去，那么现有的市场组合就不再是最优风险组合，即偏离市场的均衡，因此资产的期望收益率与其系统风险之间存在一定的正向均衡关系。这一关系可以表示为式(7-8)。

$$E(r_i) = r_f + \left[ \frac{E(r_M) - r_f}{\sigma_M^2} \right] \sigma_{iM} \tag{7-8}$$

其中，$E(r_i)$ 为资产 $i$ 的期望收益率，$\left[ \dfrac{E(r_M) - r_f}{\sigma_M^2} \right]$ 为单位系统风险溢价。之所以称 $\left[ \dfrac{E(r_M) - r_f}{\sigma_M^2} \right]$ 为单位系统风险溢价，是因为市场组合与自身的协方差(系统风险定义)就是市场

组合的方差 $\sigma_M^2$。

如图 7.7 所示，式(7-8)是一条直线，其截距为 $r_f$，斜率为 $\dfrac{E(r_M)-r_f}{\sigma_M^2}$。显然，斜率为正，即那些具有较大系统风险 $\sigma_{iM}$ 的资产，会有较大的预期回报率 $E(r_i)$。这种反映预期回报率与系统风险之间的关系的直线即为**证券市场线**(SML)。证券市场线可以有两种表示形式，一种即为式(7-8)的形式，称为**协方差形式**；一种是对式(7-8)稍作变形，称为**贝塔形式**。

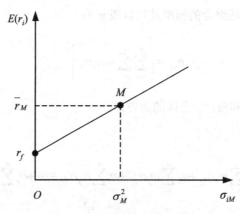

图 7.7　证券市场线(协方差形式)

### 👓 读一读　高风险的资产不一定对应于高的期望收益率

如果资产的标准差 $\sigma_i$ 为正，但是其协方差 $\sigma_{iM}$ 为负，按照式(7-8)则会有 $E(r) < r_f$。虽然该资产的风险高于无风险资产，但其期望收益率低于无风险资产。这也说明了不是高风险的资产必然就有高的期望收益率，只有对市场组合的风险有较大贡献的资产，即具有较大系统风险 $\sigma_{iM}$ 的资产才能获得较高的期望收益率。

如某资产 $i$ 的标准差为 0.3，该资产与市场组合的协方差 $\sigma_{iM} = -0.1$，市场组合的期望收益率为 8%，市场组合的方差为 0.08，无风险资产的收益率是 3%，按照公式(7-8)，可以得到该资产的期望收益率为：

$$E(r) = r_f + \left[ \frac{E(r_M)-r_f}{\sigma_M^2} \right] \sigma_{iM}$$
$$= 3\% + \frac{8\%-3\%}{0.08} \times (-0.1)$$
$$= -3.25\%$$

尽管资产 $i$ 是风险资产，但是其收益率小于无风险资产。

### 2. 贝塔形式

令公式(7-8)中的 $\dfrac{\sigma_{iM}}{\sigma_M^2} = \beta_i$，则公式(7-8)可以转化成贝塔形式：

$$E(r) = r_f + (E(r_M) - r_f)\beta_i \tag{7-9}$$

其中，$\beta_i$ 称为资产 $i$ 的贝塔系数或贝塔值。贝塔值可以看成是任何资产或资产组合的系统风险相对于市场组合风险的标准化。由于市场组合非系统风险为 0，总风险即为系统风险，因此贝塔值也可以看成是任何资产或资产组合的系统风险相对于市场组合系统风险的标准化，常常被用来作为资产或资产组合的系统风险的另一度量值。$\beta_i$ 值可正可负，如果为正，表示该资产或资产组合的收益率和市场组合的收益率之间存在正相关关系；如果为负，表示该资产或资产组合的收益率和市场组合的收益率之间存在负相关关系。$\beta_M$ 为市场组合的贝塔值。

根据式(7-9)，可绘制成图 7.8。

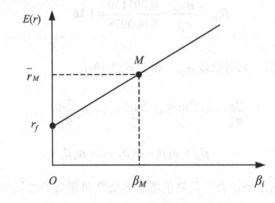

图 7.8　证券市场线($\beta$ 形式)

从图 7.8 中可以看出，资产组合的期望收益率 $E(r)$ 与其系统风险 $\beta_i$ 成正比，$\beta_i$ 越高，$E(r)$ 也越高。期望收益率 $E(r_i)$ 与系统风险 $\beta_i$ 之间的关系即为**证券市场线的贝塔形式**。

由于市场组合与其自身的协方差即为方差本身，所以市场组合的贝塔值等于 1，即 $\beta_M = \dfrac{\sigma_M^2}{\sigma_M^2} = 1$。市场组合的风险只有系统风险，非系统风险为 0，即总风险等于系统风险。如果某资产或资产组合的 $\beta_i > 1$，表示该资产或资产组合的系统风险高于市场组合的风险或市场平均风险；如果某资产或资产组合的 $\beta_i < 1$，表示该资产或资产组合的系统风险低于市场组合的风险或市场平均风险。由于 $\beta_i$ 度量的是资产或资产组合的系统风险，因此 $\beta_i$ 的大小并不能说明资产或资产组合的总风险或非系统风险与市场组合的风险之间的关系。

**例 7.2**　浦发银行(600000)和雅戈尔(600177)的系统风险 $\sigma_{iM}$ 以及 $\beta$ 值的计算

考虑一下如何利用市场数据，计算浦发银行(600000)和雅戈尔(600177)的系统风险 $\sigma_{iM}$ 以及 $\beta$ 值？

**解**：通过 Resset 数据库，可以查询到浦发银行(600000)、雅戈尔(600177)、中证流通(000902)自 2008 年 1 月 1 日至 2008 年 12 月 31 日每日的收盘价序列。由于中证流通涵盖了沪深两个市场所有的流通股票，因此可以将其近似看成是市场组合。

根据对数收益率计算公式 $y_t = \ln(P_t) - \ln(P_{t-1})$，计算出浦发银行、雅戈尔、中证流通每日的对数收益率序列，其中 $P_t$ 表示 $t$ 日的收盘价，$P_{t-1}$ 表示 $t-1$ 日的收盘价，$y_t$ 表示 $t$ 日的收盘价相对于前一日收盘价的对数收益率。

根据统计学知识，我们可以计算出浦发银行、雅戈尔、中证流通三者收益率序列的方差 $\sigma_1^2 = 0.0021157$、$\sigma_2^2 = 0.001651$ 和 $\sigma_M^2 = 0.000978$，以及浦发银行收益率序列与中证流通收益率序列之间的协方差 $\sigma_{1M} = 0.000996$、雅戈尔收益率序列与中证流通收益率序列之间的协方差 $\sigma_{2M} = 0.001130$。根据系统风险的定义，$\sigma_{1M}$ 和 $\sigma_{2M}$ 即为浦发银行和雅戈尔的系统风险。

根据贝塔值计算公式，可以计算出浦发银行和雅戈尔的贝塔值分别为

$$\beta_{1M} = \frac{\sigma_{1M}}{\sigma_M^2} = \frac{0.000996}{0.000978} = 1.02$$

$$\beta_{2M} = \frac{\sigma_{2M}}{\sigma_M^2} = \frac{0.001130}{0.000978} = 1.16$$

对式(7-7)两边平方后，同时除以 $\sigma_M^2$，得到式(7-10)：

$$\frac{\sigma_M^2}{\sigma_M^2} = \omega_1 \frac{\sigma_{1M}}{\sigma_M^2} + \omega_2 \frac{\sigma_{2M}}{\sigma_M^2} + ... + \omega_n \frac{\sigma_{nM}}{\sigma_M^2} \tag{7-10}$$

即， 
$$\beta_M = \omega_1 \beta_1 + \omega_2 \beta_2 + ... + \omega_n \beta_n \tag{7-11}$$

从式(7-11)可以看出市场组合的贝塔值等于各资产贝塔值的加权平均，即市场组合的系统风险等于各资产系统风险的加权平均值。其中，权重为各资产在市场组合中的比例。

### 例7.3 资本资产定价模型应用

同例 7.2 的相关信息，可以计算出浦发银行和雅戈尔的贝塔值 $\beta_{1M} = 1.02$ 和 $\beta_{2M} = 1.16$。假设以银行一年期定期存款利率作为无风险利率，选择 2008 年 12 月 31 日的一年期银行存款利率 2.25% 作为 2008 年 12 月 31 日的无风险利率。假设 2008 年 12 月 31 日预期下一年度市场组合的收益率为 $E(r_M) = 10\%$，请按照资本资产定价模型 $\beta$ 形式计算浦发银行和雅戈尔下一年度的期望收益率。

**解：**

按照资本资产定价模型 $\beta$ 形式可以得到浦发银行下一年度的期望收益率如下：

$$\begin{aligned} E(r_1) &= r_f + \beta_1 \times (E(r_M) - r_f) \\ &= 2.25\% + 1.02 \times (10\% - 2.25\%) \\ &= 10.16\% \end{aligned}$$

按照资本资产定价模型 $\beta$ 形式可以得到雅戈尔下一年度的期望收益率如下：

$$\begin{aligned} E(r_2) &= r_f + \beta_2 \times (E(r_M) - r_f) \\ &= 2.25\% + 1.16 \times (10\% - 2.25\%) \\ &= 11.24\% \end{aligned}$$

同样，也可以按照资本资产定价模型协方差的形式计算浦发银行下一年度的期望收益率：

$$E(r_1) = r_f + \frac{(E(r_M) - r_f)}{\sigma_M^2} \times \sigma_{1M}$$

$$= 2.25\% + \frac{(10\% - 2.25\%)}{0.000978} \times 0.000996$$

$$= 10.16\%$$

同样，也可以按照资本资产定价模型协方差的形式计算雅戈尔下一年度的期望收益率：

$$E(r_2) = r_f + \frac{(E(r_M) - r_f)}{\sigma_M^2} \times \sigma_{2M}$$

$$= 2.25\% + \frac{(10\% - 2.25\%)}{0.000978} \times 0.001130$$

$$= 11.24\%$$

# 本 章 小 结

资本市场理论是在马柯维茨模型基础上提出来的，研究的是在资本市场达到均衡时，资产收益率与风险之间的关系，是一般均衡理论。资本市场理论包括两个主要部分：①资本市场线(capital market line，CML)；②证券市场线(stock market line，SML)或资本资产定价模型(CAPM 模型)。资本资产理论相比马柯维茨投资组合理论，非常重要的一点就是引入了无风险借贷。当引入无风险借贷后，新的有效集的形状发生变化，新有效集是从无风险资产出发与原有效集相切的一条射线。这条切线是所有投资者共同的有效集，各投资者根据其无差异曲线与有效集的切点确定各自的最优组合。无论投资者选择何种最优组合，都可以看成是无风险资产与切点组合 $T$ 的再组合。切点组合 $T$ 具有非常重要的特征和经济含义。切点组合 $T$ 的特征是：①$T$ 是有效组合中唯一一个不含无风险资产而仅由风险资产构成的组合；②有效前沿上的任意资产组合(有效组合)，都可以看成是无风险资产和 $T$ 的再组合；③$T$ 点组合完全由市场确定，与投资者的偏好无关。切点组合 $T$ 的经济含义是：①所有投资者拥有完全相同的有效集；②投资者对风险部分的投资均可视为对 $T$ 的投资；③当市场处于均衡状态时，最优风险资产组合 $T$ 就等于市场组合。有效集所在的这条切线又可称为资本市场线，用于描述有效资产组合的期望收益率与风险之间的均衡关系。处于资本市场线的组合都是有效组合，所有非有效组合(包括单个资产)都落在资本市场线之下。资本市场线没有给出单个资产或其他非有效组合的期望收益率与标准差之间的特定关系，因此需要引入证券市场线。证券市场线是描述任何资产或组合(包括非有效资产或组合)的期望收益率与系统风险之间关系的直线。证券市场线有两种表达形式：协方差形式和贝塔形式。证券市场线就是常说的资本资产定价模型(CAPM)。

# 复习题

## 一、名词解释

资本资产理论　　资本市场线　　证券市场线　　加入无风险借贷后的有效集

切点资产组合　　分离定理　　协方差形式　　贝塔形式

## 二、讨论题

1. 阐述资本市场线和证券市场线的区别和联系。

2. 为什么一种资产的期望收益率会跟该资产与市场组合的协方差有关，而不是跟该资产的方差有关？

3. 有投资者说"高风险高收益"，你同意这种说法吗？

4. 如果某个资产落在证券市场线上，它是不是更值得投资？如果投资过多，会出现哪些问题？

5. 市场组合在现实中很难找到，一般以股票指数来代替。收集相关的数据，计算宝钢股票的贝塔系数，并根据贝塔系数确定宝钢股票的均衡期望收益率。

## 三、计算题

1. 假设由两种股票组成市场组合，且它们的期望收益率、标准差和所占比例如下表所示：

| 股票 | 期望收益率/% | 标准差/% | 比例 |
|------|------|------|------|
| A | 15 | 20 | 0.7 |
| B | 10 | 15 | 0.3 |

此外，还知道股票 A 和股票 B 的相关系数为 0.4，无风险收益率为 4%，请写出资本市场线方程。

2. 某投资者拥有一投资组合，该投资组合由 4 种股票构成。已知投资组合中这 4 种股票的贝塔值和比例如下：

| 股票 | 贝塔值 | 比例 |
|------|------|------|
| A | 0.9 | 0.2 |
| B | 1.2 | 0.3 |
| C | 1.5 | 0.4 |
| D | 0.7 | 0.1 |

请问该投资组合的贝塔值是多少？

3. 假设市场组合的期望收益率为 14%，标准差为 20%，无风险资产收益率为 5%。一个有效组合的期望收益率为 16%，那么该有效组合的标准差是多少？

4. 假设市场组合的期望收益率为 14%，无风险资产收益率为 5%，股票 A 的贝塔值为 0.7，股票 B 的贝塔值为 1.3。

① 请写出证券市场线方程。

② 均衡状态下，股票 A 和股票 B 的期望收益率是多少？

# 第 **8** 章

# 因 素 模 型

现代投资组合理论所要解决的问题是，当存在无穷种可能的资产组合时，投资者怎样确定其所认为的最优组合。马克维茨和夏普的研究是在均值—标准差的框架下进行的，在这一框架下寻找最优组合的步骤如下：

(1) 估计组合中每一种资产的期望收益率和标准差，以及每两种资产之间的协方差，在此基础上画出马克维茨的弯曲的有效集。

(2) 对于给定的无风险利率，确定切点组合和线性有效集。

(3) 最后，投资者根据各自的无差异曲线确定其认为的最优投资组合，任意投资者的最优组合都是切点组合和无风险资产的再组合。

按照这样的步骤确定最优组合的麻烦之处就是要对步骤(1)中的估计量作大量计算，随着组合中资产数量的增加，所要计算的资产之间的协方差的数量呈指数增加；即便是使用数据处理能力很强的高速计算机，当资产的数量很庞大时，通过估计资产的方差和协方差来构造有效集也相当困难。

因素模型是一种生成资产期望收益率的统计模型，它试图找出影响所有资产收益率的共同因素。因素模型认为各个资产收益率之间之所以存在一定的相关性，是因为它们受到一个或多个共同因素的影响；单个资产收益率不能被共同因素所解释的部分，被认为是该种资产的个性，与其他资产的个性无关。因素模型通过找出影响所有资产收益率的共同因素，并利用一种线性结构方程来描述这些因素对各种资产收益率的影响。在清楚各资产收益率与这些共同影响因素之间的关系后，根据因素的预测值和方差，就可以估计出资产组合的期望收益率和方差，进而可以简便地确定最优投资组合，相比马克维茨求解最优投资组合所要进行的大量计算要方便得多。

# 8.1　单因素模型

所谓单因素模型，是指资产之间的相关性是由一个共同因素所引起的，那么各个资产的收益率可以由以下模型来描述：

$$r_{it} = a_i + b_i F_t + \varepsilon_{it} \tag{8-1}$$

这一模型称为单因素模型。式中，$r_{it}$ 表示资产 $i$ 在 $t$ 期的实际收益率；$a_i$ 为常数(零因素值)；$b_i$ 为资产 $i$ 对因素 $F$ 的敏感性；$F_t$ 为 $t$ 期的因素值；$\varepsilon_{it}$ 表示资产 $i$ 在 $t$ 期的残差项。

单因素可以是某一种对所有资产影响较大的因素，如 GDP、市场利率等。当 $t$ 期的因素值为 0 时，资产 $i$ 的收益率就等于 $a_i + \varepsilon_{it}$。由于单因素模型假设资产收益率不能被因子解释的部分是该资产的个性部分，因此 $\varepsilon_{it}$ 与 $F_t$ 是不相关的。$\varepsilon_{it}$ 通常表示为除因素 $F$ 之外的比较次要又难以量化的一切因素。模型中常假设 $\varepsilon_{it}$ 是一个零均值、标准差为 $\sigma_{\varepsilon_i}$ 的随机变量。

**例 8.1　利用单因素模型描述浦发银行股票季度收益率与 GDP 季度增长率之间的关系**

从 Resset 数据库下载从 2000 年 1 季度至 2009 年 1 季度浦发银行(600000)的季度收益率和 GDP 的季度增长率数据，共 37 个样本量，如表 8.1 所示。试将 GDP 季度增长率看成是影响浦发银行股票季度收益率的一个影响因素，建立浦发银行股票季度收益率与 GDP 季度增长率之间的单因素模型。

表 8.1　浦发银行股票收益率和 GDP 增长率季度数据

| 季　度 | GDP 季度增长率/% | 浦发银行股票的收益率/% |
|---|---|---|
| 2000.3 | 9.0 | 1.90 |
| 2000.6 | 8.9 | - 6.62 |
| 2000.9 | 8.9 | - 7.64 |
| 2000.12 | 8.4 | - 3.94 |
| 2001.3 | 8.5 | 1.11 |
| … | … | … |
| 2008.9 | 9.9 | - 29.00 |
| 2008.12 | 9.0 | - 15.17 |
| 2009.3 | 6.1 | 65.43 |

**解：**根据式(8-1)，以浦发银行股票季度收益率为被解释变量，以 GDP 季度增长率为解释变量(影响因素)，建立单因素模型，如式(8-2)所示：

$$y_{PF_t} = a + b \times y_{EGDP_t} + \varepsilon_t \tag{8-2}$$

其中，$y_{PF_t}$ 表示 $t$ 期的浦发银行股票收益率；$y_{EGDP_t}$ 表示 $t$ 期 GDP 的预期增长率，可以用 $t+1$ 期 GDP 的实际增长率 $y_{GDP_{t+1}}$ 来代替；$\varepsilon_t$ 表示残差项；$b$ 表示浦发银行股票收益率对 GDP 预期增长率的敏感性；$a$ 为常数。之所以采用 GDP 的预期增长率，主要考虑到"股市是经济的晴雨表"的预期作用，即股票收益率要领先 GDP 增长率一期。对公式(8-2)采用一元线性回归估

计出参数 $a$ 和 $b$ 分别为 $-0.875$ 和 $8.956$，并代入式(8-2)得到式(8-3)。

$$y_{PF_t} = -0.875 + 8.956 \times y_{EGDP_t} + \varepsilon_t \tag{8-3}$$

为了便于分析，我们以 GDP 的预期季度增长率(下一期的 GDP 季度增长率来替代)为横坐标，浦发银行股票季度收益率为纵坐标，建立二维图形，如图 8.1 所示。其中图 8.1 中每一个散点，对应某一期的 GDP 的预期季度增长率和浦发银行季度收益率，直线是回归方程。

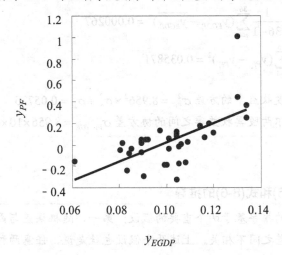

图 8.1　浦发银行股票季度收益率与 GDP 季度预期增长率之间的单因素模型

可以看出浦发银行股票每季度收益率与 GDP 预期增长率无关的常数为 $-0.875$；浦发银行股票季度收益率对 GDP 期望收益率的敏感性为 $8.956$，即图 8.1 中直线的斜率。斜率为正表明 GDP 预期增长率越高，浦发银行股票收益率也越高。

由单因素模型可以得到资产的期望收益率、方差和协方差为：

(1) 期望收益率

$$E(r) = a_i + b_i E(F) \tag{8-4}$$

(2) 方差

$$\sigma_i^2 = b_i^2 \sigma_F^2 + \sigma_{\varepsilon_i}^2 \tag{8-5}$$

(3) 协方差

$$\sigma_{ij} = b_i b_j \sigma_F^2 \tag{8-6}$$

其中 $E(F)$ 表示因素的期望值；$\sigma_F^2$ 是因素 $F$ 的方差；$\sigma_{\varepsilon_i}^2$ 是随机误差项 $\varepsilon_i$ 的方差；$\sigma_{ij}$ 表示任意两个资产 $i$ 和 $j$ 之间的协方差；$b_j$ 为 $j$ 资产对因素 $F$ 的敏感性。单因素模型极大地简化了资产的期望收益率、方差及资产间的协方差的计算。在完成这些计算后，可按照马克维茨模型确定有效边界，然后，投资者可以根据个人的无差异曲线，确定最优投资组合。

### 例 8.2 因素模型中期望收益率、方差、协方差的计算

同例 8.1 的已有内容，假设预测 2009 年第 2 季度 GDP 的增长率为 7.0%，雅戈尔股票对 GDP 预期增长率的敏感性为 10。请根据因素模型中期望收益率、方差和协方差的计算方法，计算浦发银行 2009 年第 2 季度股票期望收益率、方差以及浦发银行和雅戈尔两股票收益率之间的协方差。

**解：** 浦发银行 2009 年第 1 季度的期望收益率 $E(r_t) = -0.875 + 8.956 \times 7.5\% = -20.33\%$

因素的方差 $\sigma_F^2 = \dfrac{1}{36-1} \sum_{t=1}^{36} (y_{EGDP_t} - \overline{y_{EGDP_t}})^2 = 0.000267$

残差 $\sigma_\varepsilon^2 = \dfrac{1}{36-2} \sum_{t=1}^{36} (y_{PF_t} - \hat{y}_{PF_t})^2 = 0.035871$

浦发银行股票季度收益率的方差 $\sigma_{PF}^2 = 8.956^2 \times \sigma_F^2 + \sigma_\varepsilon^2 = 0.05725$

浦发银行和雅戈尔两股票收益率之间的协方差 $\sigma_{PF,YGE} = 8.956 \times 10 \times \sigma_F^2 = 0.023871$

---

### 👓 读一读　式(8-5)和式(8-6)的推导

式(8-5)和式(8-6)的推导基于两个重要的假设：第一，随机误差与因素不相关；第二，任意两种资产的随机误差之间不相关。上述两个假设也就是说，任意两种资产的收益率仅仅通过对因素的共同反映而相关联。

式(8-5)的证明如下：

由式(8-1)，得到 $\sigma_i^2 = b_i^2 \sigma_F^2 + \sigma_{\varepsilon_i}^2 + 2 \times b_i \sigma_{F,\varepsilon_i}$，由假设一，得到 $\sigma_{F,\varepsilon_i} = 0$，所以式(8-5)得证。

式(8-6)的证明如下：

由式(8-1)，得到 $\sigma_{ij} = b_i b_j \sigma_F^2 + b_i \sigma_{F,\varepsilon_j} + b_j \sigma_{F,\varepsilon_i} + \sigma_{\varepsilon_i,\varepsilon_j}$，由假设一，得到 $\sigma_{F,\varepsilon_i} = \sigma_{F,\varepsilon_j} = 0$，由假设二得到 $\sigma_{\varepsilon_i,\varepsilon_j} = 0$，所以式(8-6)得证。

资料来源：王明涛. 证券投资分析. 上海：上海财经大学出版社，2004

## 8.2　多因素模型

通常，资产价格或收益率的变化不会仅仅受一个因素的影响，除了 GDP 的预期增长率之外，还有银行存款利率、汇率、国债价格等影响因素。当一个因素不足以解释资产的收益率以及各资产收益率之间的相关性时，考虑不同的影响因素，可以大大提高模型的准确度。这样，因素模型就从单因素模型扩展到多因素模型。

### 8.2.1　双因素模型

多因素模型中最简单的就是双因素模型，即假设资产的收益率普遍受到两个因素 $F_1$ 和 $F_2$ 的影响，可以建立双因素模型来描述资产收益率的生成过程。

$$r_{it} = a_i + b_{i1}F_{1t} + b_{i2}F_{2t} + \varepsilon_{it} \tag{8-7}$$

其中，$F_{1t}$ 和 $F_{2t}$ 是两个对资产回报率具有普遍性影响的因素；$b_{i1}$ 和 $b_{i2}$ 分别是资产 $i$ 对两个因素的敏感性；$\varepsilon_{it}$ 是随机误差项，$a_i$ 是当两个因素都取 0 时资产的预期回报率。

在利用双因素模型估计各资产的期望收益率、方差、协方差需要先估计以下参数和变量：
(1) 因素模型的参数 $a_i$、$b_{i1}$、$b_{i2}$；
(2) 随机误差的标准差 $\sigma_{\varepsilon_i}$ 或方差 $\sigma_{\varepsilon_i}^2$；
(3) 因素的预期值 $E(F_1)$ 和 $E(F_2)$ 以及因素的方差 $\sigma_{F_1}^2$ 和 $\sigma_{F_2}^2$；
(4) 两个因素的协方差 $\sigma_{F_1,F_2}$。

在估计出以上参数和变量后，就可以计算出各资产的期望收益率、方差和协方差：
(1) 期望收益率

$$E(r) = a_i + b_{i1}E(F_1) + b_{i2}E(F_2) \tag{8-8}$$

(2) 方差

$$\sigma_i^2 = b_{i1}^2\sigma_{F_1}^2 + b_{i2}^2\sigma_{F_2}^2 + 2b_{i1}b_{i2}\sigma_{F_1,F_2} + \sigma_{\varepsilon_i}^2 \tag{8-9}$$

(3) 协方差

$$\sigma_{ij} = b_{i1}b_{j1}\sigma_{F_1}^2 + b_{i2}b_{j2}\sigma_{F_2}^2 + (b_{i1}b_{j2} + b_{i2}b_{j1})\sigma_{F_1,F_2} \tag{8-10}$$

式(8-9)和(8-10)的推导证明可参见式(8-5)和(8-6)的证明。和单因素模型一样，一旦完成上述计算，就可以导出马克维茨模型中的有效边界，再根据投资者的无差异曲线就可以确定投资者的最优投资组合。

**例 8.3** 浦发银行季度收益率与 GDP 季度增长率以及通货膨胀率之间双因素模型

对例 8.1 中的单因素模型进行扩展，加入通货膨胀率的季度数据，如表 8.2 所示。请以浦发银行股票季度收益率为被解释变量，GDP 预期季度增长率和预期季度通货膨胀率为解释变量，建立双因素模型。

表 8.2　GDP 增长率、通货膨胀率及浦发银行股票收益率的季度数据

| 季　度 | GDP 增长率/% | 通货膨胀率/% | 浦发银行股票的收益率/% |
|---|---|---|---|
| 2000.3 | 9.0 | 0.1 | 1.90 |
| 2000.6 | 8.9 | 0.1 | - 6.62 |
| 2000.9 | 8.9 | 0.2 | - 7.64 |
| 2000.12 | 8.4 | 0.4 | - 3.94 |
| 2001.3 | 8.5 | 0.7 | 1.11 |
| 2001.6 | 8.1 | 1.1 | - 4.91 |
| 2001.9 | 8.0 | 1.0 | - 23.71 |
| 2001.12 | 8.3 | 0.7 | 3.09 |

（续表）

| 季　度 | GDP 增长率/% | 通货膨胀率/% | 浦发银行股票的收益率/% |
|---|---|---|---|
| … | … | … | … |
| 2008.3 | 10.6 | 8.0 | - 32.95 |
| 2008.6 | 10.4 | 7.9 | - 18.76 |
| 2008.9 | 9.9 | 7.0 | - 29.00 |
| 2008.12 | 9.0 | 5.9 | - 15.17 |
| 2009.3 | 6.1 | - 0.6 | 65.43 |

**解：** 建立浦发银行股票季度收益率与 GDP 预期季度增长率以及预期季度通货膨胀率之间的双因素模型如式(8-11)所示。

$$y_{PF_t} = a + b_1 \times y_{EGDP_t} + b_2 \times r_{EINF_t} + \varepsilon_t \tag{8-11}$$

其中，$r_{EINF_t}$ 表示 $t$ 期对 $t+1$ 期通货膨胀率的预期值，可以用 $t+1$ 期通货膨胀率的实际值 $r_{INF_{t+1}}$ 来代替，之所以用 $t+1$ 期通货膨胀率的预期值来解释浦发银行股票 $t$ 期的收益率，同样也是考虑到"股票市场是经济晴雨表"的效应；$b_1$ 和 $b_2$ 分别表示浦发银行股票收益率对 GDP 预期增长率和预期通货膨胀率的敏感性；其他符号同例 8.1。对式(8-11)进行二元线性回归估计，得到的估计结果如式(8-12)所示。

$$y_{PF_t} = - 1.030 + 11.280 \times y_{EGDP_t} - 3.867 \times r_{EINF_t} + \varepsilon_t \tag{8-12}$$

从式(8-12)可以看出，浦发银行股票的季度收益率对预期 GDP 增长率和预期通货膨胀率的敏感性一正一负。当预期 GDP 增长率上升时，浦发银行股票的收益率上升；当预期通货膨胀率上升时，浦发银行股票的收益率下降。

如果预测 2009 年 2 季度 GDP 的预期增长率达到 7.5%，通货膨胀率预期达到 - 2%，那么 2009 年 1 季度浦发银行股票的收益率的期望值为：

$$E(r) = - 1.030 + 11.280 \times 7.5\% - 3.867 \times ( - 2\%) = - 10.67\%$$

GDP 预期增长率的方差：

$$\sigma_{F_1}^2 = \frac{1}{36-1} \sum_{t=1}^{36} \left( y_{EGDP_t} - \overline{y_{EGDP_t}} \right)^2 = 0.000267$$

预期通货膨胀率的方差：

$$\sigma_{F_2}^2 = \frac{1}{36-1} \sum_{t=1}^{36} \left( r_{EINF_t} - \overline{r_{EINF_t}} \right)^2 = 0.000562$$

残差：

$$\sigma_{\varepsilon}^2 = \frac{1}{36-2} \sum_{t=1}^{36} \left( y_{PF_t} - \widehat{y}_{PF_t} \right)^2 = 0.029564$$

GDP 预期增长率与预期通货膨胀率之间的协方差：

$$\sigma_{F_1,F_2} = \frac{1}{36-1} \sum_{i=1}^{36} \left( y_{EGDP_i} - \overline{y_{EGDP_i}} \right)\left( r_{EINF_i} - \overline{r_{EINF_i}} \right) = 0.000226$$

浦发银行股票季度收益率的方差：

$$
\begin{aligned}
\sigma_{PF}^2 &= b_1^2 \sigma_{F_1}^2 + b_2^2 \sigma_{F_2}^2 + 2b_1 b_2 \sigma_{F_1,F_2} + \sigma_{\varepsilon_i}^2 \\
&= 11.280^2 \times 0.000267 + (-3.867)^2 \times 0.000562 \\
&\quad + 2 \times 11.280 \times (-3.867) \times 0.000226 + 0.029564 \\
&= 0.052225
\end{aligned}
$$

## 8.2.2　其他多因素模型

除了双因素模型之外，多因素模型还包括三个及更多因素的模型，如：

$$r_{it} = a_i + b_{i1}F_{1t} + \cdots + b_{ik}F_{kt} + \cdots + b_{iK}F_{Kt} + \varepsilon_{it} \tag{8-13}$$

某资产 $i$ 普遍受到 $K$ 个因素的共同影响，$b_{i1}, \cdots, b_{ik}, \cdots, b_{iK}$ 分别表示资产 $i$ 对这 $K$ 个因素的敏感性，其他符号的含义同前所述。

根据多因素模型，可以得到资产 $i$ 的期望收益率为：

$$E(r) = a_i + b_{i1}E(F) + \cdots + b_{ik}E(F_k) + \cdots + b_{iK}E(F_K) \tag{8-14}$$

资产 $i$ 的方差为：

$$\sigma_i^2 = \sum_{k=1}^{K} b_{ik}^2 \sigma_{F_k}^2 + 2\sum_{p<q}^{K} b_{ip} b_{iq} \sigma_{F_p,F_q} + \sigma_{\varepsilon_i}^2 \tag{8-15}$$

资产 $i$ 和资产 $j$ 之间的协方差为：

$$\sigma_{ij} = \sum_{k=1}^{K} b_{ik} b_{jk} \sigma_{F_k}^2 + \sum_{p<q}^{K} (b_{ip} b_{iq} + b_{ip} b_{jq}) \sigma_{F_p,F_q} \tag{8-16}$$

可以参照前面的方法，对上述公式进行证明。在计算出上述值后，同样可以找到投资者的最优投资组合。

## 8.3　市场模型

市场模型是单因素模型的一个特例，又称为指数模型。在该模型中，因素为市场指数的收益率，表达式为：

$$r_{it} = a_i + b_i r_{It} + \varepsilon_{it} \tag{8-17}$$

其中，$r_{it}$ 表示资产 $i$ 在 $t$ 期的回报率；$r_{It}$ 表示市场指数 $I$ 在 $t$ 期的回报率；$a_i$ 表示跟因素无关的收益率，是截距；$b_i$ 表示资产 $i$ 对市场指数 $I$ 的敏感性，是斜率；$\varepsilon_{it}$ 是随机误差项。

由市场模型同样可以得到资产的期望收益率、方差和协方差为：

(1) 期望收益率

$$E(r_i) = a_i + b_i E(r_I) \tag{8-18}$$

(2) 方差

$$\sigma_i^2 = b_i^2 \times \sigma_I^2 + \sigma_{\varepsilon_i}^2 \tag{8-19}$$

(3) 协方差

$$\sigma_{ij} = b_i b_j \sigma_F^2 \tag{8-20}$$

**例 8.4　浦发银行股票季度收益率与上证综指季度收益率之间的指数模型**

请参考例 8.1 建立浦发银行股票季度收益率与上证综指季度收益率之间的指数模型。

**解：** 以 2000 年 1 季度至 2008 年 1 季度的浦发银行股票季度收益率和上证综指季度收益率数据为样本，共 37 期数据(数据来源 Resset 数据库)，建立浦发银行股票季度收益率与上证综指季度收益率之间的回归方程(如图 8-2 所示)，得到用指数模型表示的浦发银行股票收益率生成过程：

$$y_{PF_t} = 0.014054 + 1.151992 \times y_{SHINDEX_t} + \varepsilon_t \tag{8-21}$$

式(8-21)中浦发银行季度收益率和上证综指的季度收益率都是同期数据，这同例 8.1 和例 8.3 有所不同。读者可以参考前文，思考如何计算浦发银行期望收益率、因素方差、残差以及浦发银行收益率的方差等。

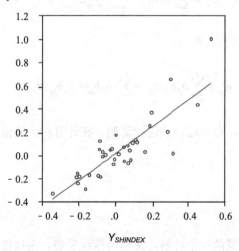

图 8.2　浦发银行股票季度收益率与上证综指季度收益率之间的市场模型

## 8.4　因素风险和非因素风险

在因素模型下，资产或资产组合的总风险可以分解成因素风险和非因素风险。投资分散化的结果是因素风险趋于平均化，非因素风险将不断减少而趋于 0。因素风险与系统风险类似，非因素风险与非系统风险类似。

### 8.4.1　单个资产的因素风险和非因素风险

以单因素为例来分析资产的风险构成时，根据式(8-5) $\sigma_i^2 = b_i^2\sigma_F^2 + \sigma_i^2$，我们可以将资产 $i$ 的总风险拆成两个部分：因素风险($b_i^2\sigma_F^2$)，即跟因素 $F$ 相关的风险；非因素风险($\sigma_{\varepsilon_i}^2$)，即资产 $i$ 的个别风险，用随机误差项 $\varepsilon_{it}$ 的方差来测度。

### 8.4.2　资产组合的因素风险和非因素风险

根据单因素模型，$n$ 种资产的收益率可以表示为：

$$\begin{cases} r_{1t} = a_1 + b_1F_t + \varepsilon_{1t} \\ r_{2t} = a_2 + b_2F_t + \varepsilon_{2t} \\ \cdots \\ r_{nt} = a_n + b_nF_t + \varepsilon_{nt} \end{cases} \tag{8-22}$$

假设某投资组合 $P$ 中，$n$ 种资产的投资权重分别是 $\omega_1, \omega_2, \cdots, \omega_n$，则投资组合的收益率可以表示为：

$$r_P = \sum_{i=1}^{n} \omega_i r_i \tag{8-23}$$

将式(8-22)代入式(8-23)，可以得到资产组合的单因素模型：

$$\begin{aligned} r_P &= \sum_{i=1}^{n} \omega_i(a_i + b_iF + \varepsilon_i) \\ &= \sum_{i=1}^{n} \omega_i a_i + \left(\sum_{i=1}^{n} \omega_i b_i\right)F + \sum_{i=1}^{n} \omega_i\varepsilon_i \\ &= a_P + b_PF + \varepsilon_P \end{aligned} \tag{8-24}$$

其中，$a_P = \sum_{i=1}^{n} \omega_i a_i$，$b_P = \sum_{i=1}^{n} \omega_i b_i$，$\varepsilon_P = \sum_{i=1}^{n} \omega_i\varepsilon_i$。可以看出资产组合的截距($a_P$)、敏感性($b_P$)和随机误差项($\varepsilon_P$)分别是各资产的截距($a_i$)、敏感性($b_i$)和随机误差项($\varepsilon_i$)的加权平均，权重等于各资产在组合中的投资权重。

资产组合的总风险用其收益率的方差来表示为：

$$\sigma_P^2 = b_P^2\sigma_F^2 + \sigma_{\varepsilon_P}^2 \tag{8-25}$$

其中，$b_P^2 = \left( \sum_{i=1}^{n} \omega_i b_i \right)^2$。由于因素模型假设任意两种资产的随机误差之间不相关，则资产组合的随机误差项的方差可以表示为：

$$\sigma_{\varepsilon_P}^2 = \sum_{i=1}^{n} \omega_i^2 \sigma_{\varepsilon_i}^2 \tag{8-26}$$

式(8-25)表明，任何资产组合的总风险($\sigma_P^2$)都可以看成由两个部分构成：资产组合的因素风险($b_P^2 \sigma_F^2$)和资产组合的非因素风险($\sigma_{\varepsilon_P}^2$)。

## 8.4.3　风险分散效应

随着组合中资产更加分散(即资产的数量 $n$ 更大，权重 $\omega_i$ 更小)，资产组合的因素风险趋于平均化，但非因素风险则趋近于 0。也就是说，**资产组合分散掉的是非因素风险，而不是因素风险**。

对于因素风险，由于资产组合的 $b_P$ 是组合中各资产 $b_i$ 的加权平均，没有理由认为提高分散性会显著减小或增大 $b_P$ 的值，从而减小或增大资产组合的因素风险($b_P^2 \sigma_F^2$)。例如，经济前景好时，大多数股票价格上涨，反之，大多数股票价格下跌，因此不管分散化程度如何，经济前景对股票组合的影响依然存在；只是随着分散化程度的增加，股票组合更接近市场组合，其因素风险也更接近市场平均的因素风险。

但随着分散化程度增加，资产组合中各资产的个别风险(即非因素风险)对资产组合的影响越来越小，得以分散。如浦发银行董事会改选，可能会影响浦发银行股票的走势，但基本上不影响资产组合中其他资产的价格走势；随着组合中资产数量增加，浦发银行股票在资产组合中的权重减小，浦发银行董事会改选对整个资产组合的价格走势来说，影响越来越小。非因素风险的分散效应也可以通过如下证明来体现。

考虑如下情形：(1)投资者等权重地投资于 $n$ 个资产，即每个资产的投资比重 $\omega_i$ 都等于 $\frac{1}{n}$；(2)每个资产的非因素风险相等，即 $\sigma_{\varepsilon_1}^2 = \sigma_{\varepsilon_2}^2 = \cdots = \sigma_{\varepsilon_n}^2$，则资产组合的非因素风险等于：

$$\sigma_{\varepsilon_P}^2 = \sum_{i=1}^{n} \frac{1}{n^2} \sigma_{\varepsilon_i}^2 = \frac{1}{n} \sigma_{\varepsilon_i}^2 \tag{8-27}$$

随着 $n$ 趋向于 $+\infty$，资产组合的非因素风险 $\sigma_{\varepsilon_P}^2$ 则趋向于 0，即分散化能降低非因素风险。

## 8.4.4　市场模型中的风险分散效应

在市场模型中单个资产的总风险($\sigma_i^2$)同样也可以拆成两个部分：因素风险($b_i^2 \sigma_I^2$)和非因素风险($\sigma_{\varepsilon_i}^2$)。由于市场模型中因素即为市场指数，因此因素风险又被称为市场风险或系统风险，非因素风险也常被称为个别风险或非系统风险。

$$\sigma_i^2 = b_i^2 \sigma_I^2 + \sigma_{\varepsilon_i}^2 \tag{8-28}$$

同样，在市场模型中，资产组合的总风险$(\sigma_P^2)$同样可以拆成两个部分：市场风险$(b_P^2\sigma_I^2)$和个别风险$(\sigma_{\varepsilon_P}^2)$。

$$\sigma_P^2 = b_P^2\sigma_I^2 + \sigma_{\varepsilon_P}^2 \tag{8-29}$$

其中，$b_P^2 = \left(\sum_{i=1}^{n}\omega_i b_i\right)^2$，$\sigma_{\varepsilon_P}^2 = \sum_{i=1}^{n}\omega_i^2\sigma_{\varepsilon_i}^2$。

同样，在市场模型中，随着资产的分散化程度增加，资产组合的市场风险趋于平均化，资产组合的个别风险则逐渐减小。一般而言，当资产的数量大于等于 30，就可以认为资产组合的个别风险基本上等于 0，资产组合的总风险近似等于市场风险。图 8.3 描述了资产的分散化如何导致个别风险的减少以及市场风险的平均化。

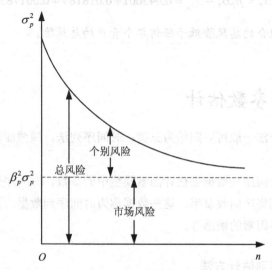

图 8.3　风险分散化效应

## 例 8.5　资产组合的风险计算

考虑浦发银行和雅戈尔两只股票，假设它们相对于上证综指的敏感性指标 $b_1 = 1.15$、$b_2 = 1.08$，随机误差的方差 $\sigma_{\varepsilon_1}^2 = 0.019082$、$\sigma_{\varepsilon_2}^2 = 0.053652$；上证综指的方差 $\sigma_I^2 = 0.035071$。假设由浦发银行和雅戈尔两只股票构成一个投资组合，且两者的权重各占 50%，即 $\omega_1 = \omega_2 = 0.5$。请计算浦发银行和雅戈尔两只股票各自的总风险(采用方差的形式)，以及由这两只股票以 0.5 和 0.5 的权重构成的投资组合的风险。

**解：** (1) 两只股票的风险计算

根据式(8-26)可以计算出浦发银行股票的总风险：

$$\sigma_1^2 = b_1^2\sigma_I^2 + \sigma_{\varepsilon_1}^2 = 1.15^2 \times 0.035071 + 0.019082 = 0.065463$$

同样可以计算出雅戈尔股票的总风险：

$$\sigma_2^2 = b_2^2\sigma_I^2 + \sigma_{\varepsilon_2}^2 = 1.08^2 \times 0.035071 + 0.053652 = 0.094559$$

**(2) 投资组合的总风险**

投资组合的市场风险计算过程如下：

$$b_P^2 \sigma_I^2 = \left( \sum_{i=1}^{n} \omega_i b_{iI} \right)^2 \sigma_P^2 = (0.5 \times 1.15 + 0.5 \times 1.08)^2 \times 0.035071 = 0.043601$$

投资组合的个别风险计算计算过程如下：

$$\sigma_{\varepsilon_P}^2 = \sum_{i=1}^{n} \omega_i^2 \sigma_{\varepsilon_i}^2 = 0.5^2 \times 0.019082 + 0.5^2 \times 0.053652 = 0.018184$$

根据式(8-27)可以得到投资组合的总风险：

$$\sigma_P^2 = \beta_P^2 \sigma_I^2 + \sigma_{\varepsilon_P}^2 = 0.043601 + 0.018184 = 0.061785$$

可以看出，投资组合的总风险低于任何单个资产的总风险。

# 8.5 因素模型参数估计

因素模型的估计方法一般可以归结为三类：时间序列法、横截面法、因素分析法。这里只介绍时间序列法。

时间序列法是用时间序列数据去估计因素模型中的参数。时间序列法的前提是能收集到各期的因素值以及各期资产的收益率，这些数据称为时间序列数据，再利用回归技术计算因素模型中的截距以及各因素的敏感性。

### 读一读 时间序列估计方法

本章的几个例题其实用的都是时间序列法。时间序列法与横截面法不同，横截面法是对同一时点上的数据进行分析，时间序列法是对一段时间的数据(称为时间序列数据)进行分析。

假设已经知道影响浦发银行股票收益率的因素是上证综指的收益率，建立回归方程：

$$r_{PF_t} = a + b \times r_{SHINDEX_t} + \varepsilon_t$$

收集时间序列数据，如2000年第1季度至2008年第4季度浦发银行和上证综指的季度收益率数据。对上述回归方程程进行回归，得到回归方程结果如下：

$$r_{PF_t} = 0.014054 + 1.151992 \times r_{SHINDEX_t} + \varepsilon_t$$

这样就可以估计出因素模型中的截距以及敏感性值，当然回归方程结果的好坏还需要利用计量经济学的知识加以判断，这里就不做说明。本章前面几个例题的回归结果其实都是用的时间序列分析法。

时间序列法也可以用来对 CAPM 中的贝塔值进行估计，但是由于很难找到真正的市场组合，所以经常用指数来代替市场组合，其实就是用市场模型来对 CAPM 中的贝塔值进行近似估计。

## 8.6　因素模型与资本资产定价模型比较

因素模型特别是单因素模型中的市场模型和资本资产定价模型(CAPM)在表达式上有些类似：

$$E(r) = a_i + b_i E(r)$$
$$E(r) = r_f + (E(r_M) - r_f)\beta_i \tag{8-18}$$

但是，因素模型和资本资产定价模型有本质的不同。资本资产定价模型是均衡模型，因素模型是非均衡模型。在资本资产定价模型中只有一个参数 $\beta_i$，任何资产所面对的无风险利率 $r_f$ 都是一样的，只要 $\beta_i$ 相同，它们的收益率 $E(r)$ 也相同，是均衡状态。但在单因素模型中参数有两个，即 $a_i$ 和 $b_i$，每个资产的 $a_i$ 是不一样的，即使他们的 $b_i$ 相同，其收益率 $E(r_i)$ 也不会相同，因此是不均衡的，存在套利机会。套利和均衡的概念在第 9 章还会详细讲解。

要使得市场模型和资本资产定价模型一致，必须要保证指数 $I$ 就是市场组合 $M$，此时有

$$a_i = (1 - \beta_i) r_f$$
$$b_i = \beta_i$$

由于市场组合 $M$ 很难找到，求解资本资产定价模型中的 $\beta_i$ 常常退而求其次采用因素模型的方法进行求解，但前提是所选用的指数要尽量贴近市场组合。

# 本　章　小　结

虽然马柯维茨投资组合理论以及夏普的资本市场理论已经给出了寻找最优组合的一般步骤，但是方差和协方差的计算量很大。因素模型是一种生成资产期望收益率的统计模型，试图找出影响所有资产收益率的共同因素。在清楚各资产收益率与这些共同影响因素之间的关系后，根据因素的预测值和方差，就可以估计出资产组合的期望收益率和方差，进而可以简便地确定最优投资组合，相比马克维茨求解最优投资组合所要进行的大量计算要方便得多。

因素模型可以分为单因素模型和多因素模型。单因素模型是指各资产只受一个共同因素影响和解释，且不被共同因素影响和解释的部分很小，可当成是残差项处理。多因素模型是指各资产共同受多个因素影响和解释，且不被这些共同因素影响和解释的部分很小，可当成是残差项处理。共同因素带来的风险称为各资产的因素风险，相当于前面介绍的系统风险；由残差项带来的风险称为各资产的非因素风险，相当于前面介绍的非系统风险。因素风险和非因素风险构成了各资产的总风险。

与系统风险和非系统风险的风险分散效应类似，随着组合中资产数量的增加，组合的非因素风险逐渐消失，因素风险逐渐趋于平均化。市场模型或指数模型是单因素模型的一个特例，其因素为市场指数的收益率。因素模型特别是单因素模型中的市场模型和资本资产定价模型在表达式上有些类似，但是却有着本质的不同。资本资产定价模型是均衡模型，因素模型是非均衡模型。在资本资产定价模型中只有一个参数贝塔值，任何资产所面对的无风险利率都是一样的，只要两个资产的贝塔值相同，那么它们的期望收益率也相同，因此是均衡的。

但在单因素模型中参数有两个：$a_i$ 和 $b_i$，每个资产的 $a_i$ 是不一样的，即使他们的 $b_i$ 相同，其期望收益率也不会相同，因此是不均衡的，存在套利机会。要使得市场模型和资本资产定价模型一致，必须要保证市场指数 $I$ 就是市场组合 $M$。由于市场组合 $M$ 很难找到，求解资本资产定价模型中的贝塔值常常退而求其次采用因素模型的方法进行求解，但前提是所选用的指数要尽量贴近市场组合。因素模型中参数估计方法一般可以归结为三类：时间序列法、横截面法、因素分析法，最常用、简单的方法是时间序列方法，即用时间序列数据进行回归。

# 复 习 题

## 一、名词解释

因素模型　　单因素模型　　多因素模型　　因素值　　　敏感性

残差项　　　市场模型　　　指数模型　　　因素风险　　非因素风险

风险分散效应　时间序列方法

## 二、讨论题

1. 为什么说因素模型极大地简化了导出马柯维茨有效集的过程？

2. 因素模型和资本资产定价模型一致吗？如果收益率由单因素模型决定，其中因素是市场组合的收益率，且资本资产定价模型成立，这两种模型存在什么关系？

## 三、计算题

1. 基于单因素模型，考虑一个零因素值为 4.5%，因素敏感性为 1.2 的资产。因素取值为 10%，该资产产生的收益率为 17%，请问：①该资产与因素有关的收益率是多少？②该资产与残差项有关的收益率是多少？

2. 基于单因素模型，考虑某个资产，其因素敏感性为 2，非因素风险 $\sigma_\varepsilon^2 = 0.49$。若因素的标准差为 0.9，求该资产的标准差是多少？

3. 基于双因素模型，考虑某个资产，已知该资产对因素 1 和因素 2 的敏感性分别为 1.2 和 1.5，零因素值为 4%，因素 1 的期望值为 3%，因素 2 的期望值为 5%，求该资产期望收益率是多少？

4. 基于单因素模型，已知因素的标准差为 0.9，考虑一个由两个资产构成的投资组合，这两个资产的相关信息如下：

| 资产 | 因素的敏感性 | 非因素风险($\sigma_{\varepsilon_i}^2$) | 比例 |
| --- | --- | --- | --- |
| A | 1.2 | 0.49 | 0.4 |
| B | 1.5 | 0.64 | 0.6 |

请问：①组合的因素风险是多少？②组合的非因素风险是多少？③组合的标准差是多少？

5. 某投资者持有一个由两个资产构成的投资组合，资产的收益率基于两因素模型，这两个资产的相关信息如下：

| 资产 | 零因素值 | 因素 1 的敏感性 | 因素 2 的敏感性 | 非因素风险($\sigma_{\varepsilon_i}^2$) | 比例 |
|---|---|---|---|---|---|
| A | 4.5% | 1.2 | 1.3 | 0.36 | 0.4 |
| B | 2% | 1.5 | 0.9 | 0.49 | 0.6 |

已知因素 1 的期望值为 10%，标准差为 0.2；因素 2 的期望值为 15%，标准差为 0.3。请问：

① 资产 A 和资产 B 的期望收益率是多少？

② 资产 A 和资产 B 的因素风险是多少？

③ 资产 A 和资产 B 的标准差是多少？

# 第 **9** 章

# 套利定价理论

在马柯维茨基础上发展起来的资本资产定价模型是一种均衡模型，它指出资产贝塔值的不同是导致各资产具有不同收益率的原因。但是这一模型需要有很严格甚至苛刻的条件作为基础，如投资者仅仅是根据期望收益率和标准差进行选择投资组合，市场上的投资者都是理性的等等。当这些条件难以满足时，其结论受到实际投资者的质疑。1976 年，斯蒂芬·罗斯(Stephen Ross)在因素模型的基础上提出了套利定价理论。套利定价理论相比资本资产定价模型假设条件要宽松和贴近现实，尽管两者从完全不同的角度出发，但都得出了同样的结论和定价模型，都属于均衡模型。

## 9.1 套利的含义

套利定价理论(arbitrage pricing theory，APT)是 1976 年美国学者斯蒂芬·罗斯在其发表的《资本资产定价的套利理论》一文中提出的。套利定价理论的首要假设是：如果市场上存在不增加风险就能增加收益的机会，则每个投资者都会利用这个机会增加收益。不增加风险就能增加收益的机会称为套利(arbitrage)机会，投资者利用这个机会增加收益的行为称为套利行为。如果市场上存在套利机会，则称这个市场处于非均衡状态；如果市场上没有套利机会，则称市场处于均衡状态。投资者的套利行为会使得套利机会很快消失，市场从非均衡状态达到均衡状态。套利定价理论的另一个重要假设是：资产的收益率可以用因素模型来表示，即套利定价理论是建立在因素模型上的。虽然因素模型是非均衡模型，但套利定价理论是均衡模型。

所谓一价定律(the law of one price)，是指在没有运输费用和官方贸易壁垒的自由竞争市场上，一件相同商品在不同国家出售，如果以同一种货币计价，其价格应是相等的。例如，当 1 美元=6.3 元人民币时，在美国卖 1 美元一件的商品在中国就应该卖 6.3 元人民币，即该商品在中国的美元价格也应该是 1 美元一件。但是如果该商品在中国卖 7 元人民币，则商人就会做这样的套利：在美国以 1 美元的价格买入，到中国以 7 元人民币的价格，相当于 1.11 美元(= 7/6.3)卖出，赚取 0.11 美元的无风险利润。当很多人都从事这样的套利活动时，会使得该种商品在美国的价格上升，在中国的价格下降，直到两个市场的美元价格一致，套利行为停止。

如果有两只股票 A 和 B，它们的风险完全相同(不仅仅是总风险值相等)，那么按照一价定律，它们的期望收益率也应该相等。如果股票 A 的期望收益率高，则所有的人都会买股票 A，卖股票 B，使得股票 A 的价格上升，期望收益率下降，股票 B 的价格下降，期望收益率上升，直至两者的期望收益率完全相等为止。这个过程就是套利。与传统的一价定律相比，股票 A 和股票 B 之间的套利行为，其“商品”是具有完全相同风险的两只股票，其“价格”是两只股票的期望收益率。

# 9.2　套利组合

投资者在面对套利机会时总是构造一个套利组合来进行套利。首先要明确三个组合的含义：初始组合、新组合和套利组合。初始组合是投资者对各资产的初始持有量或持有权重 $\omega_{i,0}$；套利组合是投资者对资产持有量或持有权重的变动 $\Delta\omega_i$；新组合是变动后对各资产的持有量或持有权重 $\omega_{i,1}(=\omega_{i,0}+\Delta\omega_i)$。怎样才能构造一个好的套利组合呢？首先必须对套利组合作一个严格的定义。

首先，套利组合是一个“零投资组合”，即投资者为套利所构造的这个组合不需要额外投入资金。

$$\Delta\omega_1+\Delta\omega_2+\cdots+\Delta\omega_n=0 \tag{9-1}$$

其次，套利组合是无风险的。由于资产的收益率可以用因素模型来表示，也就是说，套利组合对各个因素的敏感性都为 0。现以简单的单因素模型为例，假设 $n$ 个资产对因素 $F$ 的敏感性分别为 $b_1,b_2,\cdots,b_n$，则第二个原则可以表述为：

$$\Delta\omega_1b_1+\Delta\omega_2b_2+\cdots+\Delta\omega_nb_n=0 \tag{9-2}$$

如果扩展为 $K$ 元的多因素模型，则第二个原则可以表述为：

$$\begin{cases}\Delta\omega_1b_{11}+\Delta\omega_2b_{21}+\cdots+\Delta\omega_nb_{n1}=0\\\Delta\omega_1b_{12}+\Delta\omega_2b_{22}+\cdots+\Delta\omega_nb_{n2}=0\\\qquad\qquad\cdots\\\Delta\omega_1b_{1K}+\Delta\omega_2b_{2K}+\cdots+\Delta\omega_nb_{nK}=0\end{cases} \tag{9-3}$$

式(9-3)中的第一个表达式表示套利组合对第一个因素的敏感性为 0，第二个表达式表示套利组合对第二个因素的敏感性为 0，最后一个表达式表示套利组合对第 $K$ 个因素的敏感性为 0。

再次，套利组合能为投资者带来回报，即套利组合的收益率大于 0。假设 $n$ 个资产的期望收益率分别为 $E(r_1), E(r_2), \cdots, E(r_n)$，则第三个原则可以表述为：

$$\Delta \omega_1 E(r_1) + \Delta \omega_2 E(r_2) + \cdots + \Delta \omega_n E(r_n) > 0 \qquad (9\text{-}4)$$

### 例 9.1　套利组合的构造

假设投资者的初始投资为 10 万元，投资于 3 个资产，比重分别是 0.3、0.4、0.3。3 个资产的收益率都可以用单因素模型来表示，即：

$$\begin{cases} r_1 = 0.05 + 1.0 \times F + \varepsilon_{1t} \\ r_2 = 0.04 + 1.5 \times F + \varepsilon_{2t} \\ r_3 = 0.08 + 0.5 \times F + \varepsilon_{3t} \end{cases} \qquad (9\text{-}5)$$

3 个资产的期望收益率则表示为：

$$\begin{cases} E(r_1) = 0.05 + 1.0 \times E(F) \\ E(r_2) = 0.04 + 1.5 \times E(F) \\ E(r_3) = 0.08 + 0.5 \times E(F) \end{cases} \qquad (9\text{-}6)$$

假设因素的期望值为 0.1，则 3 个资产的期望收益率分别为 0.15、0.19、0.13。对于投资者所构造的初始投资组合，是否存在一个套利组合，能获得无风险收益？

**解：** 投资者可以按照上述三个标准设置如下的套利组合。首先，套利组合是"零投资组合"，即投资者不需要再拿出钱来投资，通过买卖原来组合的各资产，使得重新构造的组合的投资还是 10 万元。比如，初始资产组合为(3 万、4 万、3 万)，通过买卖资产后新的资产组合为(2 万、4.5 万、3.5 万)，投资者的总投资额没有发生变化。注意，套利组合不是新组合，套利组合是新组合与初始组合之间的变化，即(−1 万、0.5 万、0.5 万)，这个套利组合的含义是卖出 1 万元的第 1 个资产，买入 0.5 万元第 2 个资产，买入 0.5 万元第 3 个资产。用权重的形式可以将上述的套利组合表述为(−0.1、0.05、0.05)。

其次，套利组合因素是无风险的，即套利组合对因素的敏感性为 0。通过验证，上述这样一个套利组合对因素 $F$ 的敏感系数为 0(= −0.1×1 + 0.05×1.5 + 0.05×0.5)，符合第二个条件。套利组合无风险其实也意味着新组合和初始组合面临同样的因素风险。

最后，验证一下这一套利组合能否给投资者带来收益。上述这一套利组合的收益经计算为 0.001(= −0.1×0.15 + 0.05×0.19 + 0.05×0.13)。

综上所述，组合(−0.1、0.05、0.05)是一个套利组合，但套利组合不是唯一的。只要能保证式(9-1)、(9-2)和(9-3)成立的都是套利组合。

# 9.3 套利对定价的影响

如果例 9.1 中所有的投资者都卖出资产 1,买进资产 2 和资产 3,就会使得资产 1 的价格下跌,期望收益率上升;资产 2 和资产 3 价格上涨,期望收益率下降。价格与期望收益率之间的关系如下

$$E(r) = \frac{E(P_1) - P_0}{P_0} \tag{9-7}$$

其中,$P_0$ 是资产当前的价格,$E(P_1)$ 是资产的预期价格。购买资产,会提高其当前价格,导致期望收益率下降;反之,出售资产,会使其当前价格下降,期望收益率上升。这种套利行为直至 3 个资产之间的套利机会完全丧失后才停止下来,此时资产期望收益率之间会达到一种均衡。如果所有资产的期望收益率只受一个因素影响,即资产的期望收益率可用单因素模型表示,那么均衡时资产的期望收益率和敏感性之间应满足如下的线性关系

$$E(r_i) = \lambda_0 + \lambda_1 b_i \tag{9-8}$$

其中 $\lambda_0$ 和 $\lambda_1$ 为常数,$b_i$ 是资产 $i$ 对因素的敏感性。等式(9-8)则称为单因素模型下的**套利定价方程**。对照式(9-6)和(9-8),之所以式(9-6)中出现套利机会,原因就在于各资产期望收益率的表达式中常数项不相同,同样的敏感性 $b_i$ 会对应不同的期望收益率,即敏感性和期望收益率之间不是一一对应的关系。

如果资产的期望收益率是一个多因素模型,则套利方程表示为

$$E(r_i) = \lambda_0 + \lambda_1 b_{i1} + \lambda_2 b_{i2} + \cdots + \lambda_K b_{iK} \tag{9-9}$$

其中 $\lambda_0, \cdots, \lambda_K$ 为 $K + 1$ 个常数,$b_{i1}, \cdots, b_{iK}$ 分别表示资产 $i$ 对 $K$ 个因素的敏感性。

### 👓 读一读 套利定价方程推导

如果资产的收益率满足 $K$ 元多因素模型:

$$\begin{cases} E(r_1) = a_{11} + b_{11}E(F_1) + b_{12}E(F_2) + \cdots + b_{1K}E(F_K) \\ E(r_2) = a_{21} + b_{21}E(F_1) + b_{12}E(F_2) + \cdots + b_{2K}E(F_K) \\ \qquad \cdots \\ E(r_n) = a_{n1} + b_{n1}E(F_1) + b_{n2}E(F_2) + \cdots + b_{nK}E(F_K) \end{cases} \tag{9-10}$$

按照构造套利组合的三个原则,有:

$$\begin{cases} \Delta\omega_1 + \Delta\omega_2 + \cdots + \Delta\omega_n = 0 \\ \Delta\omega_1 b_{11} + \Delta\omega_2 b_{21} + \cdots + \Delta\omega_n b_{n1} = 0 \\ \Delta\omega_1 b_{12} + \Delta\omega_2 b_{22} + \cdots + \Delta\omega_n b_{n2} = 0 \\ \qquad \cdots \\ \Delta\omega_1 b_{1K} + \Delta\omega_2 b_{2K} + \cdots + \Delta\omega_n b_{nK} = 0 \\ \Delta\omega_1 E(r_1) + \Delta\omega_2 E(r_2) + \cdots + \Delta\omega_n E(r_n) > 0 \end{cases} \tag{9-11}$$

式(9-11)中第一个表达式是原则一，最后一个表达式是原则三，中间的 $K$ 个表达式是原则二。如果市场达到了均衡，则对于任何构造的 $(\Delta\omega_1,\cdots,\Delta\omega_n)$ 都不可能获得超额收益，即恒有 $\Delta\omega_1 E(r_1)+\Delta\omega_2 E(r_2)+\cdots+\Delta\omega_n E(r_n)=0$。则式(9-11)转换为

$$
\begin{cases}
\Delta\omega_1 + \Delta\omega_2 + \cdots + \Delta\omega_n = 0 \\
\Delta\omega_1 b_{11} + \Delta\omega_2 b_{21} + \cdots + \Delta\omega_n b_{n1} = 0 \\
\Delta\omega_1 b_{12} + \Delta\omega_2 b_{22} + \cdots + \Delta\omega_n b_{n2} = 0 \\
\quad\quad\quad\cdots \\
\Delta\omega_1 b_{1K} + \Delta\omega_2 b_{2K} + \cdots + \Delta\omega_n b_{nK} = 0 \\
\Delta\omega_1 E(r_1) + \Delta\omega_2 E(r_2) + \cdots + \Delta\omega_n E(r_n) = 0
\end{cases}
\tag{9-12}
$$

进一步转换为矩阵形式：

$$
\begin{bmatrix}
1 & 1 & \cdots & 1 \\
b_{11} & b_{21} & \cdots & b_{n1} \\
 & & \cdots & \\
b_{1K} & b_{2K} & \cdots & b_{nK} \\
E(r_1) & E(r_2) & \cdots & E(r_n)
\end{bmatrix}
\begin{bmatrix}
\Delta\omega_1 \\
\Delta\omega_2 \\
\cdots \\
\Delta\omega_n
\end{bmatrix}
= 0
\tag{9-13}
$$

由于向量 $[E(r_1),E(r_2),\cdots,E(r_n)]\neq 0$，要使得 $\Delta\omega_1 E(r_1)+\Delta\omega_2 E(r_2)+\cdots+\Delta\omega_n E(r_n)=0$ 恒成立，则 $[E(r_1),E(r_2),\cdots,E(r_n)]$ 可以用其余行向量表示，即：

$$
\begin{bmatrix}
E(r_1) \\
E(r_2) \\
\cdots \\
E(r_n)
\end{bmatrix}
= \lambda_0 \times
\begin{bmatrix}
1 \\
1 \\
\cdots \\
1
\end{bmatrix}
+ \lambda_1 \times
\begin{bmatrix}
b_{11} \\
b_{21} \\
\cdots \\
b_{n1}
\end{bmatrix}
+ \lambda_2 \times
\begin{bmatrix}
b_{12} \\
b_{22} \\
\cdots \\
b_{n2}
\end{bmatrix}
+ \cdots \lambda_K \times
\begin{bmatrix}
b_{1K} \\
b_{2K} \\
\cdots \\
b_{nK}
\end{bmatrix}
\tag{9-14}
$$

资产 $i$ 的期望收益率即表示为(9-9)的形式：

$$
E(r_i) = \lambda_0 + \lambda_1 b_{i1} + \lambda_2 b_{i2} + \cdots + \lambda_K b_{iK}
$$

式(9-14)和(9-9)都称为套利定价方程。

在均衡状态下，资产 $i$ 的期望收益率都可以表示为式(9-9)的形式，那么无风险资产也满足式(9-9)。由于无风险资产对任何风险因素敏感性为 0，则可以得到

$$
\lambda_0 = r_f
\tag{9-15}
$$

考虑一个只对因素 $F_1$ 存在单位敏感性，而对其他因素的敏感性为 0 的纯因素组合 $P_1^*$，那么该纯因素组合 $P_1^*$ 的期望收益率为：

$$
E(r_{P_1^*}) = r_f + \lambda_1
\tag{9-16}
$$

将式(9-16)转化为：

$$\lambda_1 = E(r_{P_1^*}) - r_f \tag{9-17}$$

可以看出，$\lambda_1$的含义是单位敏感性组合的期望超额收益率(高出无风险利率的部分)。方便起见，用$\delta_1$代替$E(r_{P_1^*})$，则式(9-17)可进一步改写为：

$$\lambda_1 = \delta_1 - r_f \tag{9-18}$$

同理，考虑一个只对因素$F_2$存在单位敏感性，对其他因素的敏感性为 0 的纯因素组合$P_2^*$，其期望收益率为$\delta_2$，那么：

$$\lambda_2 = \delta_2 - r_f \tag{9-19}$$

依此类推，可以得到：

$$\lambda_3 = \delta_3 - r_f$$
$$\cdots$$
$$\lambda_K = \delta_K - r_f \tag{9-20}$$

那么套利定价方程可以表述为：

$$E(r_i) = r_f + (\delta_1 - r_f)b_{i1} + (\delta_2 - r_f)b_{i2} + \cdots + (\delta_K - r_f)b_{iK} \tag{9-21}$$

**例9.2 利用套利方程对资产期望收益率进行计算**

假设均衡条件下，某资产的期望收益率可以表述为三元的套利定价方程：

$$E(r_i) = r_f + (\delta_1 - r_f)b_{i1} + (\delta_2 - r_f)b_{i2} + (\delta_3 - r_f)b_{i3} \tag{9-22}$$

其中，$r_f = 3\%$，$\delta_1 = 8\%$，$\delta_2 = 9\%$，$\delta_3 = 10\%$。该资产对 3 个因素的敏感性分别为$b_{i1} = 1.5$，$b_{i2} = -1.3$，$b_{i3} = 2$。请计算均衡状态下该资产的期望收益率。

**解**：均衡状态下该资产的期望收益率为 16.7%，计算过程如下：

$$E(r_i) = 3\% + (8\% - 3\%) \times 1.5 + (9\% - 3\%) \times (-1.3) + (10\% - 3\%) \times 2$$
$$= 16.7\%$$

# 9.4 APT 和 CAPM 的关系

APT(套利定价模型)和 CAPM(资本资产定价模型)既有不同之处，又有相同之处。不同之处是它们的假设条件和推导过程完全不同；相同之处是它们都是均衡模型，模型结果类似，CAPM 模型可以看成是 APT 模型的一个特例，APT 模型是 CAPM 模型的一般形式。

## 9.4.1　单因素情形

考虑下列的情形：如果资产的期望收益率由一个因素模型生成，因素为市场组合。在这种情况下，$\delta_1$ 和市场组合的期望收益率 $E(r_M)$ 相等。

$$
\begin{cases}
E(r_i) = r_f + \beta_i(E(r_M) - r_f) \\
E(r_i) = r_f + b_i(\delta_1 - r_f)
\end{cases}
\tag{9-23}
$$

要使得式(9-23)中 CAPM 和 APT 都成立，则必须 $\beta_i = b_i$。

但是如果因素不是市场组合，而且这种情况是更一般的情况，此时，$b_i$ 和 $\beta_i$ 存在何种关系呢？$b_i$ 和 $\beta_i$ 的关系可以表述为：

$$
\beta_i = \frac{\sigma_{F_1,M}}{\sigma_M^2} b_i
\tag{9-24}
$$

单位纯因素组合 $P_1^*$ 的超额收益率为：

$$
\lambda_1 = \frac{\sigma_{F_1,M}}{\sigma_M^2} b_i (E(r_M) - r_f)
\tag{9-25}
$$

**读一读** $b_i$ 和 $\beta_i$ 的关系推导

我们可以用 CAPM 模型给单位纯因素组合 $P_1^*$ 进行定价：

$$
\delta_1 = r_f + \frac{\sigma_{F_1,M}}{\sigma_M^2} (E(r_M) - r_f)
\tag{9-26}
$$

将式(9-26)代入式(9-23)的第 2 个式子中可以得到：

$$
E(r_i) = r_f + \frac{\sigma_{F_1,M}}{\sigma_M^2} b_i (E(r_M) - r_f)
\tag{9-27}
$$

对照式(9-23)的第 1 个等式和(9-27)，可以得到 $\beta_i = \frac{\sigma_{F_1,M}}{\sigma_M^2} b_i$。单位纯因素组合 $P_1^*$ 的超额收益率 $\lambda_1 = \delta_1 - r_f = \frac{\sigma_{F_1,M}}{\sigma_M^2} b_i (E(r_M) - r_f)$。

## 9.4.2　多因素情形

首先考虑双因素模型，CAPM 和 APT 同时成立可表示为：

$$
\begin{cases}
E(r_i) = r_f + \beta_i(E(r_M) - r_f) \\
E(r_i) = r_f + b_{i1}(\delta_1 - r_f) + b_{i2}(\delta_2 - r_f)
\end{cases}
\tag{9-28}
$$

此时有

$$\beta_i = \frac{\sigma_{F_1,M}}{\sigma_M^2}b_{i1} + \frac{\sigma_{F_2,M}}{\sigma_M^2}b_{i2} \tag{9-29}$$

第 1 个因素的单位纯因素组合 $P_1^*$ 和第 2 个因素的单位纯因素组合 $P_2^*$ 的期望收益率 $\delta_1$ 与 $\delta_2$ 分别为:

$$\begin{cases} \delta_1 = r_f + \dfrac{\sigma_{F_1,M}}{\sigma_M^2}(E(r_M) - r_f) \\[3mm] \delta_2 = r_f + \dfrac{\sigma_{F_2,M}}{\sigma_M^2}(E(r_M) - r_f) \end{cases} \tag{9-30}$$

它们的超额收益率 $\lambda_1$ 和 $\lambda_2$ 分别为:

$$\begin{cases} \lambda_1 = \dfrac{\sigma_{F_1,M}}{\sigma_M^2}b_{i1}(E(r_M) - r_f) \\[3mm] \lambda_2 = \dfrac{\sigma_{F_2,M}}{\sigma_M^2}b_{i2}(E(r_M) - r_f) \end{cases} \tag{9-31}$$

读者可以参见单因素模型下的证明过程,尝试证明式(9-29)和(9-31)。

# 本 章 小 结

套利定价模型(APT)和资本资产定价模型(CAPM)都属于均衡模型,但是 APT 模型比 CAPM 模型的假设条件更少,也更贴近现实。APT 模型假设资产收益率由因素模型生成,即 APT 模型是建立在因素模型基础之上的。一个套利组合是"零"的投资组合,对任何因素都 无敏感性,并具有正的预期回报率。如果市场上存在套利机会,投资者就会构造套利组合进 行套利,直到套利机会消失,即无套利,达到均衡。在无套利情况下,资产的均衡期望收益 率是它的因素敏感性的线性函数,截距项是无风险利率。因素敏感性前的系数为单位敏感性 组合的期望超额收益率。单位敏感性组合只对某个因素有单位敏感性,对其他因素无敏感性。 单位敏感性组合的期望超额收益率是单位敏感性组合的期望收益率减去无风险利率。CAPM 模型和 APT 模型既有不同之处,又有相同之处。不同之处是它们的假设条件和推导过程完全 不同,相同之处是它们都是均衡模型,模型结果类似,CAPM 模型可以看成是 APT 模型的一 个特例,APT 模型是 CAPM 模型的一般形式。如果资产收益率由因素模型生成,同时 CAPM 成立,那么资产的贝塔值取决于资产对因素的敏感性和因素与市场组合之间的协方差。

# 复 习 题

## 一、名词解释

套利      套利组合      无套利      零投资组合      单位敏感性组合
单位敏感性组合的期望超额收益率      套利定价模型

## 二、讨论题

1. 阐述套利定价模型和资本资产定价模型的异同点。

2. 确定一个套利组合需要三个条件，当市场存在套利机会时，构造的套利组合是不是唯一的？

3. 为什么市场会出现套利机会？既然套利机会一旦出现，就会使套利活动消失，那么为什么有些套利机会会长期存在呢？如港股和 A 股之间存在明显的差价。

4. 有些人认为：市场组合从来就不可能被测定，因此资本资产定价模型是不可检验的；套利定价理论没有明确因素的数目，也没有明确因素的内容，因而也是不可检验的。如果这些观点正确，是不是意味着这些理论是毫无价值的？

5. 套利的思想非常重要，你能不能观察到实际经济、金融生活中的套利机会，并说明如何实现套利？如果这种套利机会存在，而且很少人去进行套利，能不能分析其存在的原因。

## 三、计算题

1. 设某个单因素模型的形式为 $r_i = 3\% + b_i F + \varepsilon_i$，因素的期望值为 10%。现有三个分散化很好的投资组合(残差 $\varepsilon_i$ 比较小)，各投资组合的因素敏感性和期望收益率如下：

| 组合 | 因素敏感性 | 期望收益率/% |
| --- | --- | --- |
| 1 | 1.2 | 14 |
| 2 | 1.5 | 18 |
| 3 | 0.8 | 11 |

请问：①有一个投资组合不在因素模型关系的直线上，是哪一个？②你能不能由其他两个投资组合构造一个新组合，使其与"线外"的投资组合有相同的敏感性，并计算出新组合的期望收益率。③根据前两步的结论和提示，你能不能针对组合 1、组合 2 和组合 3，构造出无风险的套利组合，以获得无风险超额回报？

2. 基于两因素模型基础上的套利定价公式为 $E(r_i) = r_f + b_{i1}(\delta_1 - r_f) + b_{i2}(\delta_2 - r_f)$。如果有三个资产满足该套利定价公式，且相关信息如下：

| 资产 | 对因素 1 的敏感性 | 对因素 2 的敏感性 | 期望收益率/% |
| --- | --- | --- | --- |
| A | 0.8 | 0.7 | 16.5 |
| B | 0.6 | 0.9 | 17.5 |

请问：①计算 $r_f$、$\delta_1$ 和 $\delta_2$。②如果资产 C 对因素 1 的敏感性为 1，对因素 2 的敏感性为 1.5，试计算资产 C 的期望收益率。

3. 假设资本资产定价模型成立，资产的收益率由一个单因素模型生成。给定如下信息：

$$\sigma_M^2 = 0.04，b_A = 1.2，b_B = 1.5，\text{Cov}(F, r_M) = 0.05$$

请问：①计算资产 A 和资产 B 的贝塔系数。②如果无风险资产的收益率为 4%，市场组合的期望收益率为 10%，那么资产 A 和资产 B 的期望收益率是多少？

# 第 10 章
# 投资管理和业绩评价

通过对前面几章内容的学习，我们对证券的定价有了比较深入的了解和掌握。第 2 篇中，资产定价通常采用现金流贴现方法，即对于一个资产，首先应估计其现金流，再选择合适的贴现率进行贴现。第 3 篇中的资本资产定价模型和套利定价模型给出了贴现率的合理计算方法。但是学会定价在投资中才是第一步，如果想做好投资，还需要了解一些投资管理和业绩评价的知识。投资管理主要讲述投资决策过程的五个步骤，其中包括业绩评价。由于业绩评价内容比较多，本章把它单独列出来进行介绍。

学习本章内容之前，请考虑这样一个问题：如果你有一笔资金想要投资基金，那么需要选择一个或多个比较好的基金进行投资，如何确定一只基金比其他基金要好呢？

## 10.1 投资管理

理性的投资者或投资管理机构(基金公司)的投资决策应该包括以下五个步骤：
(1) 了解自身或客户的风险偏好，确定投资目标。
(2) 进行证券分析，找出定价不当的情形。
(3) 构建证券组合。
(4) 对证券组合进行动态管理。
(5) 评价证券组合的业绩。

### 10.1.1 风险偏好分析

投资者的偏好表现为投资者的无差异曲线。投资管理公司可以设定不同风险和收益的投资组合让投资者进行选择，从而判断出投资者的风险偏好情况，进而制定合适的投资策略，是激进的(风险偏好)、保守的(风险厌恶)还是平衡性的投资策略。

### 读一读 投资者无差异曲线的确定

假设股票组合的期望收益率为 15%,标准差为 20%,无风险国库券组合的期望收益率为 4%。由于无风险国库券组合认为没有风险,所以其标准差为 0,且与风险组合的协方差也为 0。构造股票组合和无风险国库券组合之间的不同权重,可以设置若干种由两者构成的新组合。参考第 7 章中关于投资组合的期望收益率和标准差的计算方法,计算出这些新组合的期望收益率和标准差如表 10.1 所示。

表 10.1 股票组合和无风险国库券组合所构成的新组合

| 股票组合的比例/% | 国库券组合的比例/% | 新组合期望收益率 | 新组合标准差 | 投资者的风险容忍度 |
| --- | --- | --- | --- | --- |
| 0 | 100 | 0.04 | 0 | 0.00 |
| 10 | 90 | 0.051 | 0.02 | 0.07 |
| 20 | 80 | 0.062 | 0.04 | 0.15 |
| 30 | 70 | 0.073 | 0.06 | 0.22 |
| 40 | 60 | 0.084 | 0.08 | 0.29 |
| 50 | 50 | 0.095 | 0.1 | 0.36 |
| 60 | 40 | 0.106 | 0.12 | 0.44 |
| 70 | 30 | 0.117 | 0.14 | 0.51 |
| 80 | 20 | 0.128 | 0.16 | 0.58 |
| 90 | 10 | 0.139 | 0.18 | 0.65 |
| 100 | 0 | 0.15 | 0.2 | 0.73 |
| 110 | - 10 | 0.161 | 0.22 | 0.80 |
| 120 | - 20 | 0.172 | 0.24 | 0.87 |
| … | … | … | … | … |

投资者被告知从股票组合和无风险国库券组合所形成的新组合中选择投资者认为最优的投资组合。投资者可能选择其中的一个组合,如股票组合的比例 50%,国库券组合的比例 50%。根据这一选择我们可以确定投资者的风险容忍程度和无差异曲线的形状。

假设投资者的一组无差异曲线中第 $i$ 条曲线可以用如下表达式表示:

$$E(r_P) = u_i + \frac{1}{\tau}\sigma_P^2 \tag{10-1}$$

用二维坐标表示投资者的无差异曲线,如果横坐标是方差 $\sigma_P^2$,无差异曲线是若干条平行的直线,如图 10.1 所示;如果横坐标是标准差 $\sigma_P$,无差异曲线是若干条平行的曲线,如图 10.2 所示。考虑图 10.1 中的情形,则 $u_i$ 为无差异曲线的截距,$\frac{1}{\tau}$ 为斜率。其中 $\tau$ 又称为风险容忍度。

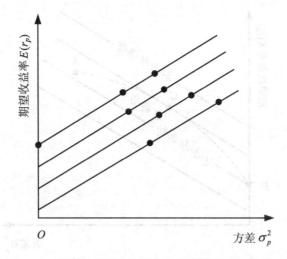

图 10.1　直线形式的无差异曲线(期望收益率—方差)

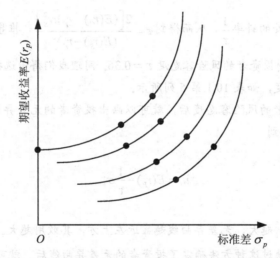

图 10.2　曲线形式的无差异曲线(期望收益率—标准差)

根据资本市场线的表达式,各新组合在期望收益率—标准差的坐标系下是一条直线:

$$E(r_C) = r_F + \frac{\sigma_C}{\sigma_S}(E(r_C) - r_F) \tag{10-2}$$

其中,$E(r_C)$ 是新组合 C 的期望收益率,$r_F$ 是国库券组合的收益率,$\sigma_S$ 是股票组合 S 的标准差,我们这里的股票组合 S 是有效组合或市场组合。若在期望收益率—方差的坐标系下,各新组合应该形成一条曲线。现将表 10.1 中不同的新组合和投资者的无差异曲线绘制在同一个图中,且横坐标是方差,纵坐标是期望收益率,绘制的结果如图 10.3 所示。曲线 FCS 是构成的一系列新组合,其中 F 点是 100%的国库券组合,S 点是 100%的股票组合,投资者最后选择了 C 点 50%的国库券组合和 50%的股票组合。

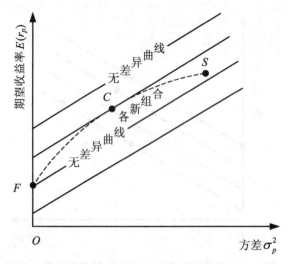

图 10.3　各个新组合与无差异曲线

可以推导出 $C$ 点处的斜率 $\dfrac{1}{\tau}$，从而得到 $\tau = \dfrac{2\left[(E(r_C)-r_F)\sigma_S^2\right]}{(E(r_S)-r_F)^2}$，推导过程略。将 $C$ 点的期望收益率代入后，得到投资者的风险容忍度 $\tau = 0.36$。同理我们得出选择其他点(新投资组合)的投资者的风险容忍度，如表 10.1 第 5 列所示。

在确定了某投资者的风险容忍度后，就可以画出投资者的无差异曲线，如式(10-1)。将式(10-1)变形后可以得到

$$u_i = E(r_P) - \frac{1}{\tau}\sigma_P^2 \tag{10-3}$$

其中确定性等价 $u_i$ 越大，无差异曲线越靠近左上方，其效用越大。

当投资管理公司通过这种方法确定了投资者的无差异曲线后，就可以为投资者制定其最优的投资策略，以使得在若干种可行的投资策略中该投资者的确定性等价最大。

## 10.1.2　证券分析

证券分析的目的是寻找定价错误的证券，即高估或低估的证券。进行证券分析的前提是认为证券市场是无效的，不能时刻保证资产的价格都处于均衡状态，存在错误定价的情况；并根据错误定价的情况，卖出高估的资产，买入低估的资产，这种投资方式称为**积极型**管理。如果认为证券市场是相对有效的，证券的定价是合理的，那么通过证券分析进行买卖证券是徒劳的，投资者所要做的事情就是持有市场组合的替代物——指数基金，因为积极型的管理不能获得比指数基金更高的超额收益率，这种投资方式称为**消极型**管理。

当认为证券市场是无效的情况时，证券分析就非常必要。分析的方法可以是基本面分析或技术分析。基本面分析主要是为了对证券进行估值(确定价格)，估值的方法包括绝对定价

法(如现金流贴现法)和相对定价法(如市盈率和市净率法)。第 3 篇所讲述的资本资产定价理论和套利定价理论主要是求得给定风险下资产的期望收益率，即现金流贴现法中所要使用的贴现率。

如果通过估值计算，宝钢股票的理论价格是 5 元/股，市场价格是 4 元/股，投资者应该买入宝钢股票。但是这并不意味着将所有的资金都买入宝钢，因为这种投资策略虽然增加了投资者的期望收益率，但是却增加了投资者的非系统风险。证券组合的构建是在综合考虑组合的风险和收益的情况下构建的。

## 10.1.3　投资组合的构建

如果是消极的投资管理策略，那么投资者的最优投资组合就是根据其风险承受能力在无风险资产和指数基金之间配置权重。

如果是积极的投资管理策略，那么投资者所要做的事情是重新构造新的组合，使得新组合符合投资者的目的。

原则上，投资经理应该对可投资的证券的期望收益率、标准差和协方差进行预测，然后得出有效集，再根据投资者的无差异曲线找到最优的投资组合。这种方法称为一步式的投资组合构建方法。但是这种一步式的方法，需要作大量的计算，过于繁杂，所以可以采用两步或更多步来完成。

所谓两步式，是指最优投资组合的构建需要两步完成。第一步不是在整体中构建最优组合，而是在整体的子类中构建子类中的最优组合。如在股票一类和债券一类中分别找出它们各自的最优组合。第二步是考虑各子类之间的权重如何分配。其中，第一步寻找各子类中的最优组合的过程和一步法完全一致，但是由于每个类别中的资产数量大大减少，所需要计算的量也大大减少(特别是协方差的计算)。第二步，确定各子类之间的权重，则要考虑投资者的偏好和投资策略，根据这两步就可以确定最优组合中各证券的最终权重。

所谓更多步，则是将股票类和债券类进一步细化成更多子类，如股票类分 10 个行业，债券类分不同的期限。第一步，单独确定每个子类中的资产权重；第二步，确定股票类中各子类的权重和债券类中各子类的权重；第三步，确定股票类和债券类之间的权重。通过三步法可以确定组合中各证券的最终权重。当然，也可以用更多步来构建最优组合。

### 👓 读一读　一步式、两步式和多步式的最优证券组合的确定

假设有 100 只可供选择的证券，包括 90 只股票和 10 只债券，90 只股票分布于 5 个行业，10 只债券中 5 只短期、5 只长期。

按照一步式方法，计算出这 100 只证券的期望收益率、方差和协方差，找到有效前沿，根据投资者的无差异曲线，找到切点，即最优组合点。

两步式方法的确定过程是：首先按照找最优组合点的方法找到 90 只股票中的最优组合，同样按照该方法找到 10 只债券中的最优组合。再考虑最优股票组合和最优债券组合之间的权重，假设确定了股票和债券之间的最优权重是 60%和 40%，那么最优组合的这 100 只证券中，每只股票的权重为 60%×第一步中所确定的 90 只股票的权重；每只债券的权重为 40%×第一

步中所确定的 10 只债券的权重。

多步式方法的确定过程是：首先按照找最优组合点的方法找到每个行业中的最优组合和不同期限类债券的最优组合。然后再确定行业之间的比重和债券类别之间的比重。再确定股票类与债券类之间的比重。最后将三者之积作为最优组合中各证券的最优比重。

## 10.1.4　投资组合的修正

随着时间的推移，资产的期望收益率、方差和协方差都会发生变化，原先的组合可能不再是最优的组合。这时则需要重复上述的步骤，对组合中各资产的权重进行重新配置。但是配置过程中会发生买卖的费用，因此调整资产权重的时候还要权衡调整费用。

## 10.2　业绩评价

在投资管理中，对构建的投资组合进行业绩评价是五个环节中必不可少的一环。业绩评价一般回答两个问题：第一，该组合的历史业绩是否比基准组合的历史业绩要好；第二，业绩是否具有可持续性。业绩评价经常被用于对基金经理业绩进行考核。基准组合一般都是原先设定的或是同类型的组合，如评价广发小盘这只基金的基金经理的管理业绩，则应该拿广发小盘和小盘股指数进行比较，如果拿广发小盘和大盘股进行比较就不恰当。

### 10.2.1　历史业绩测定

测量或比较业绩好坏，肯定是比较事后的业绩，即历史业绩。那么如何测定业绩呢？假设某投资者起初有 10 万元资金，并全部投入(满仓)，其期末资产是 15 万元，那么很显然其投资收益率是 50%。但是，问题是该投资者中途可能加仓了 3 万元(买进股票，投入资金 3 万元)，或是减仓了 3 万元(卖出股票，撤出资金 3 万元)。如果是中途加仓 3 万元，这与初始投入 13 万元是不一样的概念，那么投资收益率如何确定呢？确定的方法一般包括两种：资金加权收益率和时间加权收益率。

#### 1. 资金加权收益率

对上面的例子进一步细化。某投资者 2008 年 1 月 1 日投入 10 万资金，2008 年 6 月 30 日资产的市值为 11 万元，同时投资者又加仓 3 万元，2008 年 12 月 30 日投资者的资产市值为 15 万元。若按照资金加权收益率来测定其投资收益率，则收益率的计算方法如下：

$$10 + \frac{3}{(1+y)^{\frac{1}{2}}} = \frac{15}{(1+y)} \tag{10-4}$$

由此可以计算出收益率为 17.48%。

### 2. 时间加权收益率

若按照时间加权收益率来测定投资者的业绩，则应分别计算各个时间段的收益率，然后再计算整段时间的收益率。如上例中，前半年的收益率为 $10\%(=\dfrac{11-10}{10})$，后半年的收益率为 $7.14\%(=\dfrac{15-14}{14})$。则全年的收益率为 $17.85\%(=(1+10\%)\times(1+7.14\%)-1)$。

上述两种方法都经常使用，在这个例子中两者比较接近。但是如果对上述例子稍作修改：某投资者 2008 年 1 月 1 日投入 10 万资金，2008 年 6 月 30 日资产的市值为 5 万元，同时投资者又加仓 5 万元，2008 年 12 月 30 日投资者的资产市值为 20 万元。利用第一种方法计算的收益率为 40.69%，而利用第二种方法计算的收益率则为 0，在这个例子中两种计算方法的方差差异很大。

第一种方法主要是用来度量本金的回报率情况，而第二种方法主要是考察投资组合的业绩。因为从 10 万元跌至 5 万元，亏损了 50%；而从 10 万元涨至 20 万元，则盈利 100%。如果投资者没有加仓，后一阶段涨 100%，正好使得资金又回到 10 万，所以没赚没亏，收益率为 0。之所以后面能盈利，是因为加仓了，而不是投资者的投资组合的业绩增长。因此，评价投资组合的业绩应该使用第二种方法。

单纯从历史业绩来评价哪个组合更好，还不够全面。因为某个组合的历史业绩确实好于另一个组合，但是其面临的风险也比较大，因此需要采用风险调整后的业绩来对各组合进行评价。

## 10.2.2　风险调整后的业绩测定

风险调整后的业绩测定基本上是建立在资本资产定价模型和套利定价模型的基础上，这些模型都假定系统风险或因素风险是和收益率相对应的，高的系统风险或因素风险必须弥补高的收益率。所以评价两个组合的业绩，不能只看收益率，还要比较它们的风险。

本章我们简单地介绍一下建立在资本资产定价模型(CAPM)基础之上的几类风险调整后的业绩评价指标，主要包括：詹森指标、特雷纳指标、夏普指标、信息比率和市场时机选择指标。

### 1. 詹森指标

詹森指标(Jensen's Measure)是建立在 CAPM 基础之上的。按照 CAPM 理论，一个组合 $P$ 的期望收益率应该满足 CAPM 方程，那么组合历史收益率序列 $\{r_{P,t}\}$ 应该满足如下方程：

$$r_{P,t} = r_{f,t} + \beta_P(r_{M,t} - r_{f,t}) + \varepsilon_t \tag{10-5}$$

其中 $\{r_{P,t}\}$ 可以是每天、每月、每季度、每年等周期的收益率序列，且与其他变量的期数一致。由于我们只能找到上述变量的历史数据(或称事后的数据)，因此通过回归模型求出的 $\beta_P$ 也是事后的贝塔值。

对式(10-5)两边取平均值，则有

$$\overline{r_P} = \overline{r_f} + \beta_P(\overline{r_M} - \overline{r_f})$$ (10-6)

其中，$\overline{r_P}$ 表示过去一段时间投资组合的平均收益率，$\overline{r_f}$ 表示过去一段时间的平均无风险利率，$\overline{r_M}$ 表示过去一段时间的平均市场收益率。

如果 $\overline{r_P} = \overline{r_f} + \beta_P(\overline{r_M} - \overline{r_f})$，则组合 P 的历史平均收益 $\overline{r_P}$ 达到了其风险所对应的收益水平；如果 $\overline{r_P} > \overline{r_f} + \beta_P(\overline{r_M} - \overline{r_f})$，则组合 P 的历史平均收益 $\overline{r_P}$ 超过了其风险所应有的收益水平，获得了超额收益率 $\overline{r_P} - [\overline{r_f} + \beta_P(\overline{r_M} - \overline{r_f})]$，否则组合 P 的历史平均收益 $\overline{r_P}$ 低于其风险所对应的收益水平。

超额收益率 $\alpha_P$ 就称为**詹森指标**。如果 $\alpha_P > 0$，则认为组合 P 优于市场组合 M；如果 $\alpha_P < 0$，则认为组合 P 劣于市场组合 M；如果 $\alpha_P = 0$，则认为组合 P 达到市场组合 M 的业绩水平。当然，任意两个组合相比较时，$\alpha_P$ 越大越好。

求解某一组合的詹森指标 $\alpha_P$，除了利用上述方法外，还可以直接利用回归方程求解，回归方程如下：

$$r_{P,t} - r_{f,t} = \alpha_P + \beta_P(r_{M,t} - r_{f,t}) + \varepsilon_t$$ (10-7)

其中，被解释变量为 $\{r_{P,t} - r_{f,t}\}$，解释变量是 $\{r_{M,t} - r_{f,t}\}$，$\beta_P$ 为解释变量前的回归系数，常数 $\alpha_P$ 即为所要求解的某一组合的詹森指标。

### 例 10.1　詹森指标的计算方法

从 Resset 数据库下载了 2005 年 3 月 11 日至 2009 年 3 月 31 日，嘉实稳健开放式证券投资基金(160703)和广发小盘成长股票型证券投资基金(162703)每日的基金累计净值，以及这段时间上证指数每日的收盘价和 7 天期的国债回购利率(R007)。样本量为 990 个。请计算嘉实稳健开放式证券投资基金和广发小盘成长股票型证券投资基金的詹森指标。

**解**：根据日对数收益率的计算公式 $r_t = \ln(P_t) - \ln(P_{t-1})$，可以计算出嘉实稳健开放式证券投资基金、广发小盘成长股票型证券投资基金、上证指数每日的收益率序列 $\{r_{j,t}\}$、$\{r_{g,t}\}$、$\{r_{M,t}\}$。在这里用上证指数代替市场组合 M，用 7 天期的国债回购利率作为无风险利率的替代。但是要注意，7 天期的回购利率是年化利率，需要和日对数收益率的周期相对应。

7 天期的回购利率转换成日无风险利率的转换公式如下

$$r_{d,f,t} = \sqrt[252]{(1 + r_{y,f,t})} - 1$$ (10-8)

其中，$r_{d,f,t}$ 为第 t 日的日无风险利率；$r_{y,f,t}$ 为第 t 日的年化无风险利率，在本例中为第 t 日的 7 天期回购利率。如 2005 年 3 月 14 日市场上的 7 天期期的回购利率为 1.8256%，注意这是年化利率，现代入式(10-8)，得到 2005 年 3 月 14 日这一天的日无风险利率为 $7.19223 \times 10^{-5}$：

$$r_{d,f,t} = \sqrt[252]{(1+r_{y,f,t})} - 1 = \sqrt[252]{(1+1.8256\%)} - 1 = 7.19223 \times 10^{-5}$$

将上证指数每天的收益率减去对应的日无风险利率，即可以得到每天的市场超额收益率 $\{r_{M,t} - r_{d,f,t}\}$；用嘉实稳健开放式证券投资基金每天的收益率减去对应的日无风险利率，即可以得到嘉实稳健开放式证券投资基金每天的超额收益率 $\{r_{j,t} - r_{d,f,t}\}$；同样的道理，可以得到广发小盘成长股票型证券投资基金每天的超额收益率 $\{r_{g,t} - r_{d,f,t}\}$。

以 $\{r_{j,t} - r_{d,f,t}\}$ 为被解释变量，以 $\{r_{M,t} - r_{d,f,t}\}$ 为解释变量，进行有常系数的回归，得到如下的回归结果：

$$r_{j,t} - r_{d,f,t} = 0.000383 + 0.491128(r_{M,t} - r_{d,f,t}) + \varepsilon_t \tag{10-9}$$

利用计量经济学的检验，回归系数都是显著的，调整后的拟合系数达到 79.60%，回归效果较好。式(10-9)中 0.000383 为所要求得的嘉实稳健开放式证券投资基金的詹森指标，0.491128 为嘉实稳健开放式证券投资基金的贝塔值。同理，可以得到广发小盘成长股票型证券投资基金的詹森指标 0.000679，贝塔值 0.600362。

从两只基金的詹森指标来看，广发小盘成长股票型证券投资基金业绩更好。但是，由于我们用历史数据进行计算，如果选择的时间段不一样，可能会出现差异。对业绩评价，数据期限最好长一些，一般都要 3～5 年。

## 2. 特雷纳指标

**特雷纳指标**(Treynor's Measure)也是建立在 CAPM 基础之上的，它用单位系统风险上的超额收益率作为评价基金或投资组合的业绩。特雷纳指标的表达式如下

$$T_P = \frac{\overline{r_P - r_f}}{\beta_P} \tag{10-10}$$

式中，$T_P$ 表示投资组合的特雷纳指标。当对两只基金或投资组合的特雷纳指标相比较时，特雷纳指标大的那只基金或投资组合的业绩更好。一般来说，如果投资组合的贝塔值为负，一般就不用特雷纳指标来判断。

### 例 10.2　特雷纳指标的计算

数据同例 10.1，请计算出嘉实稳健开放式证券投资基金和广发小盘成长股票型证券投资基金的特雷纳指标。

**解**：计算出嘉实稳健开放式证券投资基金在 2005 年 3 月 11 日至 2009 年 3 月 31 日的日平均收益率为 0.0007314，这段时间的日平均无风险利率为 $8.67069 \times 10^{-5}$，那么这段时间嘉实稳健开放式证券投资基金的日平均超额收益率为 0.0006447。通过例 10.1 可知，嘉实稳健开放式证券投资基金的贝塔值为 0.491128。用 0.0006447 除以 0.491128 即可以得到嘉实稳健开放式证券投资基金的特雷纳指标为 0.0013127。同理，也可以计算出广发小盘成长股票型证

券投资基金的特雷纳指标为 0.001621。从特雷纳指标来看，广发小盘成长股票型证券投资基金的业绩要好于嘉实稳健开放式证券投资基金。

---

👓 **读一读** 詹森指标和特雷纳指标的关系

将詹森指标 $\alpha_P = \overline{r_P} - \left[\overline{r_f} + \beta_P(\overline{r_M} - \overline{r_f})\right]$ 代入式(10-10)得到：

$$T_P = \frac{\overline{r_P} - \overline{r_f}}{\beta_P} = \frac{\alpha_P - \beta_P(\overline{r_M} - \overline{r_f})}{\beta_P} = \frac{\alpha_P}{\beta_P} - (\overline{r_M} - \overline{r_f}) \tag{10-11}$$

从式(10-11)来看，詹森指标和特雷纳指标并不一定会完全一致，即詹森指标判断出 A 基金好于 B 基金，但是如果 A 基金的贝塔值很大，特雷纳指标并不一定认为 A 基金好于 B 基金。

---

### 3. 夏普指标

**夏普指标**(Sharpe's Measure)是基于资本市场线(CML)的，它是用单位总风险的超额收益率来评价基金或投资组合的业绩。夏普指标的表达式如下：

$$S_P = \frac{\overline{r_P} - \overline{r_f}}{\sigma_P} \tag{10-12}$$

式中，$S_P$ 表示投资组合的夏普指标。夏普指标的评价标准是，夏普指标大的投资组合或基金要好于夏普指标小的投资组合或基金。

夏普指标和特雷纳指标的不同之处是，特雷纳指标只考虑了系统风险，而夏普指标不仅考虑到系统风险，还考虑到非系统风险，因此夏普指标还可以判断一个投资组合的风险分散能力。当某个投资组合不是很分散，即非系统风险很高时，那么通过特雷纳指标评价可能还不错，但通过夏普指标评价就比较差。当某个投资组合很分散，即非系统风险很低时，那么夏普指标可以近似看成是特雷纳指标。因此，当投资组合分散程度很低时，应该采用夏普指标；如果分散程度很高，两个指标都可以适用。

### 例 10.3 夏普指标的计算

数据同例 10.1，请计算嘉实稳健开放式证券投资基金和广发小盘成长股票型证券投资基金的夏普指标。

**解**：计算出嘉实稳健开放式证券投资基金在 2005 年 3 月 11 日至 2009 年 3 月 31 日的日收益率的标准差为 0.0115706，即为嘉实稳健开放式证券投资基金的 $\sigma_P$，用这段时间嘉实稳健开放式证券投资基金的日平均超额收益率 0.0006447 除以 0.0115706，可以得到嘉实稳健开放式证券投资基金的夏普指标为 0.0557179。同理可以计算出广发小盘成长股票型证券投资基金的夏普指标为 0.067432。从夏普指标来看，广发小盘成长股票型证券投资基金的业绩要好于嘉实稳健开放式证券投资基金。

### 4. 信息比率

信息比率(information ratio)又称估价比率(appraisal ratio)。由于詹森指标 $\alpha_P$ 代表了投资组合的非常规收益(非系统风险的收益)，因此用投资组合的 $\alpha_P$ 除以非系统风险 $\sigma_\varepsilon$，可以得到单位非系统风险的非常规收益，即信息比率 $IFR_P$。

$$IFR_P = \frac{\alpha_P}{\sigma_\varepsilon} \tag{10-13}$$

信息比率越大，该投资组合的风险调整收益的稳定性越强，实现投资增值的可能性越大。坎诺和科拉杰克(Connor and Korajczyk, 1986)还进一步证明了该比率对投资组合业绩进行排序的稳定性较高，因此适合于预测投资组合的未来相对表现。

### 例 10.4　信息比率的计算

数据同例 10.1，请计算嘉实稳健开放式证券投资基金和广发小盘成长股票型证券投资基金的信息比率。

**解**：根据例 10.1 的回归结果，我们可以得到嘉实稳健开放式证券投资基金的残差的标准差，即非系统风险为 0.005240。同样可以得到广发小盘成长股票型证券投资基金的非系统风险为 0.007046。按照式(10-13)可以得到嘉实稳健开放式证券投资基金的信息比率为 0.1230327，广发小盘成长股票型证券投资基金的信息比率为 0.138104。信息比率结果显示广发小盘成长股票型证券投资基金的业绩及业绩的稳定性都好于嘉实稳健开放式证券投资基金。

### 5. 市场时机选择指标

按照 CAPM 模型 $E(r_P) = r_f + \beta_P(E(r_M) - r_f)$，可知市场组合 $M$ 的价格变动 1 个百分点，则投资组合 $P$ 的价格会变动 $\beta_P$ 个百分点。因此当市场总体行情上涨时，应该选择高贝塔值的组合，这样能获得较高的涨幅；当市场总体行情下跌时，应该选择低贝塔值的组合，这样能避免大的跌幅。换一种表述，即：当 $r_M > r_f$ 时，持有高贝塔值的投资组合；当 $r_M < r_f$ 时，持有低贝塔值的投资组合，如图 10.4 所示。如果投资经理或投资者能做到这一点，说明其市场时机选择能力很强。

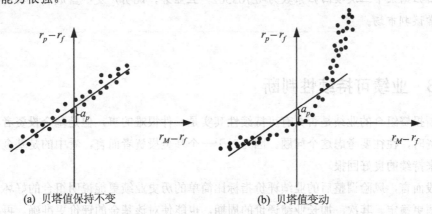

(a) 贝塔值保持不变　　　　　(b) 贝塔值变动

图 10.4　在不同市场上贝塔值的变动对组合业绩的影响

在图 10.4(a)中，无论是在上涨行情中还是下跌行情中，所选择的投资组合贝塔值都是差不多的；而在图 10.4(b)中，上涨行情中选择高的贝塔值组合，在下跌行情中选择低的贝塔值组合。显然图 10.4(b)投资者的收益要远远高于图 10.4(a)中投资者的收益。

为了检验基金经理是否进行了市场时机的选择，可以构建如下的二次回归方程来检验：

$$r_{P,t} - r_{f,t} = a + b(r_{M,t} - r_{f,t}) + c(r_{M,t} - r_{f,t})^2 + \varepsilon_{P,t} \tag{10-14}$$

主要看回归系数 $c$，如果 $c > 0$，表明基金经理的市场时机选择能力较强，投资组合的业绩图和图 10.4(b)接近；如果 $c = 0$，则表明基金经理基本上没有变动过投资组合的贝塔值，基本上没有进行市场时机的选择；如果 $c < 0$，则表明基金经理完全对市场的走势判断错误，他在市场上涨的时候，以为市场会下跌，选择了低的贝塔值组合，在市场下跌的时候，以为市场会上涨，选择了高的贝塔值组合。

### 例 10.5 市场时机选择能力判断

数据同例 10.1，请评价嘉实稳健开放式证券投资基金和广发小盘成长股票型证券投资基金的市场实际选择能力。

**解：**以嘉实稳健开放式证券投资基金的超额收益率(减去日无风险收益率)为被解释变量，以上证综指的超额收益率以及上证综指的超额收益率的平方作为解释变量，进行二次带常系数的回归。回归结果如下所示：

$$r_{j,t} - r_{d,f,t} = 0.000352 + 0.491486(r_{M,t} - r_{d,f,t}) + 0.069493(r_{M,t} - r_{d,f,t})^2 + \varepsilon_{P,t} \tag{10-15}$$

虽然二次项回归系数为 0.069493，但是不显著，即可认为二次项回归系数近似为 0，其基金经理基本上没实施市场时机选择。

同理，可以对广发小盘成长股票型证券投资基金的超额收益率建立二次带常系数的回归。回归结果如下所示：

$$r_{g,t} - r_{d,f,t} = 0.001020 + 0.596432(r_{M,t} - r_{d,f,t}) - 0.763502(r_{M,t} - r_{d,f,t})^2 + \varepsilon_{P,t} \tag{10-16}$$

该回归结果中二次项回归系数为-0.763502，且显著，说明广发小盘成长股票型证券投资基金经常误判市场。

## 10.2.3 业绩可持续性判断

判断投资组合的业绩是否具有可持续性其实是一件很难的事，但是基金投资者在对基金进行投资时，往往要考虑这个问题。因为对于一个基金投资者而言，看中的是基金能否为投资者带来持续的良好回报。

一般而言，风险调整后的业绩评价指标比简单的历史业绩更能说明组合的好坏，且对后期的预测更稳定。其次，加长业绩评价的周期，也能使对该基金的评价更准确。再次，对基金经理进行尽职调查，也能帮助判断基金的好坏。最后，风险控制是业绩可持续性发展的重要保障。

# 本 章 小 结

投资管理主要包括五个步骤：①了解自身或客户的风险偏好，确定投资目标；②进行证券分析，找出定价不当的情形；③构建证券组合；④对证券组合进行动态管理；⑤评价证券组合的业绩。

业绩评价是投资管理过程中的一个内在组成部分，为投资管理提供了一种更加有效的反馈和控制机制。业绩评价一般回答两个问题：第一，该组合的历史业绩是否比基准组合的历史业绩要好；第二，业绩是否具有可持续性。业绩评价指标最初主要是对基金(投资组合)的历史业绩进行比较。根据对历史业绩计算方法的不同，可以分为资金加权收益率和时间加权收益率两种。随着资本资产定价模型和套利定价模型的发展，对基金业绩评价突破了原先只对历史业绩进行评价的局限，变为对风险调整后业绩进行评价。

风险调整后业绩评价指标常见的有：詹森指标、特雷纳指标、夏普指标、信息比率、市场时机选择指标。詹森指标和特雷纳指标都是用系统风险进行业绩调整；夏普指标和信息比率指标是用总风险进行调整。当投资组合的风险分散化程度很高，用系统风险进行业绩调整和用总风险进行业绩调整的效果差不多，因此各指标的评价结论基本一致。但是，如果投资组合的风险分散程度较低，各指标评价的结论可能会出现背离的情况。

成功的市场时机选择者在市场行情上升时将持有高贝塔值的资产组合，而在市场行情下跌时则持有低贝塔值的资产组合。

# 复 习 题

## 一、名词解释

| | | | |
|---|---|---|---|
| 投资管理 | 风险偏好分析 | 证券分析 | 投资组合的构建 |
| 投资组合的修正 | 业绩评价 | 资金加权收益率 | 时间加权收益率 |
| 詹森指标 | 特雷纳指标 | 夏普指标 | 信息比率 |
| 市场时机选择指标 | | | |

## 二、讨论题

1. 为什么业绩评估期间现金的流入流出会使资产投资收益率的计算复杂化？什么情况下用资金加权收益率更适合，什么情况下用时间加权收益率更适合？

2. 为什么在评价某个投资组合的业绩时都要选择一个合适的基准？怎样才算合适呢？在评价小盘股基金业绩时，应选用上证指数还是小盘股指数作为基准？

3. 为什么同类型的基金业绩具有可比性，不同类型的基金业绩不具有可比性？

4. 某位投资者准备拿出5万元投资基金市场，要求你给他提供一些建议。

5. 收集过去一年中 5 只股票型基金的收益情况，利用所学过的业绩评价指标对这 5 只基金进行业绩评价。

### 三、计算题

1. 某投资年初的投资组合价值 10 000 元，之后在 1 年内进行了注资和提款操作，具体如下：

| 日　期 | 注资(＋)或提款(－)/元 | 资产组合价值/元 |
|---|---|---|
| 1 月 1 日 | 0 | 10000 |
| 3 月 31 日 | － 2000 | 7000 |
| 6 月 30 日 | +2500 | 11000 |
| 12 月 31 日 | 0 | 12000 |

① 计算这一年中的资金加权收益率；② 计算这一年中的时间加权收益率。

2. 某投资者投资某组合，在过去 5 年中年收益率为 16%，标准差为 0.2，贝塔值为 1.2，无风险资产利率为 3%，市场组合的收益率为 13%。

① 计算该投资者所投资组合的超额收益率；

② 计算该投资者所投资组合的特雷纳指标；

③ 计算该投资者所投资组合的夏普指标；

④ 计算该投资者所投资组合的信息比率。

# 第4篇 基本面分析

证券投资的基本面分析法是指结合宏观因素、中观因素和微观因素，对证券收益和风险进行综合评价，得出评价证券的内在价值，并以此作为投资决策的参考依据。宏观因素、行业因素可以看作是证券价值变化的外部因素，而上市公司基本面则可以看成证券价值变化的内部因素，两者共同决定了证券价值。有的时候，我们无法准确判断某个变化因素(如政治事件)对证券价值变化的实际影响，但是我们却不难得出证券价值变化的方向。当外部或者内部因素变化对证券价值在某个方向上的影响超过一定程度时，投资者则需要考虑调整投资组合，是增加仓位或者减少仓位。基本面分析共分为3章介绍：第11章介绍宏观因素分析，第12章介绍行业分析，第13章介绍公司基本面分析。

# 第 **11** 章
# 宏观因素分析

宏观因素是证券投资分析活动赖以存在的大气候和总的背景条件。证券市场的波动总是与宏观因素的变动联系在一起，宏观因素决定了证券市场的长期趋势，其他因素则可以暂时改变证券市场的中期和短期走势，但改变不了长期走势。

## 11.1 影响证券价值的几个主要宏观因素

从证券价值确定的角度来看，现金流和公司风险是决定证券价值两个最主要的因素，宏观因素对证券价值的影响必然是通过对证券的收益或风险的作用而产生的。当宏观因素能够增加证券的收益或减少证券的风险时，宏观因素对证券价值的影响是积极的，证券价格将趋于上升；反之，当宏观因素能够减少证券的收益或增加证券的风险时，宏观因素对证券价值的影响是消极的，证券价格趋于下降。

从需求和供给的角度来看，证券可以看作一种商品，宏观因素对证券价值的影响必然是通过对证券的供给或需求的作用而产生的。当宏观因素使得证券供给增加或者需求减少时，宏观因素对证券价值的影响是负面的，证券价格将趋于下降；反之，当宏观因素使得证券供给减少或者需求增加时，证券价格趋于上升。

### 11.1.1 宏观经济因素

宏观经济因素是指宏观经济环境及其变动对证券市场价格的影响，包括宏观经济运行的周期性波动等规律性因素和政府实施的经济政策等政策性因素。宏观经济因素的重要性在证券价格诸多影响因素中居首位。证券市场是整个国民经济的重要组成部分，上市公司是宏观经济运行微观基础中的重要主体，证券市场价格必然随宏观经济运行的变动而变动，因宏观政策的调整而调整。例如，当国内生产总值(GDP)快速增长时，股票价格随之上涨；当 GDP

增速放慢或负增长时，股票价格随之回落。

当然，由于经济主体预期因素的影响，证券价格的变化往往与宏观经济变化不完全同步，一般而言，证券市场领先于宏观经济。不同国家的领先周期不同，美国股市领先宏观经济的周期约为 6 个月。虽然我国证券市场也能大致反映宏观经济的运行，但是由于证券市场发展较晚，同时还存在"非流通股减持"这个长时间未能真正解决的"大问题"，使得分析我国证券市场领先宏观经济的周期比较困难。

## 11.1.2　政治因素

政治因素是指影响证券市场价格变动的政治事件。国际的政治形势、政治事件、国家之间的关系、重要领导人的更替、某些国家发生劳资纠纷甚至罢工风潮等等，都会对股票价格产生巨大的、突发性的影响，这也是基本面分析中应该考虑的一个重要方面。例如，1973 年 10 月第四次中东战争爆发，为打击以色列及其支持者，石油输出国组织的阿拉伯成员国当年 12 月宣布收回石油标价权，并将原油价格从每桶 3.011 美元提高到 10.651 美元，使油价猛然上涨了两倍多，从而触发了第二次世界大战之后最严重的全球经济危机。持续三年的石油危机对发达国家的经济造成了严重的冲击，在这场危机中，欧美和日本等发达国家的证券市场出现大幅下跌。

## 11.1.3　法律因素

法律因素是指一国的法律特别是证券市场的法律规范状况。一般而言，法律不健全的证券市场更具投机性，震荡剧烈，涨跌无序，人为操纵成分大，不正当交易多；而法律法规体系比较完善，制度和监管机制比较健全的证券市场，证券从业人员营私舞弊的机会少，证券价格受人为操纵的情况比较少，因而市场走势相对稳定和正常。总体上说，新兴的证券市场往往不够规范，成熟的证券市场法律法规体系比较健全。对于中小投资者而言，健全的法律法规体系有助于其控制投资风险，可以减少因股票价格被机构投资者或大型投资者操纵而蒙受损失的机会。

## 11.1.4　军事因素

军事因素主要指军事冲突对证券市场的影响。军事冲突是一国国内或国与国之间、国际利益集团之间的矛盾发展到单纯依靠政治手段无法解决时相互之间发生的冲突。军事冲突小则造成一个国家内部或一个地区的社会经济生活的动荡，大则打破正常的国际秩序，使证券市场的正常交易遭到破坏，导致相关的证券市场剧烈动荡。例如，海湾战争初期，世界主要股市均呈下跌趋势，随着战局的不断变化，各个股市大幅震荡。

在现代社会，石油是工业的血液，而多数工业化国家使用的石油均源于进口，因此，发生在石油生产国或石油运输线上的军事冲突可能导致石油价格大幅上涨，从而使远离军事战场的国家也有可能受到波及，两次海湾战争便是例证。另外，对于军事出口国家，军事冲突可能带动军事武器的出口，拉动相关公司证券的上扬。例如，朝鲜研制核武器和试射弹道导

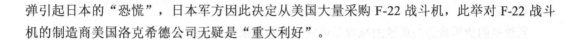

弹引起日本的"恐慌"，日本军方因此决定从美国大量采购 F-22 战斗机，此举对 F-22 战斗机的制造商美国洛克希德公司无疑是"重大利好"。

## 11.1.5 文化、自然因素

就文化因素而言，一个国家的文化传统往往能够决定人们的储蓄和投资心理，从而影响证券市场资金流入流出的格局，进一步影响证券的市场价格。证券投资者的文化素质状况则从投资决策的角度影响证券市场。文化素质较高的证券投资者在投资时较为理性，证券市场价格表现相对稳定；相反，如果证券投资者的文化素质相对偏低，则证券市场价格容易出现暴涨暴跌。

在自然因素方面，如果发生自然灾害，生产经营受到影响，从而导致有关证券价格下跌；反之，如进入恢复重建阶段，由于投入大量增加，对相关物品的需求也大量增加，证券价格随之上扬。

### 👓 读一读　自然灾害对证券市场的影响

2008 年 5 月 12 日 14 时 28 分，我国四川省汶川县发生 8.0 级特大地震。在地震发生之后，上证指数处于明显的下降趋势，在随后的 1 个月内上证指数下跌幅度超过 20%。但是由于国家重建计划的实施，四川板块的股票大幅上涨，以四川路桥(代码为 600039)为例，该股票从 5 月 14 日(地震后的第 3 天)开始，连续 5 个涨停板，涨幅高达 61%。

# 11.2　宏观经济政策对证券市场的影响

在现代市场经济国家中，政府对经济的干预现象较为普遍，最常见的是通过货币政策和财政政策来调节经济运行。政府对经济的干预一般体现为"逆周期"的特性，即干预的主要目的是使经济相对平稳运行。有时候政府为了改善国际收支状况，还会调整汇率，这也会影响证券市场走势。

## 11.2.1 货币政策对证券市场的影响

货币政策是指中央银行为实现既定的经济目标(稳定物价，促进经济增长，实现充分就业和平衡国际收支)运用各种工具调节货币供给和利率，进而影响宏观经济的方针和措施的总和。

货币政策是通过政府对国家的货币、信贷及银行体制的管理来实施的，它是中央银行通过调节货币供应量，影响利率及经济中的信贷供应程度来间接影响总需求，以达到总需求与总供给趋于理想均衡的一系列措施。

货币政策分为扩张性的和紧缩性的两种。

扩张性的货币政策是通过提高货币供应增长速度来刺激总需求，在这种政策下，取得信贷更为容易，利率降低。因此，当总需求与经济的生产能力相比很低时，使用扩张性的货币政策较合适。

紧缩性的货币政策是通过削减货币供应的增长率来降低总需求水平,在这种政策下,取得信贷较为困难,利率也随之提高。因此,在通货膨胀较严重时,采用紧缩性的货币政策较合适。

根据央行定义,货币政策工具库主要包括公开市场业务、存款准备金、再贷款或贴现以及利率政策和汇率政策等。从学术角度,它大体可以分为数量工具和价格工具两种。价格工具集中体现在利率或汇率水平的调整上。数量工具则更加丰富,如公开市场业务的央行票据、准备金率调整等,它聚焦于货币供应量的调整。

一般而言,扩张的货币政策有利于股市上涨,紧缩的货币政策对股市形成下跌的压力。货币政策对证券市场的影响主要通过以下两个方面产生:

(1) 当货币供应量增加时,一方面证券市场的资金增多,另一方面通货膨胀预期使人们为了保值而购买证券,从而推导证券价格上涨;反之,当减少货币供应量时,证券市场的资金减少,价格的回落又使人们对证券保值的欲望降低,从而使证券价格回落。

(2) 货币政策一般还伴随利率的调整,利率的调整通过影响证券投资的机会成本和上市公司的业绩来影响证券市场价格。当利率上升时,证券投资的机会成本提高,同时上市公司的营运成本提高,业绩下滑,从而证券市场价格下跌;反之,当利率下降时,证券投资的机会成本降低,上市公司的营运成本下降,业绩转好,从而证券市场价格上涨。

## 11.2.2  财政政策对证券市场的影响

财政政策是指国家根据一定时期政治、经济、社会发展的任务而规定的财政工作的指导原则,通过财政支出与税收政策来调节总需求。增加政府支出,可以刺激总需求,从而增加国民收入,反之则压抑总需求,减少国民收入。税收对国民收入是一种收缩性力量,因此,增加政府税收,可以抑制总需求从而减少国民收入,反之,则刺激总需求增加国民收入。

财政政策的主要手段有:

一是政府购买,指的是政府在物品和劳务上的花费——购买军事武器、修建基础设施、增加公务员薪水等等。例如,受国际金融危机影响,2008 年下半年我国经济增速明显放缓,当年第四季度国家积极推出"四万亿"投资计划,以此拉动经济增长,防止经济进一步下滑。

二是政府转移支付,以提高某些群体(如老人或失业者)的收入。例如,为了保障粮食供给安全和提高农民种粮积极性,我国从 2004 年开始实施种粮农民直接补贴和农资综合直补政策,2007 年我国种粮直接补贴高达 276 亿元,加上农资综合直补,两者合计有 427 亿元。

三是政府税收。税收不仅影响人们的收入,而且可通过成本因素作用于物品和劳务的生产。例如 2008 年 1 月份开始,我国施行新的企业所得税政策,内资企业的利润所得税由原来的 33%下降至 25%,此项政策使得内资企业利润直接增加 12%左右,2007 年这项草案被提交后,给股市带来重大利好消息,股市随后强劲上涨。又如 2008 年 9 月 18 日,财政部决定从 2008 年 9 月 19 日起,对证券交易印花税政策进行调整,由双边征收改为单边征收,税率保持 1‰。此项政策公布后,沪深两市大幅上涨,当天上证指数上涨 9.45%,深圳成指上涨 9.00%,绝大部分股票收盘时被封在涨停板上。

### 11.2.3 汇率政策对证券市场的影响

在开放的经济条件下，汇率对经济的影响十分显著。汇率的高低将影响资本的国际流动，也会影响本国的进出口贸易、国际收支以及国内的经济。汇率对证券市场的影响途径有：

(1) 当汇率上升时，本币贬值(直接标价法)，可以降低出口品的相对价格，从而使得本国出口产品的竞争力增强，出口型企业受益，因而此类公司的股票价格上涨；反之，当本国货币升值时，本国出口产品竞争力下降，出口企业受损，此类公司的股票将下跌。对于进口型企业，情况则正好相反。

(2) 当汇率上升时，本币贬值，国际资本倾向于流出本国。一国货币贬值往往意味着该国经济增长乏力或者负债累累，货币贬值还可能使得经济主体产生进一步贬值的预期，这种预期一旦形成，国际资本就会撤离该国。由于资本外流造成货币供给的非意愿减少，本国证券的需求减少，证券价格就会下跌。如果撤离的资本来源于证券市场抛售证券，则证券下跌的幅度更大。当然，本币升值时，结论相反。例如，2007 年人民币对美元单边升值，国内贷款利率高于美国联邦基准利率，再加上国内股市和房市一致向好，使得境外资本十分看好中国市场，大量的境外资本通过各种合法或非法的途径流入境内，这些资本入境后又流入到证券市场，成为证券市场上扬的重要"幕后推手"。

## 11.3 宏观经济运行对证券市场的影响

### 11.3.1 经济周期的含义

理论研究和实际经验告诉我们：宏观经济运行总是呈现周期性的波动。经济周期，也称商业周期、景气循环，它是指经济运行中周期性出现的经济扩张与经济紧缩交替更迭、循环往复的一种现象，是国民总产出、总收入和总就业的波动，是国民收入或总体经济活动扩张与紧缩的交替或周期性波动变化。过去把它分为繁荣、衰退、萧条和复苏四个阶段，现在一般叫做衰退、谷底、扩张和顶峰四个阶段，由于经济总体处于螺旋上升态势，因此，经济运行的轨迹总体呈现向上的趋势，具体参见图 11.1。

经济波动以经济中的许多成分普遍而同期地扩张和收缩为特征，持续时间通常为 2~10 年。现代宏观经济学中，经济周期发生在实际 GDP 相对于潜在 GDP 上升(扩张)或下降(收缩或衰退)的时候。每一个经济周期都可以分为上升和下降两个阶段。上升阶段也称为繁荣，最高点称为顶峰。然而，顶峰也是经济由盛转衰的转折点，此后经济就进入下降阶段，即衰退。衰退严重则经济进入萧条，衰退的最低点称为谷底。当然，谷底也是经济由衰转盛的一个转折点，此后经济进入上升阶段。经济从一个顶峰到另一个顶峰，或者从一个谷底到另一个谷底，就是一次完整的经济周期。现代经济学关于经济周期的定义，建立在经济增长率变化的基础上，指的是增长率上升和下降的交替过程。

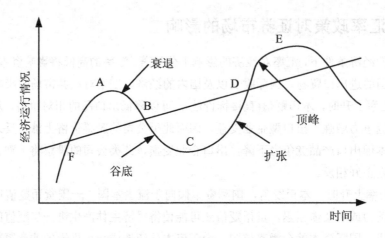

图 11.1　经济周期的四个阶段

经济周期作为宏观经济运行的一种规律存在于我们的经济生活中，它的存在并不依赖于国家、制度的不同。第二次世界大战后，由于各国加强了对宏观经济的干预，经济周期由繁荣到萧条的波幅已经大大减小，但经济周期仍然存在，而且周期的长度明显延长。现代宏观调控来源于凯恩斯的宏观经济理论，从本质上来说，宏观调控政策只能在一定程度上减少经济的波动，但无法从根本上消除经济周期现象。经济周期不像数学或物理学中的"周期"那样具有严格的波长和振幅，因此，判断经济周期比较困难。

## 11.3.2　经济周期各个阶段的认定方法

预测和判断现行经济处于经济周期的何种阶段，无论是对于宏观经济政策的制定者，还是普通的证券投资者或者企业家而言，都具有十分重要的意义。目前判断宏观经济周期的主要分析方法有经济指标分析、计量经济模型和概率预测。

### 1. 经济指标分析

经济指标分析方法采用多种经济行情指标来分析预测宏观经济所处的阶段，这些指标可以分为三类。

第一类是先行指标或称为领先指标。这些指标的峰值和谷底顺次出现在经济周期的峰值和谷底之前，它对未来经济状况的变动具有预示作用。例如，新增机器和设备订单的数量、原材料价格、货币供应量、股价指数、房屋建造许可证的批准数量等等。从实践来看，这些经济指标领先于实际经济周期 6 个月左右。

第二类是同步指标。这些指标的峰值和谷底与经济周期相同，是衡量总体经济活动的标志。例如，实际 GDP、工业生产指数、商品销售额、失业率等。这些指标反映的是宏观经济正在发生的情况，并不预示未来的变动。

第三类是滞后指标。这些指标的峰值和谷底出现在经济周期之后，一般滞后半年。例如，单位产品的劳动成本、物价指数、银行短期商业贷款利率、工商业未清偿债务等等。

在上述三类指标中，先行指标可以用来预测，同步指标和滞后指标可以用来验证。例如，在先行指标已经上升的情况下，如果同步指标也在上升，那么就可以判断经济复苏正在来临。经济指标分析法的特点是简单明了，但是实际中往往出现多个先行指标互相矛盾的情况，这时候更多的需要依赖于分析人员的经验。

**2. 计量经济模型**

用计量经济模型进行预测的一般过程是：首先，预测者要按照一定的经济理论来建立数学模型；然后，根据现实的材料，使用计量经济学的方法来估计模型参数，进行模型检验；最后，利用通过检验的模型进行预测。

对经济周期进行分析和预测一般采用宏观计量经济模型。由于宏观计量经济模型提供的是一组组宏观经济变量的预测数据，因此它不仅可以用来分析和预测宏观经济运行的阶段性质，而且可以用来预测其具体水平。值得一提的是，每一个计量经济模型都是某一经济理论的产物，经济理论的正确与否及正确程度对计量经济模型来说至关重要。

具体计量模型一般有：向量自回归模型(VAR)、GARCH 模型、多项分布滞后模型、ARMA 模型以及普通的回归模型等，每一个模型都有具体的应用场合和研究对象，建模时需要做一定的选择，同时要注意每种模型的假设条件和模型检验方法。

**3. 概率预测**

概率预测是用概率论的方法对宏观经济活动进行的预测。由于宏观经济运行的复杂性，宏观经济变量的变化并不一定像计量经济模型所描述的那样稳定，而是常常在一定的区间内按某种概率发生。概率预测通过总结宏观经济运行的过去和现在，揭示其规律性，从而在一定的置信水平下预测未来宏观经济变量的水平。

概率预测方法用得比较成功的是对宏观经济的短期预测，如对实际 GDP 及其增长率、通货膨胀率、失业率、利息率、个人收入、个人消费、企业利润以及对外贸易差额等指标的下一时期水平或变动率的预测。一般来说，概率预测比较适合于宏观经济运行的短周期分析。

比较常用的概率预测模型有 Probit 概率模型和 Logit 模型。

经济指标分析、计量经济模型和概率预测这三种经济周期预测方法被广泛使用，它们各有所长，投资者应根据自身所能搜集到的信息量和信息深度，按照成本收益的原则灵活选择模型。国家统计局、央行、外汇局、发改委、商务部等政府部门会定期发布宏观经济运行方面的统计信息，并对未来经济走势进行预测。此外，券商、基金公司以及商业银行等金融机构也会通过各种形式对外发布对经济走势的看法，这些都可以成为投资者的参考依据。

# 11.3.3　证券价格在宏观经济周期各个阶段上的表现

预测和判断现行经济处于经济周期的何种阶段，无论对于宏观经济政策的制定者，还是普通的证券投资者或机构投资者都具有十分重要的意义。

**1. 衰退阶段**

由于繁荣阶段的过度扩张，社会总供给开始超过总需求，经济增长开始减速，存货增加，同时经济过热造成工资、利率大幅上升，使公司的营运成本上升，公司业绩开始出现停滞甚至下降，繁荣之后衰退开始来临。在衰退阶段，多数投资者对经济衰退有共同的预期，大量的投资者加入抛售证券的队伍中，整个证券市场完成中长期筑顶，形成向下的趋势。

### 2. 谷底阶段

在谷底阶段，经济下滑至低谷，公司经营状况普遍不佳，部分开始出现明显亏损，证券价格在低位徘徊。由于预期未来经济状况不佳，公司业绩难以改善，大部分投资者都已离场观望，只有那些富有远见的投资者仍在不断收集和分析有关经济形势变化的信息，在市场出现好转的初期默默吸收证券。

### 3. 扩张阶段

当经济走出低谷，进入扩张阶段时，公司经营状况开始好转，业绩逐步上升，投资者信心也在提高。由于先知先觉的投资者之前的不断吸纳，证券价格已经回升到一定的水平，初步形成底部反转之势。随着各种媒体开始传播萧条已经过去，经济开始复苏，投资者的认同感不断增强，投资者自身的情况也在不断改善，从而推动证券价格不断走高，完成对底部反转趋势的确认。

### 4. 顶峰阶段

随着经济的日渐活跃，顶峰阶段也随之来临，公司的经营业绩不断提升，并通过增加投资扩大生产规模，市场占有率也在不断增长。由于经济的好转和证券市场上升趋势的形成得到大多数投资者的认同，投资者的回报也不断增加，这时投资者热情高涨，进而推动证券市场价格大幅上扬，不断创出新高，整个经济市场和证券市场呈现欣欣向荣的景象。然而，此时少数聪明的投资者已经开始意识到经济高速增长的繁荣阶段即将过去，经济将不会再创新高，因而悄悄地卖出手中的证券。证券价格仍在不断上扬，但多空双方的力量逐渐发生变化，证券价格的上扬已经成为强弩之末。

一般而言，证券市场价格的变动周期与经济周期大体上保持一致，但两者在时间上不可能完全相同，按照成熟证券市场的经验，证券市场领先经济周期半年左右。由于证券市场对宏观经济运行有一定的预警作用，因此人们有时把证券市场比作"经济的晴雨表"，这也是在经济指标分析中把证券价格指数作为先行指标的原因所在。需要注意的是，证券市场的"晴雨表"功能是就其中长期趋势而言，不能简单地套用到短期证券市场波动中。另外，不同国家经济的周期各不相同，因此分析时不能生搬硬套。

## 本 章 小 结

基本面分析主要包括三个层次的分析：宏观因素、中观因素和微观因素。宏观因素包括宏观经济因素、政治因素、法律因素、军事因素以及文化、自然因素。在现代市场经济国家中，政府对经济的干预现象较为普遍，最常见的干预方法是通过货币政策和财政政策来调节经济运行。货币政策是中央银行通过调节货币供应量，影响利率及经济中的信贷供应程度来间接影响总需求，以达到总需求与总供给趋于理想均衡的一系列措施。货币政策分为扩张性的和紧缩性的两种。一般而言，扩张的货币政策有利于股市上涨，紧缩的货币政策对股市形成下跌的压力。财政政策是指国家通过财政支出与税收政策来调节总需求。财政政策也可以分为积极的财政政策和消极的财政政策。一般而言，积极的财政政策有利于股市上涨，消极的财政政策对股市形成下跌的压力。此外，汇率管制的国家也会通过汇率政策调节经济。政府对宏观经济的调控会影响证券市场的走势。

　　宏观经济运行本身就呈现一定的周期性，一般而言，证券市场价格的变动周期与经济周期大体上保持一致，但两者在时间上不可能完全相同。按照成熟证券市场的经验，证券市场领先经济周期半年左右，因此对经济周期各个阶段的判断就显得比较重要。分析经济处于周期中的哪个阶段，一般可以用经济指标进行判断，除此之外，还可以用计量经济模型和概率预测。

# 复　习　题

## 一、名词解释

| | | | | |
|---|---|---|---|---|
| 基本面分析 | 宏观经济因素 | 宏观经济政策 | 货币政策 | 财政政策 |
| 汇率政策 | 经济周期 | 衰退 | 萧条 | 复苏 |
| 繁荣 | 先行指标 | 同步指标 | 滞后指标 | 计量经济模型 |
| 概率预测 | | | | |

## 二、讨论题

1. 基本分析的信息如何获得？在收集有关信息的过程中应注意什么？

2. 宏观因素分析包括哪些方面的内容？宏观经济发展对证券投资有何影响？请收集宏观经济发展与证券价格走势相一致或不一致的数据、实例，并分析其原因。

3. 收集央行历次加息、减息对证券价格的影响的实例。按照理论分析，央行加息会造成股市下跌，央行减息会造成股市上涨，但实际上很多时候是央行加息股市不跌反涨，央行减息股市不涨反跌，请分析原因。

4. 以中国市场的实际情况为例，分析不同财政政策以及不同货币政策对股市的影响程度。

## 三、计算题

　　收集上证指数历年的收益率数据和 GDP 增长的历年数据，建立一个回归方程，分析两者的周期性之间是否存在一致性。

# 第 12 章
# 行 业 分 析

行业是介于宏观和微观(公司基本面)之间的重要经济因素，由于它位于一个中间层次，因此也称为中观分析。行业的发展状况对该行业上市公司的业绩影响巨大，行业的兴衰也是决定公司价值的重要因素之一。

## 12.1 行业分类

20 世纪 20 年代，国际劳工局最早对产业作了比较系统的划分，即把一个国家的所有产业分为初级生产部门、次级生产部门和服务部门。第二次世界大战以后，西方国家大多采用了三次产业分类法。在中国，产业的划分是：第一产业为农业，包括农、林、牧、渔各业；第二产业为工业，包括采掘、制造、自来水、电力、蒸汽、热水、煤气和建筑各业；第三产业主要是流通和服务行业。

在国民经济不断发展的过程中，我们可以看到不同行业之间发展状况差别十分巨大，一些行业蒸蒸日上，而另外一些行业逐渐没落。行业的兴衰或没落直接影响到这个行业各个公司的证券在市场上的表现，投资者在选择适当的行业进行投资时，有必要对行业进行细致的分类和分析研究。

根据行业的发展与国民经济周期变化的关系，可以分为三大类行业。

### 1. 成长性行业

成长性行业是指发展速度经常快于社会经济平均发展速度的行业，较快的发展速度注意依靠技术的进步、新产品的开发和优质服务取得。成长性行业的发展一般与经济周期的变化没有必然联系。在经济高涨时期，它的发展速度通常高于平均水平；在经济衰退时期，它所受影响较小甚至仍能保持一定的增长。选择成长性行业进行投资通常可以分享行业增长的利益,同时又不受经济周期的影响,因此很多投资者十分青睐成长性行业的投资。20 世纪末,信息行业属于成长性行业,该行业持续了 20 年的快速增长,直到 2000 年泡沫开始破灭。虽然信息行业在美国已经逐渐度过了成长期,现在的信息行业很难说是美国的成长性行业,但是在中国,由于经济发展水平相对落后,信息行业发展前景巨大,仍可看作成长性行业。

### 2. 周期性行业

周期性行业的特征是该行业受经济周期的影响很大。当经济繁荣时,这些行业会相应地快速扩张;当经济衰退或萧条时,这些行业快速萎缩。建筑、房地产、珠宝、运输业、旅游业和娱乐业等是比较典型的周期性行业。

### 3. 防御性行业

防御性行业的特征是受经济周期的影响小,它们的商品往往是生活必需品或是必要的公共服务,公众对它们的商品有相对稳定的需求,因而行业中有代表性的公司其盈利水平也较稳定。这些行业往往不因经济周期变化而出现大幅变动,甚至在经济衰退时也能取得稳步发展,食品、医药、公用事业等就属于这一类行业。

了解了经济周期和行业之间的关系,投资者应认清行业在经济循环的不同阶段的不同表现,顺势选择相应的行业进行投资。当经济处于复苏、繁荣阶段时,投资者可选择投资周期性行业和成长性行业的证券,以谋求丰厚的资本利得;当经济处于衰退、萧条阶段时,投资者可选择投资防御性行业的证券,可获得稳定适当的收益,并可减轻所承受的风险。应当注意的是,具体某个行业是成长性行业、周期性行业抑或防御性行业,投资者不能生搬硬套地使用教科书上的分类方法,需要根据这个行业的发展状况和盈利前景作出判断。

# 12.2　行业结构和行业的生命周期

## 12.2.1　行业结构

根据某个行业中企业数量、进入壁垒、产品属性和定价方式等因素,可以将行业分为四种类型。

### 1. 完全竞争

完全竞争又称纯粹竞争,是一种不受任何阻碍和干扰的市场结构。在完全竞争的市场结构中,同质的商品有很多卖者,没有一个卖者或买者能控制价格,进入壁垒很低。例如,许多农产品市场就具有完全竞争市场的特征,任何单个生产者或消费者都不存在足以影响价格的力量。

完全竞争行业形成的条件有:
- 市场上有许多生产者和消费者。
- 生产者和消费者都只是价格的接受者,竞争地位平等。

- 生产者提供的产品是同质的(无区别的)。
- 资源自由流动。
- 市场信息畅通。
- 厂商的进入和退出壁垒基本没有，厂商加入或者退出市场完全自由。

在完全竞争的行业中，企业的利润主要取决于市场供需关系，而市场条件和其他客观环境的变化较大，因此，该行业的企业经营业绩波动较大，利润往往很不稳定，证券价格容易受到影响，投资风险比较大。

### 2. 不完全竞争

不完全竞争行业的特点是企业生产的产品有一点差别，这种差别可以是现实的差别，也可以仅仅是消费者观念上或者消费习惯上的差别。由于企业数量较多，产品之间的替代性很强，单个企业无法控制产品的价格，只能在价格水平大致相同的条件下在一定范围内决定本企业的产品价格。价格和利润仍然受到市场供给和需求关系的影响，但产品品牌、特征、质量也会在一定程度上产生影响，如不同品牌的饮料、服装、鞋类、家用电器等企业属于这一行业。

### 3. 完全垄断

完全垄断是指市场上存在唯一的买者或卖者，垄断者可以任意调节产品或价格(两者不能同时调节)。这类行业主要是公用事业，如邮电部门、国有铁路部门等。虽然这类行业是完全垄断的，但是政府部门往往对其提高价格有所控制，政府通常允许它们的价格足以弥补成本支出并能得到一定的利润作为将来扩大再生产的基础，但限制它们乱涨价，从而保证其他企业和居民的正常消费。

### 4. 寡头垄断

寡头垄断行业的特征是少数几家厂商控制整个市场上产品的生产和销售。寡头市场被认为是一种较为普遍的市场组织，西方国家中不少行业都表现出寡头垄断的特点，例如，汽车业、电气设备业、钢铁冶炼等，都被几家企业所控制。形成寡头市场的主要原因有：某些产品的生产必须在相当大的生产规模上进行才能达到最好的经济效益；行业中有几家企业控制着生产所需的基本生产资源；政府的扶植和支持等等。寡头市场和垄断市场比较相似，只是在程度上有所差别而已。寡头市场是比较接近垄断市场的一种市场组织。

完全竞争与完全垄断是两种极端情形，实际中极为少见。具体分析某个行业属于哪种行业主要看该行业竞争的格局，即前几家大公司占有的市场份额大小。另外，还需要看该行业产品的定价方式，即大公司对产品定价的领导能力。

## 12.2.2 行业生命周期

大多数行业都要经历一个由成长到衰退的演变过程，根据 Hill & Jones(1998)的生命周期理论，行业一般分为初创阶段、成长阶段、成熟阶段和衰退阶段四个阶段。识别行业生命周期所处阶段的主要标志有：市场增长率、需求增长潜力、产品品种、竞争者多少、市场占有率状况、进入壁垒、技术革新和用户购买行为等。

### 1. 初创阶段

在这一阶段，行业内只有为数不多的创业公司，行业内企业数量少，集中度高，但由于市场认知度不高，市场规模狭小，市场需求增长缓慢，所以企业的利润普遍比较微薄甚至全行业亏损。这一行业需要投入大量的研究开发费用，市场前景不明朗，失败的可能性很大，但是如果新产品开发成功，利润水平可能成倍增长。

在初创阶段的后期，随着行业生产技术的提高、生产成本的降低和市场需求的扩大，行业由高风险、低收益的初创阶段转向高风险、高收益的成长阶段。

### 2. 成长阶段

成长阶段是行业发展的黄金阶段。在这一阶段，由于新产品得到市场的认可，市场需求迅速增长，市场规模不断增大，行业利润率增高，会有更多的新公司进入这一行业，竞争日益激烈，最后只剩下少数实力雄厚、技术先进、经营有力的主导型大公司得以生存并控制这一行业。成长阶段利润虽然增长很快，但是行业内部竞争压力非常大，产品价格和企业利润波动风险较大，破产和兼并重组的事件较多。

在成长阶段的后期，由于优胜劣汰的市场规律作用，市场上生产厂商的数量在大幅下降后逐渐稳定。由于市场需求基本饱和，产品销售和企业利润增长放慢，整个产业开始步入成熟阶段。

### 3. 成熟阶段

在这一阶段，产品的需求仍在扩大，销售数量继续增加，但增长率开始下降，产量和价格都比较稳定，竞争激烈，但程度有所缓和。随着生产的扩大，价格开始降低，利润的增长幅度也有所下降，但可带来大量的现金流。在这一阶段少数大企业控制了整个行业，它们经过上一阶段的竞争洗礼，成为资金雄厚、财务状况良好、竞争力强的一流企业。它们通过内部筹集资金扩充业务而不需要完全依赖资本市场，它们可以凭借雄厚的技术力量不断推出新产品，从而保持强劲的竞争能力，又可借助于规模经济效应以较低的成本进行大批量生产，在价格降低的同时保持一定的利润水平。在成熟阶段，技术含量高的行业成熟阶段的时间较短，而公用事业和与基本生活资料相关的行业其成熟阶段则相对较长。

在成熟阶段的后期，行业的发展很难跟上国民经济的发展，而在经济衰退期，成熟型行业还可能遭受较大的损失。但是由于技术创新的原因，某些行业可能会有新的增长机会。

### 4. 衰退阶段

在这一阶段，由于新产品和替代品的大量出现，原有产业的竞争力下降，市场需求开始逐渐减少，销售下降，价格下跌，利润降低，加之其他更有利可图的产业不断涌现，使得一些厂商不断地从原有产业撤出资金，原有产业厂商数量减少。当正常利润无法维持或现有投资折旧完毕，整个产业便逐渐解体了。

与人的生命周期不同，步入衰退期的产业未必一定死亡。有些行业的产品是生活或生产不可缺少的必需品，具有漫长的生命周期。有些行业由于存在技术含量高、固定投资规模大、专利权保护和法律保护等壁垒，使得其他公司难以与其真正竞争，该行业的生命周期也会比较漫长。

# 12.3 行业兴衰的影响因素

以上对行业生命周期四个阶段的说明只是一个总体状况的描述，实际上，行业的生命周期比理论上叙述的要复杂得多，技术进步、政府政策扶持和社会消费习惯的改变等因素都会影响到行业生命周期的变化。

### 1. 技术进步、产品更新换代

"科技是第一生产力"，科学技术的飞速发展及其广泛应用是推动经济和生产发展最活跃、最关键的因素。科学技术的应用推动新兴行业的诞生和发展。科学技术的发展在推动经济发展和社会进步的同时，还带来生产、营销方式和管理方式的深刻变化，也必然导致新兴行业的兴起和落后行业的衰败。

18 世纪后期到 19 世纪前期，蒸汽机的发明和应用引发了第一次产业革命。它发生在英国，后来逐渐扩散到世界各国。产业革命是资本主义发展史上的一个重要阶段，它实现了从传统农业社会转向现代工业社会的重要变革。产业革命直接导致了纺织业、交通运输业、机器制造业的建立，促进了钢铁行业、煤炭行业和建筑等相关行业的发展。

19 世纪 70 年代，电力的发明和应用引发了第二次产业革命。第二次产业革命推动了与电力密切相关行业的发展，内燃机、发电、输电、电报、电话、无线电通信等行业迅速兴起，在整个工业制造技术提升的同时，能源需求日益膨胀，石油工业成为国民经济中非常重要的部门。

"二战"以后，科学技术的革命引发了第三次产业革命，人们习惯称它为"科学技术革命"，因为这次革命是以多个领域的科学技术快速发展为标志的。第三次科学技术革命涉及领域广泛、持续时间长、技术突破明显，其中，信息、生物、材料、空间、海洋、能源等高技术行业相继诞生并迅速发展。新行业的诞生以及发展对原有的行业布局产生巨大冲击，高技术行业成为国民经济的重要组成部分。

### 2. 政府政策扶持

政府依据社会经济发展需要而制定的产业政策会影响行业的发展方向、速度和竞争方式。政府会对社会经济发展起决定作用的支柱行业或瓶颈行业、高科技行业采取鼓励措施，在投资、资源配置方面给予优先保证，通过税收、信贷、财政补贴等措施，鼓励这些行业的发展；政府也可以对某些高消耗、高能耗、高污染行业采取抑制政策，利用税收、信贷和限价限产等措施限制其发展。

政府影响和干预经济的目的在于扫清阻碍自由竞争、扰乱竞争秩序的行为和因素，保障以自由竞争为基础的经济秩序。对于垄断行业，政府既对它们的产品采取限价政策，又让它们得到合理的利润水平，政府对这些行业的管理，既保护又限制其发展。

### 👓 读一读 我国出台的十大产业振兴规划

2007 年下半年至 2008 年，随着美国次贷危机逐渐演变为全球金融危机，我国经济增速出现了大幅下滑趋势，特别是 2008 年下半年经济增速下滑十分明显。为了防止经济过快下滑，我国及时出台了 4 万亿元的经济刺激方案，并于 2009 年初先后出台十大产业振兴规划。

2009 年 1 月 14 日，汽车和钢铁产业成为率先推出调整振兴规划的产业。汽车产业规划决定实施新能源汽车战略，推动电动汽车及其关键零部件产业化，中央财政安排补贴资金，支持节能和新能源汽车在大中城市示范推广。

2 月 4 日，国务院通过了纺织工业和装备制造业调整振兴规划，将纺织品服装出口退税率由 14% 提高至 15%。

2 月 11 日，船舶工业调整振兴规划获得通过。规划决定采取积极的支持措施，稳定造船订单，化解经营风险，确保产业平稳较快发展。

2 月 18 日，电子信息产业调整振兴规划获批通过。规划确定了今后三年的三大重点任务：一是完善产业体系，确保骨干产业稳定增长；二是立足自主创新，突破关键技术，提高软件产业自主发展能力；三是以应用带发展，着重在通信设备、信息服务和信息技术应用等领域培育新的增长点。

2 月 19 日，国务院常务会议通过轻工业和石化产业调整振兴规划。轻工业振兴规划指出要积极扩大城乡消费，增加国内有效供给。改善外贸服务，保持出口市场份额。石化产业规划强调了"产业升级"和抓紧落实成品油储备。

资料来源：霍文文. 证券投资学. 第 3 版. 北京：高等教育出版社，2008

#### 3. 社会习惯的改变

社会习惯会对关系经济增长的消费、储蓄、投资、贸易等诸多方面产生影响，由此必然会对行业的发展和生命周期各个阶段的更替产生重要的影响。例如，随着人们环保意识的增强，相关环保行业(污水处理、空气净化、废物利用和循环经济等)迅速发展。又如，随着物质生活的逐渐丰富，人们更加关注精神生活，教育、旅游等行业成为新的消费热点。

社会习惯不是一成不变的，随着经济、文化的发展以及对外交流的增多，社会习惯也在不断改变。我国的传统思想是勤俭持家、量入为出，但在国际交往中逐渐接受了西方文化中的超前消费观念，由此对一些大额消费的相关产业的发展产生不小的推动作用，如房地产行业、汽车制造业等。近几年，我国奢侈品消费日益增多，与之相关的进口品牌服装、化妆品、高档轿车、高档手表等消费品行业发展十分迅速。

所有影响行业兴衰的因素最终都可以归结为供给和需求的变化，投资者将上述影响因素与其他影响行业供求关系的因素综合考虑，就可以对行业的发展前景有更深刻的了解。应该说，分析行业兴衰因素中最为困难的是技术的进步对行业的革命性影响，因为技术的进步或升级换代往往具有很大的不确定性，更多的时候我们只能对已经产生的技术对某个行业的影响进行分析。

## 12.4 行业周期性对投资的影响

由于行业生命周期各个阶段的风险和收益特性不同，在实际投资中投资者需要根据自身的风险偏好，选择合适的行业。

处于初创阶段的行业，如新能源行业，一般市场规模狭小，公司现金回报少，投资这一行业的风险大、收益小，同时行业中可选择的投资对象数量较少，因此，只有专门的风险投资家或高度风险偏好的投资者才会青睐此类行业，一般投资应谨慎介入。不过，高风险和高收益往往相互对应，尽管投资处于初创阶段的行业风险巨大，但是一旦成功将获益匪浅。

处于成长阶段的行业，如目前国内的电子商务行业，在高速成长的同时，竞争激烈，破产倒闭的可能性大。由于处于成长阶段的行业技术风险已经基本消除，风险主要来源于公司的经验管理水平和市场开拓能力，因此，投资这类行业需要对上市公司的经营管理水平和市场开拓能力进行细致、全面的研究。如果决策正确，就可以获得巨额回报；如果决策失误，则可能出现巨大亏损。

处于成熟阶段的行业，其风险较小，收益较大，但成长性已经大大降低。该阶段大多是具有一定垄断地位的大公司，抗风险能力强，垄断收益稳定，投资者发生决策失误的可能性不大，蓝筹股是处于成熟阶段常见的投资对象。从股票波动风险来看，蓝筹股的贝塔风险($\beta$值)相对较小，适合稳健投资者或看重股息分红的投资者，不一定适合风险偏好的投资者。

处于衰退阶段的行业，风险低但收益小，且没有多少发展空间，普通投资者不宜介入。处于衰退期的公司，尽管面临破产的威胁，但是由于在前期建立了广泛的销售网络并积累了一定的技术实力，所以这类公司还具有一定的并购价值。无论如何，处于衰退阶段的行业难以给投资者带来合理的回报，投资者宜规避为妙。

最后，需要指出的是，由于世界范围内分工的发展，同一行业在不同国家可能处于不同的发展阶段。以钢铁为例，在欧美等发达国家钢铁行业已经步入成熟阶段，但是在中国、印度等发展中国家还停留在成长阶段。即便钢铁行业在欧美属于成熟行业，但是钢铁行业下面不同种类的产品差异很大，像普通的线型钢材属于成熟产品，利润十分微薄，而不锈钢、轨道用钢、造船用钢、航空合金钢等高附加值钢铁产品的需求增长迅速，利润丰厚。

## 本 章 小 结

行业是介于宏观和微观之间的重要经济因素，行业的发展状况对该行业上市公司的业绩影响巨大。行业分析的重要任务之一就是要挖掘最具投资潜力的行业，进而在此基础上选择最有投资价值的公司。行业分类有很多种，其中根据行业的发展与国民经济周期变化的关系，可以分为三大类行业：成长性行业、周期性行业和防御性行业。当经济处于复苏、繁荣阶段时，投资者可选择投资周期性行业和增长型行业的证券，以谋求丰厚的资本利得；当经济处于衰退、萧条阶段时，投资者可选择投资防御性行业的证券，可获得稳定适当的收益，并可减轻所承受的风险。根据某个行业中企业数量、进入壁垒、产品属性和定价方式等因素，可以将行业分为四种类型：完全竞争、不完全竞争、完全垄断、寡头垄断。根据行业本身的周期，行业可能会处在初创阶段、成长阶段、成熟阶段和衰退阶段四个阶段中的某一阶段。识别行业生命周期所处阶段的主要标志有：市场增长率、需求增长潜力、产品品种、竞争者多少、市场占有率状况、进入壁垒、技术革新和用户购买行为等。此外，技术进步、政府政策扶持和社会消费习惯的改变等因素也会影响到行业生命周期的变化。由于行业生命周期各个阶段的风险和收益特性不同，在实际投资中投资者需要根据自身的风险偏好，选择合适的行业。

# 复 习 题

## 一、名词解释

| 成长性行业 | 周期性行业 | 防御性行业 | 完全竞争 | 不完全竞争 |
| 完全垄断 | 寡头垄断 | 行业生命周期 | 初创阶段 | 成长阶段 |
| 成熟阶段 | 衰退阶段 |

## 二、讨论题

1. 行业分析包括哪些内容？进行行业分析的目的是什么？
2. 以中国市场的实际情况为例，分析行业的生命周期对证券投资的指导意义何在？
3. 为什么处于行业生命周期中初创期的企业适合风险投资家，而不适合普通的投资者？
4. 谈谈我国创业板上市的意义和利弊。
5. 用学过的知识谈谈我国空调行业的现状，以及今后的发展前景。

# 第 **13** 章

# 公司基本面分析

公司基本面分析实际上就是利用公司的历年运行情况，对它的资本结构、财务状况、经营管理水平、盈利能力和竞争实力等进行具体细致的分析，同时将该公司的状况与其他同类型的公司进行比较、与本行业的平均水平进行比较、与本公司的历史情况进行比较，最后对公司的投资价值作出客观的判断。

## 13.1  公司竞争地位分析

公司竞争地位的强弱与公司生存能力、盈利能力密切相关。在激烈的市场竞争中，公司要始终立于不败之地，主要依靠雄厚的资金实力、规模经营的优势、先进的技术水平、优异的产品/服务质量和高效率的成本控制等条件。最终衡量一个公司的竞争地位可以采用以下指标。

### 1. 年销售额

年销售额是衡量一个公司在同业中相对竞争地位的重要指标，一般来说，公司的年销售额越大，竞争地位越强。销售额在整个行业中排名占前几位的公司，通常称为领导型大公司，这些公司往往具有强大的生产能力或拥有强有力的销售渠道，因此，他们可以借助这些优势通过压低价格来排挤中小竞争对手，小公司在竞争中很可能逐渐消亡。

当经济处于衰退期，同一行业内各个公司的年度销售额可能同时下降，这时应以市场份额来比较公司的竞争地位。所谓市场份额，是指某个公司的销售额占全行业销售额的百分比。

👓 **读一读　世界 500 强**

"世界 500 强"，是国内对美国《财富》杂志每年评选的"全球最大 500 家公司"排行榜的一种约定俗成的叫法。

1929 年美国人亨利·卢斯在经济萧条的背景下创办了《财富》杂志，他认为商业文化是一个社会的核心，期望借助《财富》杂志为低迷的经济描绘出未来的希望。《财富》杂志被很多人关注，是因为它每年评出"全球最大 500 家公司"，中国人习惯称他们为"世界 500 强"。2008 年，受金融危机的影响，大多数 500 强公司业绩下滑，但由于石油价格飞涨，埃克森美孚公司取代连续两年排名第一的零售巨头沃尔玛，以年收入 4428.51 亿美元、净利润 452.2 亿美元的"骄人业绩"，排名《财富》排行榜第一。

与《福布斯》和《商业周刊》相比，《财富》的 500 强以销售收入为依据进行排名，比较重视企业规模；而《商业周刊》把市值作为主要依据，《福布斯》则综合考虑年销售额、利润、总资产和市值。另外，《福布斯》的 500 强排名不包括美国公司，《商业周刊》的排名仅限于发达国家，而《财富》则将世界各国的企业都进行排名。

资料来源：吴晓求.证券投资学.第 2 版.北京：中国人民大学出版社，2004

#### 2. 销售额的年增长率

判断一个公司的竞争地位仅仅分析其销售额还不够，还应通过分析公司销售额的年增长率来考察公司的发展趋势。销售额大的公司如果增长率落后于主要竞争对手，就会在竞争中逐渐落后，最终被对手赶上或超越。例如，20 世纪 90 年代末期，爱立信手机在世界范围内销售额很大，但是增长十分缓慢甚至出现负增长，最后没用几年时间就因巨额亏损被迫退出手机行业，与索尼公司合资建立"索尼爱立信"品牌。

销售额年增长率是一个相对指标，没有一个统一的绝对标准。如果与行业内的公司进行比较，首先需要区分公司在行业内的相对地位。对于销售额比较大的公司，应将其与行业平均水平和业内销售额比较大的主要竞争对手进行比较；而对于销售额偏小的公司，主要关注公司与行业平均水平的比较，只有当公司销售额增长率明显快于行业平均水平时，公司才有望在竞争中生存。

如果判断公司的成长性，可以考虑将公司的销售额增长率与国内生产总值、国民收入、人均收入等国民经济指标的增长率进行比较。如果公司的销售额增长率持续多年快于国民经济增长率，该公司就可以看成是成长性公司，具有较大的发展潜力。值得注意的是，在做这种比较时，国民经济增长率一般剔除了通货膨胀因素，而年销售额增长率并没有类似处理。

#### 3. 销售额和销售额增长率的稳定性

虽然销售额和销售额增长率两个指标基本上就可以初步判断出公司的竞争能力，然而，实际情况是很多公司的销售额和销售额增长率往往很不稳定，有的年份销售额和销售额增长率都很高，而有的年份销售额虽然很高，但是增长率却比较低。由于经济周期波动和行业发展规律，公司的销售额和增长率出现一定的波动属于正常现象，但是如果公司销售额和增长率的波动相对于行业平均水平过大，则需要寻找背后的原因。在中国，如果上市公司连续数年亏损，就会被摘牌。有的公司为了避免被摘牌，可能在某个年份通过关联交易或虚构交易创造"利润"，这时其销售额特别是销售额增长率相对于往年就高得惊人，如果投资者分析该公司在技术创新、成本控制和销售扩展等方面没有实质性突破，就可以初步判断销售额数据"虚假"，应避免此类"陷阱"。

# 13.2　公司偿债能力分析

偿债能力对于公司来说是一个硬约束，如果公司无法按期偿还债务，就会面临破产清算的危险。偿债能力又可以分为短期偿债能力和长期偿债能力。

**1. 短期偿债能力分析**

(1) 流动比率

流动比率(current ratio)是衡量公司偿还短期债务能力的重要指标，其计算公式如下：

$$流动比率 = \frac{流动资产}{流动负债} \times 100\%$$

流动资产包括现金、应收账款、有价证券、存货等；流动负债包括应付账款、应付票据、短期内到期的长期债务，以及应付税金和其他应付款。一般认为流动比率最低不少于 1:1，以 2:1 的比率为佳。流动比率过低，表示公司偿还短期债务可能会出现问题。但是，流动比率过高并不一定表示公司财务状况良好，因为流动比率过高，可能是没有有效地运用资金或由于存货的超储、积压过多所致。

计算出来的流动比率，只有和同行业平均流动比率、本企业历史的流动比率进行比较，才能知道这个比率是高还是低。这种比较通常并不能说明流动比率为什么高或者为什么低，要找出过高或过低的原因，还必须分析流动资产与流动负债所包含的内容以及经营上的因素。一般情况下，营业周期、流动资产中应收账款和存货的周转速度是影响流动比率的主要原因。

(2) 速动比率

速动比率(quick ratio)也被称为酸性测试比率(acid test ratio)，是一个更为保守的衡量短期偿债能力的指标，其计算公式如下：

$$速动比率 = \frac{流动资产 - 存货}{流动负债} \times 100\%$$

在计算速动比率时要把存货从流动资产中剔除掉，这是因为：在流动资产中存货的变现能力最差，存货的估价存在着成本与当前市价相差悬殊的问题。把存货从流动资产总额中减去来计算短期偿债能力，更让人信服。通常认为正常的速动比率为 1，低于 1 的速动比率被认为是短期偿债能力偏低。

影响速动比率可信度的重要因素是应收账款的变现能力。如果某公司的速动比率为 1，但是其公司应收账款存在大量坏账，那么我们还是认为该公司的短期偿债能力有问题。因此更为保守的速动比率的计算，除了要从流动资产中扣除掉存货，还需要扣除掉应收账款坏账准备，以及其他一些可能与当期现金流量无关的项目(如待摊费用)，这样计算出来的指标称为保守速动比率(或称超速动比率)。

$$保守速动比率 = \frac{现金 + 短期证券 + 应收账款净款}{流动负债} \times 100\%$$

(3) 现金比率

最为保守的比率应该是现金比率(cash ratio)，它仅仅考虑现金和变现能力很强的短期证券与流动负债的比率。

$$现金比率 = \frac{现金 + 短期证券}{流动负债} \times 100\%$$

以上三种比率的使用，都假设公司通过变现相应的流动资产来偿还债务，然而现实中很少有公司会这么做，一定水平的存货和应收账款对于公司维持正常的经营必不可少。一旦所有的流动资产都被变现，那么公司也就无法继续运行了。因此，这三个比率实际上是衡量流动资产相对公司的流动债务水平所能提供的安全边际(margin of safety)。另外，这三个比率的使用也与公司的经营效率密切相关。过长的应收账款或存货周转周期，会限制流动比率或速度比率的有效性，因为陈旧的存货和难以回收的应收账款是很难转化为相应金额的现金的。所以在分析这三个比率的变化时，投资者需要综合考虑公司的周转比率。

(4) 经营性现金流比率

经营性现金流比率(cash flow from operations ratio)是通过比较实际现金流(而非流动资产等潜在现金来源)与流动负债来反映公司的短期偿债能力。

$$经营性现金流比率 = \frac{经营性净现金流}{流动负债} \times 100\%$$

(5) 利息保障倍数

利息保障倍数(interest coverage ratio)反映公司是否有足够的收益保证利息的支付。息税前利润是指利润表中未扣除利息费用和所得税之前的利润。只有利息保障倍数足够大时，企业才有充分的能力偿还利息。

$$利息保障倍数 = \frac{息税前利润}{利息支出} \times 100\%$$

## 2. 长期偿债能力分析

长期偿债能力主要从公司的资本结构等角度进行评价，常见的衡量指标有：资产负债率(total debt ratio)、股东权益比率(total equity ratio)、债务权益比率(debt to equity ratio)。

(1) 资产负债率

$$资产负债率 = \frac{负债总额}{资产总额} \times 100\%$$

该指标有以下几方面的含义：从债权人的立场看，他们希望债务比率越低越好，这样贷款风险不大。从股东的角度看，如果全部资本利润率高于借款利率时，希望负债比率越大越好，否则相反。因此说，资产负债率越高，企业长期偿债能力越差；但是资产负债率过低，说明企业利用借入资本进行经营活动的能力很差,当企业全部资本利润率高于借款利息率时，全部利用股东权益进行经营，实质上是不明智的。

(2) 股东权益比率

$$股东权益比率 = \frac{股东权益总额}{资产总额} \times 100\%$$

股东权益比率可以看成是资产负债率的一个变形或补充，因为资产总额等于负债总额加上股东权益总额。

(3) 债务权益比率

$$债务权益比率 = \frac{负债总额}{股东权益总额} \times 100\%$$

债务权益比率也是资产负债率的一个变形或补充。

# 13.3　公司盈利能力分析

前面的定价理论告诉我们，投资证券的收益主要来源于资本利得和股息，而一个公司的盈利状况则是决定投资者资本利得和股息多少的主要因素，因此，投资者应该十分重视公司盈利能力的分析。

公司的盈利是营业收入减去成本和费用后的余额，影响盈利水平的直接因素是公司的营业收入、成本和各项费用。一般来说，其他条件不变的情况下，随着销售额或营业额的上升，公司的盈利也会相应增加；如果销售额或营业额一定，则成本和费用的下降也会使得公司的盈利增加。影响公司盈利能力的原因是多方面的，诸如资金筹集和运用是否得当、固定资产是否被充分利用、劳动生产效率和工作效率是否提高、新产品开发和新技术应用是否有效等。真正具有较强盈利能力的公司往往能够做到持续、稳定的盈利，因此，投资者分析公司的盈利能力不能仅仅局限于最近的盈利水平，而应从较长的时间跨度来评价公司的盈利能力。在分析公司盈利能力时，投资者应当注意剔除影响公司利润的偶然因素和临时因素，尽可能客观反映公司在正常年景下的盈利能力和盈利水平。

### 1. 衡量公司盈利能力的指标

一般而言，人们习惯采用财务指标来衡量公司的盈利能力，这些指标包括如下几种。

(1) 毛利率

毛利率是指毛利占商品销售收入或营业收入的百分比。毛利率一般分为综合毛利率、分类毛利率和单项商品毛利率,它们分别反映企业经营的全部、大类、某种商品的差价水平，是核算企业经营成果和价格制定是否合理的依据。毛利率的计算公式是：

$$毛利率 = \frac{销售收入 - 销售成本}{销售收入} \times 100\%$$

虽然利用毛利率分析公司盈利水平显得比较粗糙,因为它不能直接反映投资者能够获得的回报,但是鉴于公司各项费用往往在不同年份波动很大,因此,无论何种情况毛利率都是分析公司盈利能力的重要参考指标。

(2) 销售净利率

销售净利率是指企业实现净利润与销售收入的对比关系,用以衡量企业在一定时期的销售收入获取的能力。该指标的计算公式是:

$$销售净利率 = \frac{净利润}{销售收入} \times 100\%$$

对于业务比较单一的公司,销售净利率不仅反映了公司整体的盈利能力,还能反映公司产品的盈利能力;但是对于多元化公司,由于净利润的来源不单单限于产品销售,因此销售净利率可能掩盖了公司核心产品的盈利能力,如果加上内部缺乏客观有效的经济效益核算制度,该指标很可能对公司盈利能力作出错误的判断。

(3) 资产周转率

资产周转率是衡量企业资产管理效率的重要财务比率,一般情况下,资产周转效率越高,公司的盈利能力越强。资产周转率的计算公式是:

$$资产周转率 = \frac{本期销售收入净额}{本期资产总额平均余额} \times 100\%$$

其中,

$$本期资产总额平均余额 = \frac{资产总额期初余额 + 资产总额期末余额}{2}$$

该指标不存在通用标准,因此,只有将这一指标与企业历史水平或与同行业平均水平相比才有意义。如果资产周转率过低,即相对于资产而言销售不足,说明销售收入还有潜力可挖;如果周转率过高,则表明资本不足,业务规模太大,超过了正常能力,有可能处在资金周转不灵特别是债务危机之中。

(4) 净资产收益率

净资产收益率又称股东权益收益率,是净利润与平均股东权益的百分比。该指标值越高,说明公司盈利能力越强,给投资者带来的回报越高。

计算净资产收益率的常见用法有两种:

$$全面摊薄净资产收益率 = \frac{报告期净利润}{期末净资产}$$

$$加权平均净资产收益率 = \frac{报告期净利润}{平均净资产}$$

净资产收益率指标是一个综合性很强的指标,它能够反映公司过去一年的综合管理水平,对于经营者总结过去，制定经营决策具有重要的指导意义，同时，外部投资者也能够根据该指标判断公司的资产运用效率和盈利能力。从经济学的角度而言，只要净资产收益超出了公司的融资资金成本，就能够说明公司的经营是有效率的，如果净资产收益长期高于公司负债成本，投资者就有望获得丰厚的回报。

(5) 每股收益

每股收益又称每股税后利润、每股盈余，指税后利润与股本总数的比率。它是综合反映公司获利能力的重要指标。该比率反映了每股创造的税后利润，比率越高，表明所创造的利润越多。该指标的计算公式是

$$每股收益 = \frac{净利润}{总股数}$$

在股本总数不变时，每股收益能够直接衡量公司盈利水平是上升还是下降；当股本数量变化时，应该先进行类似股价的复权处理后再比较。不能直接比较两个不同公司的每股收益，因为各个公司的单位股本所包含的资产与负债相差很大。

股价除以每股收益便是股票的市盈率，它是判断股票投资价值的重要依据，一般而言，市盈率越高，投资价值越低，反之，则投资价值越高。

**2. 预测公司盈利能力**

前述衡量公司盈利的指标属于历史、静态的指标，而投资者真正关心的是公司未来的盈利能力，因此，我们需要对公司的未来盈利能力进行预测，比较常见的方法有如下几种。

(1) 根据过去公司净利润增长率预测未来的利润。投资者可以将公司过去较长时间段的净利润增长率按时间系列排序，采用线性回归或移动平均等方法估算公司未来净利润的增长率，并预测相应的利润总额。

(2) 根据主营业务收入与利润总额之间的相关性预测未来的利润。主营业务是公司利润最主要的来源，两者呈现显著的正相关，因此，在时间系列样本量较大时，可以采用线性回归的方法得出两者之间的数量关系，然后根据对主营业务收入的预测得出对利润总额的预测。

(3) 根据行业发展周期预测公司的盈利。行业发展到不同阶段时，虽然行业内的公司分化较大，但大部分公司的盈利水平主要取决于行业周期。因此，可以先根据行业发展周期预测整个行业的平均盈利水平，再根据公司过去盈利水平与行业内平均盈利水平的相对高低预测公司的盈利水平。

前两种方法主要适用于短期预测，因为它假定公司现有的主营业务、销售成本和各项费用等相对平稳，因此，预测的周期比较短，一般不超过 2～3 年。第三种方法虽然可以用来预测公司的中长期盈利，但是误差可能比较大，需要谨慎使用。

# 13.4　公司经营管理分析

公司盈利能力分析可以看作是对公司经营业绩的评价，但是它并不能解释公司盈利好坏背后的原因，因此，这一节我们从公司内部经营管理的角度来分析影响公司成长和盈利的因素。

### 1. 管理人员的素质分析

公司管理人员的素质对公司的发展与成功具有决定性意义。公司的管理人员可以分为决策层、管理层和执行层三个层次。决策层的主要任务是制定公司经营方向、筹资安排等各项重大方针，决策层的风格对公司的发展前途起决定性作用。如果管理层积极进取、富有开拓精神并且具有稳健务实的作风，那么公司成功的机会就大，特别是刚刚起步不久的公司，决策层十分需要这样的行事风格。管理层的任务是贯彻决策层的意图，完成既定的目标和计划，协调各部门工作，管理层应具有务实高效的作风。执行层的职责则是在管理层的指挥和领导下，各司其职，保证公司各项业务正常运转。

一个高效卓越的管理机构应表现为有足够能力解决公司可能面临的内部和外部事务，维持并提升公司的竞争地位，拓展公司的业务和规模，维持较高的盈利水平，保持较高的生产能力和生产效率，合理融通资金和分配利润，妥善处理公司和员工的关系，培养和训练公司员工，合理平衡公司相关各方的利益以及保持良好的对外形象等。

### 2. 经营效率分析

公司的经营效率主要表现为生产能力和经营能力是否得到了充分的利用，开工率是否达到了额定标准，人均产量和人均销售额是否高于主要竞争对手，单位设备投资的销售额和盈利额是否高于行业平均水平，资产周转率、存货周转率和毛利率是否高于主要竞争对手等。

(1) 盈亏平衡点

**盈亏平衡点**又称零利润点、保本点、盈亏临界点、损益分歧点、收益转折点，通常是指全部销售收入等于全部成本时的产量。以盈亏平衡点为界，当销售收入高于盈亏平衡点时企业盈利，反之，企业就亏损。盈亏平衡点分析利用成本的固定性质和可变性质来确定获利所必需的产量范围。我们可以将全部成本划分为两类：一类随产量变化而变化，即可变成本；另一类不随产量而变化，即固定成本。如果将总成本除以产量，我们便得到单位产品成本，计算公式如下：

$$单位产品成本 = \frac{单位可变成本 \times 销售数量 + 固定成本}{销售数量} = 单位可变成本 + \frac{固定成本}{销售数量}$$

对于单位产品成本，可分解成单位可变成本和固定成本分摊之和，由于单位可变成本维持不变，而固定成本分摊随销售数量上升而减少，因此销售数量上升导致单位产品成本下降。当单位产品成本下降到单位产品销售价格时，公司正好达到盈亏平衡点，如果销售量继续增加，则单位产品继续下降，而单位产品销售价格不变，公司实现盈利，反之，公司销售量减少，公司出现亏损。

(2) 经营杠杆

企业经营风险的大小常常使用**经营杠杆**来衡量，经营杠杆的大小一般用**经营杠杆系数**表示，它是企业计算利息和所得税之前的盈利变动率与销售额变动率之间的比率。经营杠杆系数的计算公式是

$$经营杠杆系数 = \frac{利息和税收前盈利变动率}{销售额变动率}$$

其中，$$利息和税收前盈利变动率 = \frac{利息和税收前盈利变动额}{基期利息和税收前盈利}$$

$$销售额变动率 = \frac{销售变动额}{销售额}$$

进一步简化，经营杠杆系数可以改成：

$$经营杠杆系数 = \frac{利息和税收前盈利 - 固定成本}{利息和税收前盈利}$$

经营杠杆所包含的意义有：

第一，它体现了利润变动和销量变动之间的变化关系。

第二，经营杠杆系数越大，经营杠杆作用和经营风险越大。

第三，固定成本不变，销售额越大，经营杠杆系数越小，经营风险越小，反之，经营风险越大。

第四，当销售额达到盈亏临界点时，经营杠杆系数趋近于无穷大。

由经营杠杆系数的计算公式我们不难看出，利息和税收前盈利越大，公司经营杠杆越小，而利息和税收前盈利随公司销售额增大而增大，因此，企业一般可通过增加销售额，降低单位变动成本和固定成本等措施来降低经营杠杆和经营风险。

### 3. 新产品开发能力分析

随着时间的推移，消费者的消费习惯和消费理念渐渐发生转变，原有的产品可能不再受消费者的青睐，甚至面临被淘汰的危险，因此，公司需要开发新的产品来满足消费者的需求。新产品是相对而言的，它没有绝对的标准，无论是外部感官设计的改变，还是内部功能结构的改变，都可以看作"新产品"。新产品的开发往往需要投入大量的人力、物力和财力，但是大部分新产品开发并不一定成功，正是由于新产品开发的巨大风险，保守的经营管理者往往在新产品开发方面反应迟钝，而是等到市场出现大量的新产品之后再考虑跟随开发，这种经营策略对公司短期财务绩效是有利的，但是如果长期如此，则公司很有可能在重大的变革面前失败甚至破产。

公司应经常进行产品市场的调查，分析市场供需情况及消费者的新需求，组织新产品的研制和开发，不断设计、试制、试销、推销新产品，保持公司产品的生命力，这对公司未来的发展前途具有十分重要的意义。

### 👓 读一读 苹果公司

1976年，斯蒂夫·乔布斯(Steve Jobs)和斯蒂夫·沃兹尼亚克(Steve Wozniak，简称沃兹)创立苹果公司，并开始销售苹果电脑。

1984年苹果公司推出革命性的Macintosh电脑,但是20世纪80年代后期和90年代初期,由于微软公司的兴起,苹果公司的Macintosh电脑受到重创,公司开始走下坡路,并一度濒临破产,乔布斯也因与首席执行官约翰·斯卡利的权力斗争而离开苹果公司,并创建NeXT Computer公司。此后,苹果公司买下整间NeXT公司,此举也把乔布斯带回了苹果的管理层。作为新的首席执行官,他做的第一个动作就是促成iMac的发展,这使公司免于破产,并使他们有时间开发新的操作系统。

2001年苹果公司推出iPod数码音乐随身听,随后不断扩充到iPhone、iPad等新产品,苹果公司再次取得行业领导地位,乔布斯重新得到业内人士和投资人的认可。苹果公司的成功很大程度上来源于其源源不断的创新,而乔布斯在其中起到非常关键的作用,以至于2004年乔布斯被诊断出胰腺癌时,苹果公司的股价因此遭受重挫。

### 4. 产品销售、促销能力分析

产品从生产完成到消费者购买,中间需要大量的辅助过程,产品决策、产品定价策略的选定、分销策略等离不开销售人员的智慧以及技术、生产部门的密切配合。此外,对于新产品面世,我们还需要促销策略来提高产品的知名度和销售力度。

在计划经济时代,由于国家计划和分配,产品销售根本不是问题,而且"短缺经济"条件下,消费者可选择的余地少,公司也不关心产品销售不畅等问题。但是,市场经济改变了这一状况,产品由过去的"短缺"变成局部性的"生产过度",不仅是质量低劣的产品难以在市场上销售,即便是质量优良的产品也有可能因为市场不认知、市场无需求而使其销售受阻。一旦公司制造的产品销售受阻,公司就可能出现亏损,并在多年亏损后破产。

中国企业不仅要关心国内销售市场,而且应关注世界销售市场。由于开拓世界市场所需要的技术水平和管理水平远远高于国内市场,这又成为中国企业在"走出去"的过程中不得不面对的问题和困难。中国企业应借鉴跨国公司成功的案例,总结过去我国企业开拓海外市场方面的失败案例,熟悉国际惯例,了解当地文化习惯、生活习惯、消费特点和法律等,设计开发出符合当地市场需求的产品,并建立完善的售后服务,才有可能逐步发展成为成功的全球性公司。

# 本 章 小 结

公司基本面分析属于微观分析,主要是对公司的竞争地位、偿债能力、盈利能力和公司经营管理能力进行分析。公司的竞争地位主要可以通过分析该公司在整个行业中的相对地位来判断,通常的指标包括年销售额、销售额的年增长率、销售额和销售额增长率的稳定性。公司偿债能力分析主要是利用公司财务报表上一些信息对公司的流动资产和流动负债之间的配比以及公司资本结构来分析公司的财务风险。

公司偿债能力指标大体可以分为两类:短期偿债能力指标和长期偿债能力指标。短期偿债能力指标主要包括:流动比率、速动比率、现金比率、经营性现金流比率、利息保障倍数。长期偿债能力指标主要包括：资产负债率、股东权益比率、债务权益比率。偿债能力指标并不是说公司偿债能力越高越好，如果过高，其实也意味着公司没有运用好融资手段来创造更多的利润。

公司盈利能力指标是非常重要的分析工具，公司的偿债能力很大程度上取决于公司盈利的情况，按照股票现金流贴现模型，公司的价值很大程度上取决于公司未来的盈利状况。常用的衡量公司盈利能力的指标包括：毛利率、销售净利率、资产周转率、净资产收益率、每股收益等。但是仅从过去报表分析公司的盈利能力指标，是对公司历史的盈利状况进行分析，投资者真正关心的是公司未来的盈利能力，因此有必要对公司的未来盈利能力进行预测。说到底，公司盈利能力分析可以看作是对公司经营业绩的评价，但是它并不能解释公司盈利好坏背后的原因，因此，我们需要从公司的内部经营管理的角度来分析影响公司成长和盈利的因素。一般从以下几个方面去分析公司的经营管理能力：管理人员的素质分析、经营效率分析、新产品开发能力分析、产品销售及促销能力分析等。

# 复 习 题

## 一、名词解释

| | | | |
|---|---|---|---|
| 公司竞争地位分析 | 年销售额 | 销售额增长率 | 短期偿债能力 |
| 流动比率 | 速动比率 | 现金比率 | 经营性现金流比率 |
| 利息保障倍数 | 长期偿债能力 | 资产负债率 | 股东权益比率 |
| 债务权益比率 | 盈利能力指标 | 毛利率 | 销售净利率 |
| 资产周转率 | 净资产收益率 | 每股收益 | 盈亏平衡点 |
| 经营杠杆 | | | |

## 二、讨论题

1. 哪些指标可以反映公司的偿债能力，如何正确使用？不同行业是不是应该有不同的标准？如果有，应该如何区别？

2. 哪些指标可以反映公司的盈利能力，如何正确使用？不同行业是不是应该有不同的标准？如果有，应该如何区别？

3. 哪些指标可以反映公司经营管理能力，如何正确使用？不同行业是不是应该有不同的标准？如果有，应该如何区别？

4. 选择某个上市公司，如格力空调，从宏观、中观和微观三个角度对该公司进行分析。针对目前的股价，投资者应该如何进行操作？

5. 了解一下巴菲特的投资理念，谈谈他是如何利用基本面信息进行投资的。

## 三、计算题

收集 2010 年浦发银行的三大财务报表，计算该上市公司的盈利能力、偿债能力度量指标。

# 第5篇 技术分析

与证券投资的基本面分析法不同，证券投资的技术分析法不考虑公司的基本面情况，而仅从市场的历史的量、价、时、空出发，分析股价的未来走势，并进行投资决策。证券投资技术分析的三大假设保证了这种投资分析方法的可行性。证券投资技术分析常用的工具主要有：K线分析、移动平均线分析、道氏分析、布林线分析以及艾略特分析等。由于证券投资的技术分析有一定的前提假设，而且方法本身来自于市场人士的投资经验总结，因此实际投资中需要根据市场的变化进行不断修正和完善。

# 第14章
# 证券投资技术分析

证券投资的技术分析法认为股票市场的变化有一定的规律，市场变化的历史还会重演，过去股票市场变化的规律和形态会在一定条件下重现。技术分析法利用数学、几何学和逻辑学等手段研究股票价格的动态变化规律，捕捉股票价格形态重现的时机，以获取最大的收益。学习技术分析时，应注意各种形态变化的条件，不可生搬硬套，同时，技术分析的结论从某种程度上讲属于概率事件，它可能发生，也可能不发生。

## 14.1 技术分析概论

### 14.1.1 技术分析的含义

技术分析是指以市场行为为研究对象，以判断市场趋势并跟随趋势的周期性变化来进行股票及其他证券产品交易决策的方法的总和。

技术分析认为市场行为包容消化一切。这句话的含义是：所有的基础事件，包括经济事件、社会事件、战争、自然灾害等作用于市场的因素都会反映到价格变化中。所以，技术分析认为，只要关注价格趋势的变化及成交量的变化就可以找到盈利的线索。技术分析的目的是为了寻找买入、卖出、止损信号，并通过资金管理从而在风险市场中长期稳定获利。

### 14.1.2 技术分析的假设

技术分析作为一种投资分析工具，是以一定的假设条件为前提而存在的。

(1) 市场的任何变化总是反映在现在的价格水平上，市场行为涵盖一切相关信息。

技术分析认为，影响证券价格的所有因素都会立即反映在市场行为中，并在证券价格上得到体现。技术分析的使用者可以不用关心是什么因素影响证券价格，只需要从市场的量价变化中知道这些因素对市场行为的影响效果。这条假设是技术分析的基础，它与有效市场理论相一致。

(2) 证券价格变化具有趋势性，价格总是在既定的方向变化，直到某一事件发生才会改变。

技术分析认为，价格趋势本身不会反转，只有在外界影响下才可能发生。因此，价格趋势的继续总比反转的可能性大。这条假设是技术分析最根本、最核心的条件。

(3) 历史事件往往会重复。

从心理学角度看，投资者在相同的市场条件下会做出相同的决策。市场上有大量的投资者进行交易，虽然每个投资者的选择具有偶然性，但是总体上，他们的行为还是有规律可循的，即他们会根据历史的成功经验和失败教训做出目前的投资决策，从而使得证券价格的变动方式出现历史性的重复。

### 14.1.3　技术分析的优点和缺点

技术分析的优点是同市场接近，考虑问题比较直接。与其他证券分析相比，技术分析进行证券买卖的见效快，获得利益的周期短。此外，技术分析对市场的反应比较直接，分析的结果也更接近实际市场的局部现象。

技术分析的缺点是考虑问题的范围相对较窄，对市场长远的趋势不能进行有益的判断。技术分析适用于短期的行情预测，要进行周期较长的分析必须依靠别的因素，这是应用技术分析最应该注意的问题。技术分析所得到的结论仅仅具有一种建议的性质，并应该是以概率形式出现的。

## 14.2　K 线分析法

K 线又被称为蜡烛线，也叫阴阳烛，据说起源于 18 世纪日本德川幕府时代的米市。当时的米商为了直观地记录米价的变动情况，编制出这种图线，后来被技术派人士引用到证券市场，成为股票技术分析的一种理论。K 线图有直观、立体感强、携带信息量大的特点，蕴含着丰富的东方哲学思想，能充分显示股价趋势的强弱，买卖双方力量的变化，预测后市走向较准确，是应用较多的技术分析手段。

### 14.2.1　K 线图的画法

K 线有日 K 线、周 K 线和月 K 线之分，在动态股票分析软件中还常用到分钟线和小时线。下面以日 K 线为例，介绍 K 线图的绘制方法。

(1) 以日期为横轴，以股价为纵轴建立坐标系。

(2) 找到某日股票当日的最高价和最低价，垂直连成一条竖线。

(3) 找到当日的开盘价和收盘价，把这两个价格连成一个长方柱体。

(4) 如果当日的收盘价高于开盘价，便将长方柱体染为红色；如果当日的收盘价低于开盘价，便将长方柱体染为蓝色或黑色。

图 14.1 给出了一种常见的 K 线图。

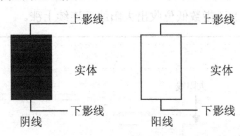

图 14.1　K 线图的表示方法

从图 14.1 给出的 K 线图中可以看出，K 线由三部分组成，即由实体、上影线、下影线组成。K 线从形态上可分为阳线、阴线和同价线三种类型。阳线是指收盘价高于开盘价的 K 线，阳线按其实体大小可分为大阳线、中阳线和小阳线。阴线是指收盘价低于开盘价的 K 线，阴线按其实体大小也可分为大阴线、中阴线和小阴线。同价线是指收盘价等于开盘价，两者处于同一个价位的一种特殊形式的 K 线，同价线常以"十"字形和 T 字形表现出来，故又称十字线、T 字线。同价线按上、下影线的长短、有无，又可分为长十字线、十字线和 T 字线、倒 T 字线、一字线等。

## 14.2.2　K 线图分析

K 线图的分析分法如下。

"一看阴阳"。阴阳代表趋势方向，阳线表示将继续上涨，阴线表示将继续下跌。以阳线为例，经过一段时间的多空拼搏，收盘价高于开盘价表明多头占据上风。根据牛顿力学定理，在没有外力作用时价格仍将按原有方向与速度运行，因此阳线预示下一阶段仍将继续上涨，最起码能保证下一阶段初期能惯性上冲。故阳线往往预示着继续上涨，这一点也极为符合技术分析中三大假设之一——股价沿趋势波动，而这种顺势而为也是技术分析最核心的思想。同理可得阴线继续下跌。在图 14.2 中，上证指数高位放出阴线后连续下跌。

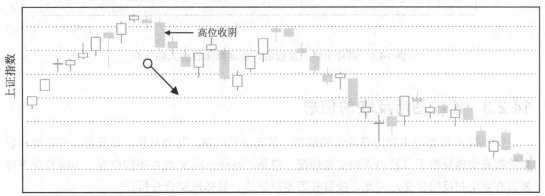

图 14.2　高位放出阴线后，上证指数连续大幅下跌

"二看实体大小"。实体大小代表内在动力，实体越大，上涨或下跌的趋势越是明显，反之趋势则不明显。以阳线为例，其实体就是收盘高于开盘的那部分，阳线实体越大，说明上涨的动力越足，并且其上涨的动力将大于实体小的阳线。同理可得阴线实体越大，下跌动力也越足。在图 14.3 中，上证指数低位收出大阳线后连续上涨。

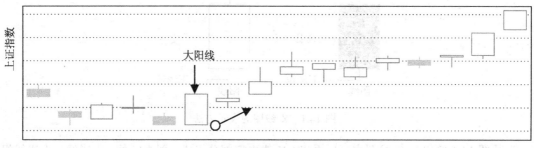

图 14.3　低位收出大阳线之后，上证指数连续上涨

"三看影线长短"。影线代表转折信号，向一个方向的影线越长，越不利于股价向这个方向变动，即上影线越长，越不利于股价上涨，下影线越长，越不利于股价下跌。以上影线为例，在经过一段时间多空斗争之后，多头终于晚节不保败下阵来，一朝被蛇咬，十年怕井绳，不论 K 线是阴还是阳，上影线部分已构成下一阶段的上档阻力，股价向下调整的概率居大。同理可得下影线预示着股价向上攻击的概率居大。在图 14.4 中，金地集团(股票代码：600383)高位放出长影线后股价大幅下跌。

图 14.4　高位出现长影线后，金地集团股价大幅下跌

## 14.2.3　K 线图所反映的信息

每一根 K 线都是多空力量斗争的结果，每天交易结束，其最高价、最低价、开盘价和收盘价都真实地反映了该股当天的交易情况。但是，同样一根 K 线在不同位置、不同背景下可能具有完全相反的含义，因此，投资者需要辩证地、具体地综合分析。

开盘价代表买卖双方在开盘期间的均衡点。最高价代表多方驱动行情上涨的最高水平。

最低价代表空方打压的极限位置，即多方拒绝价格进一步下挫的价位。在股价上涨与下跌的过程中，多方与空方的力量将发生变化。收盘价则代表了整个交易时期结束时的均衡价位，即多空平衡点。

单一的 K 线代表的是多空双方一天之内的战斗结果，不足以反映连续的市场变化，多条 K 线的组合图谱才可能更详尽地表述多空双方一段时间内"势"的转化。多空双方中任何一方突破盘局获得优势，都将形成一段上涨或下跌的行情，这也就是所谓的"势在必行"。而随着这种行情的不断发展，又为对方积攒着反攻的能量，也就是"盛极而衰"。研究 K 线组合图谱的目的，就是通过观察多空势力强弱盛衰的变化，感受双方"势"的转化。K 线图谱要结合成交量和移动平均线共同使用。成交量是多空双方博杀过程中能量损耗的表述，移动平均线则是双方进攻与退守的一道道防线。这种图形组合是东方哲学与西方统计学的完美结合。

# 14.3　移动平均线分析法

移动平均线是利用股票价格移动平均值将股价变动曲线化的分析方法，这一方法可以忽略不规则、偶然因素对股票价格的影响，使股价曲线变得光滑，从而清晰显示股价变动的倾向。移动平均线分析法可用于对股价趋势进行中长期的预测。

## 14.3.1　移动平均线的计算方法

移动平均线依计算周期分为短期(如 5 日、10 日)、中期(如 30 日) 和长期(如 60 日、120 日)移动平均线。

**简单的算术移动平均线(MA)** 是将一定时期内的股票收盘价格加总后除以该期天数，以后随时间的推移，每天加上当日股价，减去最早一天的股价，除以天数即可得到一系列的简单算术移动平均线。计算公式如下：

$$MA_t = \frac{1}{n}\sum_{i=1}^{n}P_{t-i+1}$$

式中，$MA_t$ 表示 $t$ 日的股价移动平均数，$n$ 表示计算所用天数，$P_t$ 表示第 $t$ 日股票收盘价格。

**加权移动平均线** 是考虑到在移动平均线变化的过程中，最近一日的股票收盘价格对未来价格波动的影响要大于之前的收盘价格，因此对最近一日的收盘价赋予较大的权数，计算公式如下：

$$MA_t = \frac{\sum_{i=1}^{n}(W_i P_{t-i+1})}{\sum_{i=1}^{n}W_i}$$

式中 $W_i$ 表示权数。

以 10 日加权移动平均为例,假设第一日权数为 1,第 2 日权数为 2,依此类推,则:

$$MA_t = \frac{第 1 日收盘价格 \times 1 + 第 2 日收盘价格 \times 2 + \cdots + 第 10 日收盘价格 \times 10}{1+2+3+\cdots+10}$$

**指数移动平均线(EMA)**本质上也是对以前各期水平的加权算术平均数,但与移动平均法不同的是,指数移动平均法参加平均的项数随着平滑法的向后进行而逐渐增多,而移动平均法的项数不随移动平均的向后进行而增多。指数移动平均法的计算公式为:

$$EMA_t = \frac{1}{n}P_t + \frac{n-1}{n}EMA_{t-1}$$

根据投资者的需要,$P_t$ 的权数不必非得等于 $\frac{1}{n}$,也可以是 $\frac{2}{n}$,$\frac{3}{n}$ 等。但注意,$P_t$,$EMA_{t-1}$ 的权数之和必须等于 1。

### 14.3.2  移动平均线的特点

移动平均线(MA)最基本的思想是消除偶然因素的影响,另外还有一点平均成本价格的含义。它在应用时具有以下几个特点。

(1) 追踪趋势。注意价格的趋势,并追随这个趋势,不轻易放弃。如果从股价的图表中能够找出上升或下降趋势线,那么,MA 曲线将保持与趋势线方向一致,能消除中间股价在这个过程中出现的起伏。原始数据的股价图表不具备这个保持追踪趋势的特性。

(2) 滞后性。在股价原有趋势发生反转时,由于 MA 的追踪趋势的特性,MA 的行动往往过于迟缓,调头速度落后于大趋势。这是 MA 的一个极大的弱点。等 MA 发出反转信号时,股价调头的深度已经很大了。

(3) 稳定性。由 MA 的计算方法可知,要比较大地改变 MA 的数值,无论是向上还是向下,都比较困难,必须是当天的股价有很大的变动。因为 MA 的变动不是一天的变动,而是几天的变动,一天的大变动被分摊后,变动就会变小而显不出来。这种稳定性有优点,也有缺点,在应用时应多加注意,掌握好分寸。

(4) 助涨助跌性。当股价突破了 MA 时,无论是向上突破还是向下突破,股价有继续向突破方面再走一程的愿望,当大量的投资者如此决策时,实质就形成了 MA 助涨助跌的特性。

(5) 支撑线和压力线的特性。由于 MA 的上述四个特性,使得它在股价走势中起支撑线和压力线的作用。

### 14.3.3  移动平均线的应用

关于移动平均线(MA)的应用,最有名的传统用法是葛兰威尔八大法则和金叉死叉法则。尤其是葛兰威尔创造的八项法则可谓是移动平均分析法中的精华,历来的技术平均线使用者无不视其为技术分析的至宝。

图 14.5 给出葛兰威尔运用的示意图,葛兰威尔八大法则从买入时机和卖出时机两方面阐

述了其准则。

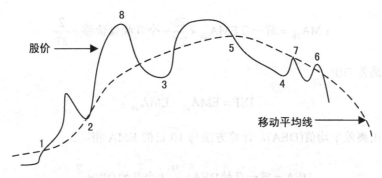

图 14.5　葛兰威尔八大法则运用示意图

**1. 移动平均线的买进时机**

(1) 平均线从下降逐渐走平，而股价从平均线的下方突破平均线时，是买进信号。

(2) 股价趋势线走在平均线之上，股价突然下跌，但未跌破平均线，股价又上升时，可以加码买进。

(3) 股价虽跌入平均线下，而均价线仍在上扬，不久又回复到平均线上时，为买进信号。

(4) 股价趋势线低过平均线，突然暴跌，远离平均线时，极有可能再趋向平均线，是买进时机。

**2. 移动平均线的卖出时机**

(1) 平均线走势从上升逐渐走平，而股价从平均线的上方往下跌破平均线时，应是卖出的机会。

(2) 股价虽上升突破平均线，但又立刻回复到平均线之下，而且平均线仍然继续下跌时，是卖出时机。

(3) 股价趋势线在平均线之下，股价上升但未达平均线又告回落，是卖出时机。

(4) 股价趋势线在上升中，且走在平均线之上，突然暴涨、远离平均线，很可能再趋向平均线，为卖出时机。

## 14.3.4　MACD 指标与应用

MACD 指标又称平滑异同移动平均线指标，是根据移动平均线原理所发展出来的指标。由原来只对价格做趋势分析转变为对价格进行水平震荡分析。采样为股票的每日收盘价。通过指数平滑计算方法，分别计算出快速与慢速两条平滑移动平均线，并计算出两者之间的差离值，以此作为研判行情的依据。

MACD 由正负差(DIF)和异同平均数(DEA)两部分组成，计算方法如下：

(1) 计算 12 日平滑移动平均数作为快速移动平均线，并加权最近一日的权数。

$$EMA_{12} = 前一日 EMA_{12} \times \frac{11}{13} + 今日收盘价格 \times \frac{2}{13}$$

(2) 计算 26 日平滑移动平均数作为快速移动平均线，并加权最近一日的权数。

$$EMA_{26} = 前一日 EMA_{26} \times \frac{25}{27} + 今日收盘价格 \times \frac{2}{27}$$

(3) 计算离差 DIF。

$$DIF = EMA_{12} - EMA_{26}$$

(4) 计算出离差平均值(DEA)，计算方法与 10 日的 EMA 相同。

$$DEA = 前一日的 DEA \times \frac{9}{11} + 今日的 DIF \times \frac{2}{11}$$

计算出的 DIF 和 DEA 的数值均为正值或负值，在持续的涨势中，正值会越来越大；在跌势中，负值会越来越小。

MACD 的应用主要有以下几个方面：

(1) DIF、DEA 均为正值时，DIF 向上突破 DEA，则为买入信号。

(2) DIF、DEA 均为负值时，DIF 向下跌破 DEA，则为卖出信号。

(3) DEA 线与 K 线图走势发生背离时，为行情反转信号。

(4) DIF 与 DEA 的差值(DIF−DEA)由正值变为负值时，则为卖出信号；反之，由负值变正值，则为买入信号。

(5) 在大盘处于盘整期时，指标 DIF 线与 DEA 线的交叉将会十分频繁，同时 DIF 与 DEA 的差值在正负之间频频出现，此时 MACD 指标处于失真状态，使用价值相应降低。

### 👓 读一读  利用 MACD 的实例

(1) 盐湖钾肥(000792)。2008 年 12 月 26 日，复牌后连续 8 个跌停板，股价由 88.12 元下降至 37.99 元。2009 年 1 月 20 日，该股出现"金叉"(5 日均线上穿 10 日均线)机会，1 月 21 日，DIF 向上突破 DEA，考虑到大盘这段时间比较稳定，因此，这应该是盐湖钾肥很好的买入时机，果不然，1 月 22 日至 2 月 6 日，盐湖钾肥由 39.80 元上涨至 49.41 元，在 7 个交易日内上涨了 21.15%。

(2) 中铁二局(600528)。2008 年 9 月 18 日，经过漫长的下跌之后，该股的 DIF、DEA 长时间跌至 0 轴下方，并交织在一起。但从 9 月 18 日起，DIF 逐步走在 DEA 上方，9 月 24 日，该股又出现"金叉"机会。尽管该段时间大盘总体仍不断往下跌，但是中铁二局从 2008 年 9 月 24 日至 2009 年 2 月 6 日不到半年的时间内，上涨了 1.3 倍左右。

(3) 万科(000002)。2008 年 11 月 8 日，该股出现"死叉"，同时 DIF 向下突破 DEA，这正是该股卖出的机会，加之这段时间大盘处于"熊市"行情，该股在随后的 6 个月内下跌了 34.10%。

## 14.4　道氏理论

道氏理论的形成经历了几十年。1902 年，在查尔斯·道去世以后，威廉姆·彼得·汉密尔顿 (William Peter Hamilton)和罗伯特·雷亚(Robert Rhea)继承了道氏理论，并在其后有关股市的评论写作过程中，加以组织与归纳而成为今天我们所见到的理论。他们所著的《股市晴雨表》、《道氏理论》成为后人研究道氏理论的经典著作。

### 14.4.1　道氏理论的主要假设

道氏理论有极其重要的三个假设，与人们平常所看到的技术分析理论的三大假设有相似的地方，不过，在这里，道氏理论更侧重于其市场含义的理解。

**假设一：人为操作(manipulation)**——指数或证券每天、每星期的波动可能受到人为操作，次级折返走势(secondary reactions)也可能受到这方面有限的影响，比如常见的调整走势，但主要趋势(primary trend)不会受到人为的操作。

**假设二：市场指数会反映每一条信息**——每一位市场参与者，他所有的贪婪、恐惧与知识，都会反映在股票指数的收盘价波动中，因此，市场指数永远会适当地预期未来事件的影响。如果发生火灾、地震、战争等灾难，市场指数也会迅速地加以评估。

在市场中，人们每天对于诸如财经政策、领导人讲话、重大社会事件等层出不尽的题材不断加以评估和判断，并不断将自己的心理因素反映到市场的决策中。因此，对大多数人来说，市场总是看起来难以把握和理解。

**假设三：道氏理论是客观化的分析理论**——成功利用它协助投机或投资行为，需要深入研究，并客观判断。当主观使用它时，就会不断犯错，不断亏损。遗憾的是，市场中 95%的投资者运用的是主观化操作，这 95%的投资者绝大多数属于"七赔二平一赚"中的"七赔"人士。

### 14.4.2　道氏理论的五个定理

#### 定理一：道氏的三种走势(短期、中期、长期趋势)

股票指数与任何市场都有三种趋势：短期趋势，持续数天至数个星期；中期趋势，持续数个星期至数个月；长期趋势，持续数个月至数年。任何市场中，这三种趋势必然同时存在，彼此的方向可能相反。

长期趋势最为重要，也最容易被辨认、归类与了解。它是投资者主要的考量指标，对于投机者较为次要。中期与短期趋势都属于长期趋势之中，唯有明白它们在长期趋势中的位置，才可以了解它们，并从中获利。

中期趋势对于投资者较为次要，但却是投机者的主要考虑因素。它与长期趋势的方向可能相同，也可能相反。如果中期趋势严重背离长期趋势，则被视为次级折返走势或修正(correction)趋势。次级折返走势必须谨慎评估，不可将其误认为是长期趋势的改变。

短期趋势最难预测，唯有交易者才会随时考虑它。投机者与投资者仅在少数情况下才会关心短期趋势：在短期趋势中寻找适当的买进或卖出时机，以追求最大的获利，或尽可能减少损失。

投资者不应仅仅专注于长期趋势，也可以运用逆向的中期与短期趋势提升获利。运用的方式有许多种。第一，如果长期趋势是向上的，他可在次级的折返走势中卖空股票，并在修正走势的转折点附近，以空头头寸的获利追加多头头寸的规模。第二，上述操作中，他也可以购买看跌期权(puts)或出售看涨期权(calls)。第三，由于他知道这只是次级的折返走势，而不是长期趋势的改变，所以他可以在有信心的情况下，度过这段修正走势。最后，他也可以利用短期趋势决定买卖的价位，提高投资的获利能力。

上述策略也适用于投机者，但他不会在次级的折返走势中持有反向头寸，他的操作目标是顺着中期趋势的方向建立头寸。投机者可以利用短期趋势的发展，观察中期趋势的变化征兆。他的心态虽然不同于投资者，但辨识趋势变化的基本原则相当类似。

### 定理二：主要走势(空头或多头市场)

主要走势(primary movements)代表整体的基本趋势，通常称为多头或空头市场，持续时间可能在一年以内，乃至于数年之久。正确判断主要走势的方向，是投机行为成功与否最重要的因素，没有任何已知的方法可以预测主要走势的持续期限。

了解长期趋势(主要趋势)是成功投机或投资的最起码条件。一位投机者如果对长期趋势有信心，只要在进场时机上有适当的判断，便可以赚取相当不错的收益。有关主要趋势的幅度大小与期限长度，虽然没有明确的预测方法，但可以利用历史上的价格走势资料，以统计方法归纳主要趋势与次级的折返走势。

雷亚将道琼斯指数历史上的所有价格走势，根据类型、幅度大小与期间长短分别归类，非常令人惊讶的是，他当时归类的结果与目前近100年的资料几乎没有什么差异。例如，次级折返走势的幅度与期间，不论就多头与空头市场的资料分别或综合归类，目前正态分布的情况几乎与雷亚当时的资料完全相同。

这个现象确实值得注意，因为它告诉我们，虽然近半个世纪以来的科技与知识有了突破性的发展，但驱动市场价格走势的心理性因素基本上仍相同。这对专业投机者具有重大的意义——目前面临的价格走势、幅度与期间都非常可能落在历史对应资料平均数(median)的有限范围内。如果某个价格走势超出对应的平均数水准，介入该走势的统计风险便与日俱增。若经过适当的权衡与应用，这项评估风险的知识，可以显著提高未来价格预测在统计上的精确性。

### 定理三：主要的空头市场(包含三个主要的阶段)

主要的空头市场(primary bear markets)是长期向下的走势，其间夹杂着重要的反弹。它来自于各种不利的经济因素，唯有股票价格充分反映可能出现的最糟情况后，这种走势才会结束。

空头市场会历经三个主要的阶段：第一阶段，市场参与者不再期待股票可以维持过度膨胀的价格；第二阶段的卖压是反映经济状况与企业盈余的衰退；第三阶段是来自于健全股票的失望性卖压，不论价值如何，许多人急于求现至少一部分的股票。这项定义有几个层面需要理清。"重要的反弹"(次级的修正走势)是空头市场的特色，但不论是"工业指数"或"运输指数"，都绝对不会穿越多头市场的顶部，两项指数也不会同时穿越前一个中期走势的高点。"不利的经济因素"是指政府行为的结果：干预性的立法，非常严肃的税务与贸易政策，不负责任的货币或(与)财政政策以及重要战争。

空头市场往往具有某些特质：

(1) 由前一个多头市场的高点起算，空头市场跌幅的平均数(median)为 29.4%，其中 75% 的跌幅介于 20.4%～47.1%之间。

(2) 空头市场持续期限的平均数是 1.1 年，其中 75%的期间介于 0.8～2.8 年之间。

(3) 空头市场开始时，随后通常会以偏低的成交量"试探"前一个多头市场的高点，接着出现大量急跌的走势。所谓"试探"，是指价格接近而绝对不会穿越前一个高点。"试探"期间，成交量偏低显示信心减退，很容易演变为"不再期待股票可以维持过度膨胀的价格"。

(4) 经过一段相当程度的下跌之后，突然会出现急速上涨的次级折返走势，接着便形成小幅盘整而成交量缩小的走势，但最后仍将下滑至新的低点。

(5) 空头市场的确认日，是指多种市场指数都向下突破多头市场最近一个修正低点的日期。两种指数突破的时间可能有落差，并不是不正常的现象。

(6) 空头市场的中期反弹，通常都呈现颠倒的"V"形，其中低价的成交量偏高，而高价的成交量偏低。

空头行情末期，市场对于进一步的利空消息与悲观论调已经产生了免疫力。然而，在严重挫折之后，股价也似乎丧失了反弹的能力，种种征兆都显示，市场已经达到均衡的状态，投机活动不活跃，卖出行为也不会再压低股价，但买盘的力道显然不足以推升价格，市场笼罩在悲观的气氛中，股息被取消，某些大型企业通常会出现财务困难的危机。基于上述原因，股价会呈现狭幅盘整的走势。一旦这种狭幅走势明确向上突破，市场指数将出现一波比一波高的上升走势，其中夹杂的跌势都未跌破前一波跌势的低点。这个时候市场明确显示应该建立多头的投机性头寸。

### 定理四：主要的多头市场(也有三个主要的阶段)

主要的多头市场(primary bull markets)是一种整体性的上涨走势，其中夹杂次级的折返走势，平均的持续期间长于两年。在此期间，由于经济情况好转与投机活动转盛，所以投资性与投机性的需求增加，并因此推高股票价格。

多头市场有三个阶段：第一阶段，人们对于未来的景气恢复信心；第二阶段，股票对于已知的公司盈余改善产生反应；第三阶段，投机热情高涨而股价明显膨胀。

多头市场的特色是所有主要指数都持续联袂走高，拉回走势不会跌破前一个次级折返走势的低点，然后再继续上涨而创新高价。在次级的折返走势中，指数不会同时跌破先前的重要低点。

多头市场往往具有某些特质：

(1) 由前一个空头市场的低点起算，主要多头市场的价格涨幅平均为 77.5%。

(2) 主要多头市场的期间长度平均数为两年又四个月(2.33 年)。历史上的所有多头市场中，75%的期间长度超过 657 天(1.8 年)，67%介于 1.8 年与 4.1 年之间。

(3) 多头市场的开始，以及空头市场最后一波的次级折返走势，两者之间几乎无法区别，唯有等待时间确认。

(4) 多头市场中的次级折返走势，跌势通常较先前与随后的涨势剧烈。另外，折返走势开始的成交量通常相当大，但低点的成交量则偏低。

(5) 多头市场的确认日，是多种指数都向上突破空头市场前一个修正走势的高点，并持续向上挺升的日子。

### 定理五：次级折返走势

次级折返走势(second reactions)是多头市场中重要的下跌走势，或空头市场中重要的上涨走势，持续的时间通常在三个星期至数个月，此期间内折返的幅度为前一次级折返走势结束之后主要走势幅度的 33%～66%。次级折返走势经常被误以为是主要走势的改变，因为多头市场的初期走势，显然可能仅是空头市场的次级折返走势，相反的情况则会发生在多头市场出现顶部后。

次级折返走势(修正走势，correction)是一种重要的中期走势，它是逆于主要趋势的重大折返走势。判断何者是逆于主要趋势的"重要"中期走势，这是"道氏理论"中最微妙与最困难的一环，对于信用高度扩张的投机者来说，任何的误判都可能造成严重的财务后果。

判断中期趋势是否为修正走势时，需要观察成交量的关系，修正走势的历史统计资料，市场参与者的普遍态度，各个企业的财务状况、整体经营状况，中央银行和财政部门的政策以及其他许多因素。走势在归类上确实有些主观成分，但判断的精确性却关系重大。一个走势，究竟属于次级折返走势，或是主要趋势的结束，我们经常很难甚至无法判断。

## 14.5　布林线指标

布林线(BOLL)指标是美国股市分析家约翰·布林根据统计学中的标准差原理设计出来的一种非常简单实用的技术分析指标。一般而言,股价的运动总是围绕某一价值中枢(如均线、成本线等)在一定的范围内变动,布林线指标正是在上述条件的基础上，引进了"股价信道"的概念，其认为股价信道的宽窄随着股价波动幅度的大小而变化，而且股价信道又具有变异性，它会随着股价的变化而自动调整。正是由于它具有灵活性、直观性和趋势性的特点,BOLL指标渐渐成为投资者广为应用的市场上的热门指标。

### 14.5.1　布林线的计算方法

BOLL 指标的计算涉及中轨线(MB)、上轨线(UP)和下轨线(DN)的计算。另外，和其他指标的计算一样，由于选用的计算周期不同，BOLL 指标也包括日 BOLL 指标、周 BOLL 指标、月 BOLL 指标、年 BOLL 指标以及分钟 BOLL 指标等各种类型。经常被用于股市研判的是日 BOLL 指标和周 BOLL 指标。

下面以日 BOLL 指标计算为例，其计算方法如下。

#### 1. 日 BOLL 指标的计算公式

$$中轨线 = N 日的移动平均线$$

$$上轨线＝中轨线＋两倍的标准差$$
$$下轨线＝中轨线－两倍的标准差$$

**2. 日 BOLL 指标的计算过程**

(1) 计算 MA

$$MA＝N 日内的收盘价的算术平均$$

(2) 计算 MA 的标准差 MD

$$MD = \sqrt{\frac{1}{N}\sum(MA-C)^2}$$

其中，$C$ 是 MA 的算术平均值。

(3) 计算 MB、UP、DN 线

$$MB＝第(N-1)日的 MA$$
$$UP＝MB＋2×MD$$
$$DN＝MB－2×MD$$

## 14.5.2　BOLL 指标中的上、中、下轨线之间的关系

BOLL 指标中的上、中、下轨线所形成的股价信道的移动范围是不确定的，信道的上下限随着股价的上下波动而变化。在正常情况下，股价应处于股价信道内运行。如果股价脱离股价信道运行，则意味着行情处于极端的状态。

BOLL 指标的上、中、下轨线之间的关系是：

(1) 当布林线的上、中、下轨线同时向上运行时，表明股价强势特征非常明显，股价短期内将继续上涨，投资者应持股待涨或逢低买入。

(2) 当布林线的上、中、下轨线同时向下运行时，表明股价的弱势特征非常明显，股价短期内将继续下跌，投资者应持币观望或逢高卖出。

(3) 当布林线的上轨线向下运行，而中轨线和下轨线却还在向上运行时，表明股价处于整理态势之中。如果股价是处于长期上升趋势，则表明股价是上涨途中的强势整理，投资者可以持股观望或逢低短线买入；如果股价是处于长期下跌趋势，则表明股价是下跌途中的弱势整理，投资者应以持币观望或逢高减仓为主。

(4) 当布林线的上轨线向上运行，而中轨线和下轨线同时向下运行，或者布林线的上、中、下轨线几乎同时处于水平方向横向运行，这些都需要结合股价目前的走势才能进行判断。

## 14.5.3　BOLL 指标主要买卖规则

(1) 股价由下向上穿越下轨线(DN) 时，可视为买进信号。

(2) 股价由下向上穿越中轨线(MB) 时，股价将加速上扬，是加仓买进的信号。

(3) 股价在中轨线与上轨线(UP)之间波动运行时为多头市场，可持股观望。

(4) 股价长时间在中轨线与上轨线间运行后，由上向下跌破中轨线，可视为卖出信号。

(5) 股价在中轨线与下轨线之间波动时为空头市场，此时应持币观望。

(6) 中轨线经长期大幅下跌后转平，出现向上的拐点，且股价在2～3日内均在中轨线之上。此时，若股价回调，其回档低点往往是适量低吸的切入点。

(7) 对于股价在中轨与上轨之间运作的强势股，不妨以回抽中轨线作为低吸买点，并以中轨线作为止赢、止损线。

(8) 飙升股往往股价会短期冲出上轨线，一旦冲出上轨线过多，而成交量又无法持续放出，注意短线高抛了结，如果由上轨线回落跌破上轨，此时也是一个卖点。

# 14.6　艾略特的波浪理论

艾略特(1871—1948)是波浪理论的创始者，他曾经是专业的会计师，专精于餐馆业与铁路业，由于中年染上重病，在1927年退休，长期住在加州休养。就在他休养的康复时期，他发明了波浪理论。

艾略特的波浪理论受到道氏理论的影响，但道氏理论主要对股市的发展趋势给予了较完美的定性解释，而艾略特则在定量分析上提出了独到的见解。艾略特的大量股市理论论文主要是在1939年发表的，艾略特自认为他的股市理论是属于大自然法则的一部分，这一法则支配人类所有的活动。

波浪理论的许多架构，相当符合道氏理论的原理和传统的图形技术。不过，波浪理论已超越传统的图形分析技术，能够针对市场的波动，提供全盘性的分析角度，得以解释特定的图形态势发展的原因与时机，以及图形本身所代表的意义。波浪理论能够帮助市场分析师找出市场循环周期所在。

## 14.6.1　波浪的基本要点

波浪理论有三个重要内容：波浪的形态、波幅比率和持续时间，其中最重要的是波浪的形态。图14.6给出了两种基本的波浪形态。

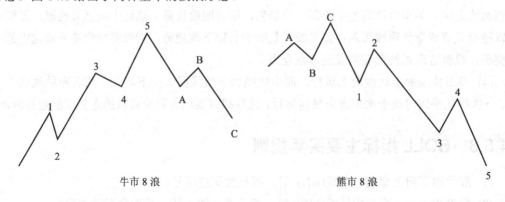

图 14.6　波浪理论的基本形态

波浪理论的基本要点包括：

(1) 一个完整的循环包括八个波浪，五个上升浪，三个下降浪。

(2) 波浪可合并为高一级的浪，亦可以再分割为低一级的小浪。

(3) 跟随主流行走的波浪可以分割为低一级的五个小浪。

(4) 1、2、3、4、5波浪中，第3浪不可以是最短的一个波浪，第4浪的底不可以低于第1浪的顶。

(5) 假如三个推动论中的任何一个浪成为延伸浪，其余两个波浪的运行时间及幅度会趋于一致。

(6) 调整浪通常以三个浪的形态运行。

(7) 黄金分割率奇异数字组合是波浪理论的数据基础。

(8) 经常遇见的回吐比率为0.382、0.5及0.618。

(9) 波浪理论包括三部分：型态、比率及时间，其重要性以排行先后为序。

(10) 波浪理论主要反映群众心理。越多人参与的市场，其准确性越高。

## 14.6.2 各个波浪的表现和特性

波浪理论中的八个浪各有不同的表现和特性。

**第1浪**：在实际走势中，大约半数以上的第1浪属于修筑底部形态的一部分。由于第1浪的走出一般产生于空头市场后的末期，所以，市场上的空头气氛以及习惯于空头市场操作的手法未变，因此，跟随着属于筑底一类的第1浪而出现的第2浪的下调幅度，通常都较大。

**第2浪**：通常第2浪在实际走势中调整幅度较大，这主要是因为市场人士常常误以为熊市尚未结束。第2浪的特点是成交量逐渐萎缩，波动幅度渐渐变窄，反映出抛盘压力逐渐衰竭，出现转向形态，例如常见的头肩、双底等。

**第3浪**：第3浪在绝大多数走势中，属于主升段的一大浪，因此，通常第3浪属于最具有爆炸性的一浪。它最主要的特点是：第3浪的运行时间通常会是整个循环浪中最长的一浪，其上升的空间和幅度亦常常最大；第3浪的运行轨迹，大多数都会发展成为一涨再涨的延升浪；在成交量方面，成交量急剧放大，体现出具有上升潜力的量能；在图形上，常常会以势不可挡的跳空缺口向上突破，给人一种突破向上的强烈讯号。

**第4浪**：从形态的结构来看，第4浪经常是以三角形的调整形态进行运行。第4浪的运行结束点一般都较难预见。同时，投资者应记住，第4浪的浪底不允许低于第1浪的浪顶。

**第5浪**：第5浪是三大推动浪之一，但其涨幅在大多数情况下比第3浪小。第5浪的特点是市场人气较为高涨，往往乐观情绪充斥整个市场。从其完成的形态和幅度来看，经常会以失败的形态而告终。

**A浪**：在上升循环中，A浪的调整紧随着第5浪而产生，所以，市场上大多数人士会认为市势仍未逆转，毫无防备之心，只看作一个短暂的调整。实际上，A浪的下跌，在第5浪中通常已有警告讯号，如成交量与价格走势背离或技术指标上的背离等。

**B浪**：B浪的上升常常形成"多头陷阱"，这主要是市场上大多数人仍未从牛市冲天的市道中醒悟过来，还以为上一个上升尚未结束。从成交量上看，价格上升，而成交量萎缩，出现明显的价量背离现象，上升量能已接济不上。

**C 浪**：C 浪是一段破坏力较强的下跌浪。由于 B 浪的完成顿使许多市场人士醒悟，一轮多头行情已经结束，期望继续上涨的希望彻底破灭，所以，大盘开始全面下跌。

## 14.6.3 波浪理论的基本原则

### 1. 波浪三法则

法则一：股市的第 4 浪与第 1 浪不能重叠，即不能调整到第 1 浪之下，除非是斜三角形。

法则二：股市中的第 3 浪经常很长，绝不会是三个推动浪中最短的一浪。

法则三：股市中第 2 浪的结束点也不会低于第 1 浪的起始点，而第 5 浪较有弹性，有时不会超过第 3 浪的结束位置。

### 2. 交替原则

在波浪运动中各种形态往往交替出现。例如，如果第 2 浪以单式快速调整，则第 4 浪就可能以复式的横向盘整方向调整，反之亦然。如果一个大的调整浪的 A 浪呈平坦形，则 B 浪就可能呈"之"字形。如果第 3 推动浪成为延伸浪，而第 5 浪就不再延伸等等。

### 3. 调整浪的极限

波浪理论告诉投资者熊市的极限位置，即调整浪尤其是第 4 调整浪，其最大调整的结束位置是前一个次级的第 4 浪调整的结束位置。

### 4. 波的等量性

在三个推动浪中，最多只有一个浪会出现延伸形态，而其他两个浪在持续时间和波动的幅度上会大致相等，或保持大约为 0.618。

### 5. 轨道趋势

股价走势应在两条平行的轨道之内运行，因此画出平行轨道即可预测未来估价的变动趋势。

## 14.6.4 波浪理论的缺陷

波浪理论的缺陷主要表现在：

(1) 波浪理论家对现象的看法并不统一。每一个波浪理论家，包括艾略特本人，很多时候都会受一个问题的困扰，就是一个浪是否已经完成而开始了另外一个浪？有时甲看是第 1 浪，乙看是第 2 浪。因此，一套不能确定的理论用在风险奇高的股票市场，运作错误足以使人损失惨重。

(2) 怎样才算是一个完整的浪，也无明确定义。股票市场的升跌次数绝大多数不按"五升三跌"这个机械模式出现，但波浪理论家却曲解说有些升跌不应该计算入浪里面。数浪完全是随意主观的。

(3) 波浪理论有所谓伸展浪，有时五个浪可以伸展成九个浪。但在什么时候或者在什么准则之下波浪可以伸展呢？艾略特却没有言明。

(4) 波浪理论浪中有浪，可以无限伸延。只要是升势未完就仍然是上升浪，跌势未完就仍然是下跌浪，如何估算浪顶浪底的运行时间纯粹靠猜测。

(5) 艾略特的波浪理论是一套主观分析工具，毫无客观准则。市场运行会受到情绪影响，而并非机械运行。

(6) 波浪理论不能运用于个股的选择。

### 读一读 波浪理论与经济基本面分析

在证券资本市场中，机构投资者(包括法人机构、基金管理公司)以及一些投资咨询顾问和市场分析者，对于股价未来趋势的预测常常喜欢借助于利率、汇率、通胀率等经济指标。然而，注意市场趋势的艾略特认为，如果简单地以经济指标而忽略市场的主要趋势来作投资决策和行动的依据，则注定会血本无归。应该说，根据以往的市场表现，市场本身即是经济趋向的先锋观察，尽管在某一个时期，一些经济方面的因素在某个方面会影响到股价的波动，然而，这种关系并不是永恒不变的。有时候，市场跌势会发生在经济萧条回落前，有时候，则相反，市场跌势会滞后于经济的回落。另一种情况是，通货膨胀或者经济紧缩的发生，在某段时期会造成一轮多头行情，而在某段时间却会影响市场，造成一波空头行情。对于股价走势波动的影响，纵然会受到额外的支出、信用扩张、赤字与通货紧缩等的影响，艾略特的波浪原理依然会反映在整个股价波动的走势上，影响投资者理财的因素更会涉及商人、银行或政府在处理财务上的决策。由此而言，在所有的活动中，主动因素是互相牵连的，而波浪理论亦正好显现出大众的一般心理。

资料来源：王明涛. 证券投资分析. 上海：上海财经大学出版社，2004

### 读一读 江恩理论：投资者损失的三大原因

江恩理论通过对数学、几何学、宗教、天文学的综合运用，建立了一套独特的分析方法和股市预测理论。江恩理论认为，投资者损失的三大原因是：

(1) 在有限的资本上过度买卖。也就是说操作过于频繁，市场中的短线和超短线是要求有很高的操作技巧的，在投资者没有掌握这些操作技巧之前，过分强调做短线常会导致不小的损失。

(2) 投资者没有设立止损点以控制损失。很多投资者遭受巨大损失就是因为没有设置合适的止损点，结果任其错误无限发展，损失越来越大。因此学会设置止损点以控制风险是投资者必须学会的基本功之一。

(3) 缺乏市场知识，是在市场买卖中损失的最重要原因。一些投资者并不注重学习市场知识，而是想当然办事或主观认为市场如何如何，不会辨别消息的真伪，结果受错误误导，遭受巨大的损失。还有一些投资者仅凭一些书本上学来的知识指导实践，不加区别地套用，结果造成巨大损失。江恩强调的是市场的知识，实践的经验，而这种市场的知识往往要在市场中摸爬滚打相当长时间才会真正有所体会。

资料来源：王明涛. 证券投资分析. 上海：上海财经大学出版社，2004

# 本 章 小 结

　　技术分析是证券分析的一个非常重要的流派。技术分析不研究引起股票价格变动的原因，而是假设市场行为已反映了引起股价变动的一切信息，所以技术分析认为只要关注价格趋势的变化及成交量的变化就可以找到盈利的线索。技术分析的目的是为了寻找买入、卖出、止损信号，并通过资金管理从而在风险市场中长期稳定获利。技术分析有三大赖以存在的假设：①市场的任何变化总是反映在现在的价格水平上，市场行为涵盖一切相关信息；②证券价格变化具有趋势性，价格总是在既定的方向变化，直到发生某种事件才会改变；③历史事件往往会重复。

　　技术分析常用的分析工具主要有：K 线分析、移动平均线分析、道氏分析、布林线分析以及艾略特分析等。这些方法都是市场人士根据市场变动规律和投资经验总结出来的投资方法，但是再好的方法都要自己实践检验才能真正掌握，而且再好的方法也要随着市场的变化而不断修正和完善。

# 复 习 题

## 一、名词解释

　　技术分析　　　三大假设　　　K 线分析　　　移动平均分析　　　葛兰威尔八大法则

　　MACD 指标　　道氏理论　　布林线　　　艾略特波浪理论

## 二、讨论题

　　1. 简要说说 K 线分析的利弊。

　　2. 什么是移动平均线，如何计算？怎样利用不同期移动平均线进行判断？找出实例加以说明。

　　3. 什么是道氏理论？与其他分析工具相比，道氏理论分析的侧重点在哪里？在实际使用过程中会碰到什么问题？

　　4. 什么是波浪理论？在数波浪时要注意哪些问题？尝试着用波浪理论数数最近一个周期的波浪，并据此对未来股市的变化作出一些判断。

　　5. 技术分析相比基本面分析的优缺点是什么？两种方法能完全割裂吗？

# 第6篇 软件应用

  软件应用是证券投资从定性分析转向定量分析的一个关键点，使得证券投资分析更为精确。本篇结合前面各章节讲述的理论知识，重点介绍了 Excel、Eviews 和 Matlab 三种常用软件在证券投资分析中的应用，包括描述性统计量计算、单变量求解、权证定价和莫特卡罗模拟、回归分析、ARMA 模型估计、GARCH 模型估计和回归分析等。

  软件应用可以辅助读者对市场运行规律进行认识和把握。市场每个交易日都会产生成千上万的数据信息，不使用软件很难分析透彻；但脱离经济学含义，一味依赖软件，统计结论也是毫无意义的。因此，读者需要将软件和证券投资分析的理论知识进行有机结合，相互验证，来指导投资实践。

# 第 15 章

# Excel、Eviews和Matlab 在证券投资中的应用

在前面几章，我们主要从理论角度介绍了证券投资的相关知识，但是对于实际投资，我们还面临较多的困难，其中，数据分析是我们最容易碰到的问题，而数据分析能力，是每一个投资者必备的技能之一。针对中国这个特定的证券市场，每个交易日会产生成千上万的数据信息，如何从这些信息当中筛选出自己需要的特定信息，如何对历史信息进行归纳总结，如何分析重大政治、新闻事件对股市的影响，这些都涉及定量分析。虽然金融理论研究者会对证券市场的历史走势进行研究从而给出一些规律，但是随着时间的推移，这些结论会逐渐发生变化，甚至完全被推翻，因此，自己动手研究中国股市的特定运行规律对投资者是十分必要的。本章我们将结合前面章节介绍过的理论知识，介绍 Excel、Eviews 和 Matlab 这三种较为普遍的应用软件在证券投资中的应用。

## 15.1　Excel 的应用

### 15.1.1　计算个股的描述性统计量

问题描述：万科是国内最大的房地产上市公司，某投资者想投资于万科 A 这只股票，在投资前，这位投资者想了解万科 A 在过去几年的收益率状况，比如万科 A 的年度平均收益率是多少，万科 A 的收益率是不是好于大盘，万科 A 的风险是不是比大盘更高等等。

要解决上述问题,需要计算万科 A 的平均收益率和风险贝塔值。下面首先给出计算公式,再介绍在 Excel 表格中如何使用函数。为方便起见,所有的 Excel 函数直接给出。如果需要进一步学习,读者可执行【插入】→【函数】菜单命令查询相关函数的说明。

(1) 收益率 $r$

公式:$r_t = \ln\left(\dfrac{P_t}{P_{t-1}}\right)$

在 D4 单元格输入"**=ln(b4/b3)**",即得万科 A 在 2000 年 1 月 5 日的**收盘收益率**,同理,在 E4 单元格输入公式"**=ln(c4/c3)**",即得上证指数在 2000 年 1 月 5 日的**收盘收益率**。

在这里,我们得到的是对数收益率,而不是简单百分比收益率。对数收益率相对于简单百分比收益率的好处有两个:一是收益率很小时,对数收益率与简单百分比收益率相同;二是对数收益率具有时间上的可加性。

(2) 均值 $\bar{r}$

公式:$\bar{r} = \dfrac{1}{n}\sum_{i=1}^{n} r_i$

在 F4 单元格输入"**=average(d4:d2189)**",即得万科 A 在 2000 年 1 月 5 日至 2009 年 2 月 6 日时期内的平均收益率。

(3) 标准差 $\sigma$

公式:$\sigma = \sqrt{\dfrac{1}{n-1}\sum_{i=1}^{n}\left(r_i - \bar{r}\right)^2}$

在 G4 单元格输入"**=stdev(d4:d2189)**",即得万科 A 在 2000 年 1 月 5 日至 2009 年 2 月 6 日时期内收益率的标准差。

(4) 相关系数 $\rho$

公式:$\rho_{xy} = \dfrac{\mathrm{cov}(r_x, r_y)}{\sigma_x \sigma_y}$

在 H4 单元格输入"**=correl(d4:d2189, e4:e2189)**",即得万科 A 与上证指数收益率之间的相关系数,计算结果为 0.679。这个相关系数在 2000 多个样本中属于比较高的系数,这从侧面说明了万科 A 收益率与上证指数的收益率密切相关。

另外,我们还计算得出万科 A 与深圳成指收益率之间的相关系数为 0.749(时间从 2000 年 1 月 4 日至 2009 年 2 月 6 日),这一相关系数大于 0.679,说明万科 A 收益率与深圳指数的相关程度较之上证指数更密切。

(5) 贝塔值 $\beta$

公式:$\beta = \dfrac{\mathrm{cov}(r_x, r_M)}{\sigma_M^2}$

其中，$r_x$ 为万科 A 的收益率，$r_M$ 为指数的收益率，$\sigma_M^2$ 为指数收益率的方差。

在 I4 单元格输入"**=covar(d4:d2189, e4:e2189)/stdev(e4:e2189)^2**"，即得到万科 A 的贝塔值，该值为 1.132，略高于 1，这说明万科 A 的风险相对指数更高。

另外，由 $\rho_{xM} = \dfrac{\text{cov}(r_x, r_M)}{\sigma_x \sigma_M}$ 可得：$\beta = \rho_{xM} \dfrac{\sigma_x}{\sigma_M}$

因此，在 I4 单元格输入"**=h4* stdev(d4:d2189) / stdev(e4:e2189)**"，也可以得出万科 A 的贝塔值。

通过前面的计算(结果如图 15.1 所示)，我们可以回答本节开始提出的问题。关于万科 A 的年度平均收益率，在 F4 单元格计算得出万科 A 的日均收益率是 0.11%，乘以交易天数 240，即得到万科 A 的年度平均收益率是 26.4%(=0.11%×240)。值得注意的是，26.4%只是万科 A 在 2000—2009 年初的年均收益率，并不代表万科 A 未来的收益率。

由于万科 A 的贝塔值等于 1.132，因此，万科 A 的风险和收益率都比大盘高。

| | A | B | C | D | E | F | G | H | I |
|---|---|---|---|---|---|---|---|---|---|
| 1 | 时间 | 万科A 收盘价 | 上证指数 收盘 | 万科A 收益率 | 上证指数 收益率 | 均值 | 标准差 | 相关系数 | 贝塔 |
| 2 | | | | | | | | | |
| 3 | 2000-01-04 | 18.81 | 1406.37 | | | | | | |
| 4 | 2000-01-05 | 18.318 | 1409.68 | -2.65% | 0.24% | 0.11% | 2.87% | 0.679 | 1.132 |
| 5 | 2000-01-06 | 19.208 | 1463.94 | 4.74% | 3.78% | | | | |
| 6 | 2000-01-07 | 20.116 | 1516.6 | 4.62% | 3.53% | | | | |
| 7 | 2000-01-10 | 23.003 | 1545.11 | 13.41% | 1.86% | | | | |
| 8 | 2000-01-11 | 21.557 | 1479.78 | -6.49% | -4.32% | | | | |
| 9 | 2000-01-12 | 20.641 | 1438.02 | -4.34% | -2.86% | | | | |
| 10 | 2000-01-13 | 20.593 | 1424.44 | -0.23% | -0.95% | | | | |
| 11 | 2000-01-14 | 19.605 | 1408.84 | -4.92% | -1.10% | | | | |
| 12 | 2000-01-17 | 20.4 | 1433.33 | 3.98% | 1.72% | | | | |

图 15.1　计算万科 A 的描述性统计量

## 15.1.2　CAPM 资本资产定价模型

**问题描述**：在描述性统计部分，我们了解了万科 A 的贝塔值是大于 1 的，这说明其风险要高于大盘，但是我们该如何估计该投资者投资于万科 A 所能获得的年度收益率呢？采用历史平均收益率显然是不可靠的，因为万科 A 在历史不同时期的收益率相差十分巨大。

在这里，我们可以利用资本资产定价模型得出万科 A 的期望收益率。

$$E(r) = r_f + \beta(r_M - r_f)$$

这里 $r_f$ 为无风险收益率，可选用银行存款利率或国债利率，假设 $r_f = 1.98\%$，$r_M$ 为上证指数期望收益率。在 F5 单元格输入"**=average(e4:e2189)**"，即得上证指数的平均收益率为 0.0201%，这是上证指数的日平均收益率。如果要计算年收益率，还需要乘以 240(一年的交易天数)，即 4.82%。

因此，万科 A 的年度期望收益率为

$$E(r) = 1.98\% + 1.132 \times (4.82\% - 1.98\%) = 5.19\%$$

这一收益率要略高于大盘 4.82% 的年度收益率，这一高出的收益率可以看作是对万科 A 高出大盘风险的补偿。

## 15.1.3　单变量求解

**问题描述：** 某企业债券面值为 100 元，票面利率为 5%，期限 5 年，市场价格为 93 元，求该债券的到期收益率？

上述问题的实质是已知现金流和债券价格，需要求出债券的到期收益率。这可以看作是单变量函数最小值的求解问题，Excel 的单变量求解正好可以解决这一问题。

求解步骤如下：

(1) 在 Excel 表格内输入该企业债券的现金流，如图 15.2(a)。

| | A | B | C | D | E | F |
|---|---|---|---|---|---|---|
| 1 | 时间 | 第1年 | 第2年 | 第3年 | 第4年 | 第5年 |
| 2 | 现金流 | 5 | 5 | 5 | 5 | 105 |
| 3 | 市场价格 | 93 | | | | |

图 15.2(a)　债券的现金流

(2) 设定到期收益率的初始值，这里假设为 5%，在 B5 单元格输入 0.05；对各期的现金流折现，结果为 B4～F4，其中，B4 单元格输入 "**=b2/(1+b5)^1**"，C4 单元格输入 "**=c2/(1+b5)^2**"，D4 单元格输入 "**=d2/(1+b5)^3**"，依此类推；在 B6 单元格输入 "**= sum(b4:f4)-b3**"，结果如图 15.2(b)。

| | A | B | C | D | E | F |
|---|---|---|---|---|---|---|
| 1 | 时间 | 第1年 | 第2年 | 第3年 | 第4年 | 第5年 |
| 2 | 现金流 | 5 | 5 | 5 | 5 | 105 |
| 3 | 市场价格 | 93 | | | | |
| 4 | 折现值 | 4.7619 | 4.5351 | 4.3192 | 4.1135 | 82.2702 |
| 5 | 到期收益率 | 0.0500 | | | | |
| 6 | 目标函数 | 7.0000 | | | | |

图 15.2(b)　单变量求解设定

(3) 在 Excel 表格单击【工具】→【单变量求解】菜单命令，弹出图 15.3 所示的对话框。

图 15.3　单变量求解

(4) 在图 15.3 中完成单变量求解的设定，在【目标单元格】文本框中输入 "B6"，【目标值】文本框中输入 "0"；【可变单元格】文本框中输入 "B5"。

(5) 在图 15.3 中单击【确定】按钮，结果如图 15.4 所示。

图 15.4　单变量求解结果

(6) 由图 15.4 可知，该债券的到期收益率为 6.69%，误差为 0.0001 元。

## 15.1.4　权证定价

**问题描述**：经过几年的发展，中国权证市场已初具规模，权证已经成为我国重要的证券投资产品之一。在这里，我们利用 Excel 为权证进行定价。表 15.1 是上海汽车权证的概况。

表 15.1　上海汽车权证基本情况

| 权证简称 | 上汽 CWB1 | 权证代码 | 580016 |
|---|---|---|---|
| 权证类别 | 认股权证 | 发行数量 | 22680 万份 |
| 最新行权价 | 26.9700 元 | 最新行权比例 | 1:1.0000 |
| 存续起始日 | 2008-01-08 | 存续终止日 | 2010-01-07 |
| 行权起始日 | 2009-12-31 | 行权终止日 | 2010-01-07 |
| 发行人 | 上海汽车集团股份有限公司 | | |

为认股权证定价时，一般要考虑稀释效应，为方便起见，我们这里没有考虑稀释效应，直接采用期权定价的方法为权证定价。由于认股权证可以近似看作看涨期权，因此，我们采用看涨期权的方法为该权证定价。

期权定价公式由 Black-Scholes 于 1973 年正式提出，人们常常称之为 B-S 公式，其中，看涨期权定价公式为：

$$c = S_0 N(d_1) - Ke^{-rT} N(d_2)$$

其中，$S_0$——标的股票的初始价格，假设我们在 2 月 9 日为上汽 CWB1 定价的话，那么 $S_0$ 就是上海汽车(600104)2 月 9 日的收盘价格，即 7.55 元。

$K$——最新的行权价格，由表 15.1 知，$K = 26.97$。

$r$——无风险利率，我们选用 2009 年 2 月 9 日的一年期银行存款利率，即 $r = 2.25\%$。

$T$——权证的剩余期限，从 2009 年 2 月 9 日至 2010 年 1 月 7 日，剩余期限 $T = 0.8904$。

$$d_1 = \frac{\ln\frac{S_0}{K} + \left(r + \frac{\sigma^2}{2}\right)T}{\sigma\sqrt{T}}, \quad d_2 = \frac{\ln\frac{S_0}{K} + \left(r - \frac{\sigma^2}{2}\right)T}{\sigma\sqrt{T}}$$

$N(x)$——标准正态分布的累积概率分布函数，$N(x) = \int_{-\infty}^{x} \frac{1}{\sqrt{2\pi}} e^{-\frac{x^2}{2}} dx$

求解步骤如下：

(1) 在 Excel 表格内输入权证的基本信息，其中，上海汽车的波动率($\sigma$)采用历史收益率数据估计，如图 15.5(a)。估计波动率($\sigma$)时要注意两点：一是直接利用日收益率计算出的标准差作为波动率时应乘以 $\sqrt{242}$；二是计算的样本期应尽可能长，建议计算出周期为 220 天(约为 0.8904 年)的移动标准差，然后选取时间系列的平均值或中位数。

(2) 在 B7 单元格输入"=(ln(b2/b3)+(b4+0.5*b6^2)*b5)/b6/sqrt(b5)"求出 $d_1$，在 B8 单元格输入"=( ln(b2/b3)+(b4-0.5*b6^2)*b5)/b6/sqrt(b5)"求出 $d_2$，结果如图 15.5(b)。

| | A | B |
|---|---|---|
| 1 | 字母 | 数值 |
| 2 | S | 7.55 |
| 3 | K | 26.97 |
| 4 | r | 0.0225 |
| 5 | T | 0.8904 |
| 6 | sigma | 0.4374 |
| 7 | | |
| 8 | | |
| 9 | | |

图 15.5(a) 权证的基本信息

| | A | B |
|---|---|---|
| 1 | 字母 | 数值 |
| 2 | S | 7.5500 |
| 3 | K | 26.9700 |
| 4 | r | 0.0225 |
| 5 | T | 0.8904 |
| 6 | sigma | 0.4374 |
| 7 | d1 | -2.8298 |
| 8 | d2 | -3.2426 |
| 9 | c | |

图 15.5(b) 计算 $d_1$ 和 $d_2$

(3) 在 B9 单元格输入"=b2*normsdist(b7)-b3*exp(-b4*b5)* normsdist (b8)"，求出权证的价值为 0.0019，结果如图 15.5(c)。

| | A | B |
|---|---|---|
| 1 | 字母 | 数值 |
| 2 | S | 7.5500 |
| 3 | K | 26.9700 |
| 4 | r | 0.0225 |
| 5 | T | 0.8904 |
| 6 | sigma | 0.4374 |
| 7 | d1 | -2.8298 |
| 8 | d2 | -3.2426 |
| 9 | c | 0.0019 |

图 15.5(c) 权证的价值

2009 年 2 月 9 日上汽 CWB1 的收盘价为 3.366 元，这与 0.0019 元的理论价格相去甚远。实际上，7.55 元的现价与 26.97 元的行权价格相差极其巨大，该认股权证行权的概率几乎为零。

另外，利用单变量求解的办法，还可以求出 2009 年 2 月 9 日上汽 CWB1 的隐含波动率[1]为 206.9%，大大高于 43.7%的历史波动率。

## 15.1.5 蒙特卡罗模拟

针对上节的上汽 CWB1 认股权证，我们采用的是标准的期权定价公式求解。实际上，蒙特卡罗模拟不仅可以用于求解标准化的期权，还可以为各种复杂的期权定价。

---

1. 所谓隐含波动率，就是指已知期权的交易价格、标的现价、行权价格、无风险利率和剩余期限的情况下，利用期权定价公式，反推出波动率。

为了解蒙特卡罗模拟的应用，我们先举一个简单的例子：

张先生为其房屋购买了一份火灾险，已知张先生家里发生火灾事故时损失金额服从 $N(10000,3000^2)$ 的正态分布，在保单条款中，保险公司规定了 3000 元的免赔金额。试问，如果发生火灾，张先生平均能从保险公司获得多少赔付？

对于这个问题，实质上是求 $E(x-3000|x>3000)$，$x\sim N(10000,3000^2)$。

利用概率积分，我们可以得出结果，但是手工计算过程比较费时，并且容易出错。我们利用蒙卡罗模拟的方法来求解这一问题，步骤如下：

(1) 在单元格 A1～A1000 之间生成 1000 个 0～1 之间的标准正态分布随机数，具体方法是在 A1～A1000 单元格输入 "=normsinv(rand())"。

(2) 在 B1 单元格输入 "=a1*3000+10000"，并将该公式复制到 B2～B1000，结果如图 15.6(a)。

(3) 在 C1 单元格输入 "=if(b1>3000,b1-3000,0)"，并将该公式复制到 C2～C1000，结果如图 15.6(b)。

(4) 在 D1 单元格输入 "=sum(c1:c1000)"，计算出模拟的全部赔付，金额为 6 983 498 元。

(5) 在 D2 单元格输入 "=countif(c1:c1000, ">0")"，计算出发生赔付的次数，总共为 988 次，结果如图 15.6(c)。

| B1 | ▼ | = | =A1*3000+10000 | |
|---|---|---|---|---|
| | A | B | C | D |
| 1 | -0.8033 | 7590.101 | | |
| 2 | 0.214934 | 10644.8 | | |
| 3 | -0.2949 | 9115.289 | | |
| 4 | 0.867351 | 12602.05 | | |

图 15.6(a)　生成正态分布数据

| C1 | ▼ | = | =IF(B1>3000,B1-3000,0) | | |
|---|---|---|---|---|---|
| | A | B | C | D | E |
| 1 | -0.8033 | 7590.101 | 4590.101 | | |
| 2 | 0.214934 | 10644.8 | 7644.802 | | |
| 3 | -0.2949 | 9115.289 | 6115.289 | | |
| 4 | 0.867351 | 12602.05 | 9602.053 | | |

图 15.6(b)　计算出模拟的赔付金额

| D2 | ▼ | = | =COUNTIF(C1:C1000,">0") | | |
|---|---|---|---|---|---|
| | A | B | C | D | E |
| 1 | -0.8033 | 7590.101 | 4590.101 | 6983498 | |
| 2 | 0.214934 | 10644.8 | 7644.802 | 988 | |
| 3 | -0.2949 | 9115.289 | 6115.289 | 7068.32 | |
| 4 | 0.867351 | 12602.05 | 9602.053 | | |

图 15.6(c)　计算赔付总金额和总次数

(6) 在 D3 单元格输入 "=d1/d2"，得到平均赔付金额为 7 068.32 元。

下面我们利用蒙特卡罗模拟为上汽 CWB1 权证定价，由于该权证的理论价格较小，为减少误差，这里人为将行权价格调整为 $K=10$。

假设股票价格服从布朗运动，可以得出股票价格服从对数正态分布，即 $\ln S_T \sim N(\ln S_0+(r-\dfrac{\sigma^2}{2})T,\sigma^2 T)$，式中各参数的含义与前面相同。

看涨期权的价值 $c=\mathrm{e}^{-rT}E^Q\left(S_T-K|S_T>K\right)$

蒙特卡罗模拟步骤如下：

(1) 在单元格 A1～A10000 之间生成 10000 个 0～1 之间的标准正态分布随机数，具体方法是在 A1～A10000 单元格输入 "**=normsinv(rand())**"。

(2) 在 B1 单元格输入 "**a1\*0.4374\*0.8904^0.5+ln(7.55)+(0.0225-0.5\*0.4374^2)\*0.8904**"，并将该公式复制到 B2～B10000，得到 $\ln S_T$。

(3) 在 C1 单元格输入 "**=exp(b1)**"，并将该公式复制到 C2～C10000，得到 $S_T$。

(4) 在 D1 单元格输入 "**=if(c1>10,c1-10,0)\*exp(-0.0225\*0.8904)**"，并将该公式复制到 D2～D10000，得到 $\mathrm{e}^{-rT}(S_T - K)\big|S_T > K$。

(5) 在 E1 单元格输入 "**=average(d1:d10000)**"，计算出模拟的权证价值，结果为 0.5738 元，如图 15.7 所示。

| E1 | ▼ | = | =AVERAGE(D1:D10000) | |
|---|---|---|---|---|
| | A | B | C | D | E |
| 1 | -0.59292 | 1.711687 | 5.538295 | 0 | 0.573768 |
| 2 | -0.03573 | 1.94166 | 6.97031 | 0 | |
| 3 | 0.679904 | 2.237027 | 9.365444 | 0 | |
| 4 | 0.947171 | 2.347337 | 10.45768 | 0.448605 | |

图 15.7　计算模拟的权证价值

(6) 利用 B-S 公式，计算出该权证的价值为 0.5614，模拟误差为 2.2%，比较准确。

### 读一读　蒙特卡罗模拟

蒙特卡罗(Monte Carlo)方法是一种基于"随机数"的计算方法。这一方法源于美国第二次世界大战中研制原子弹的"曼哈顿计划"。该计划的主持人之一、数学家冯•诺伊曼用世界赌城——摩纳哥的 Monte Carlo——来命名这种方法。

蒙特卡罗方法的基本思想很早以前就被人们所发现和利用。早在 17 世纪，人们就知道用事件发生的"频率"来决定事件的"概率"。19 世纪人们用投针试验的方法来决定圆周率 $\pi$。20 世纪 40 年代电子计算机的出现，特别是近年来高速电子计算机的出现，使得用数学方法在计算机上大量、快速地模拟这样的试验成为可能。

由概率定义可知，某事件的概率可以用大量试验中该事件发生的频率来估算，当样本容量足够大时，可以认为该事件的发生频率即为其概率。因此，可以先对影响其可靠的随机变量进行大量的随机抽样，然后把这些抽样值一组一组地代入功能函数式，确定结构是否失效，最后从中求得结构的失效概率。蒙特卡罗法正是基于此思路进行分析的。

蒙特卡罗模拟虽然操作简单方便，但是却经常面临计算量过大、精度不够理想等问题。一般来说，模拟的次数越多，精度越高，但是由于计算机产生的随机数并不是完全的随机数，而是"伪随机数"。因此，有时增加模拟的次数并不能提高精度，而且增加模拟次数还会受到计算机硬件的限制，现今研究者正试图改进这些问题。虽然如此，作为一般的应用，蒙特卡罗模拟的精度基本上能达到我们的要求，因此，上述问题并不重要。

资料来源：刘军. 科学计算中的蒙特卡罗策略. 北京：高等教育出版社，2009

## 15.2　Eviews 的应用

### 15.2.1　基本操作

为熟练 Eviews 的应用，本节我们首先介绍一下 Eviews 5.0 的一些基本操作，并给出分析系列的描述性统计量。这里我们分析的时间系列为万科 A 的历史收益率系列。

具体步骤如下：

(1) 双击桌面的 Eviews 快捷方式，进入 Eviews 操作界面，单击 File→New→Workfile 菜单命令，弹出如图 15.8 所示的对话框。

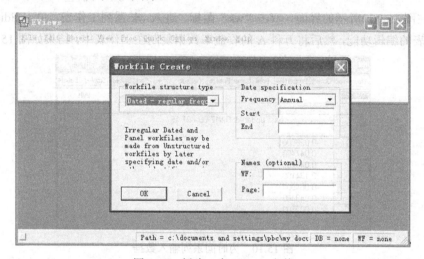

图 15.8　新建一个 Eviews 文件

(2) 在图 15.8 所示的对话框中，在 Frequency 下拉列表框选择 Integer date 选项，Start 文本框输入"1"，End 文本框输入"2186"(万科 A 的收益率系列共有 2186 个样本)，单击 OK 按钮，进入图 15.9(a)所示的界面。

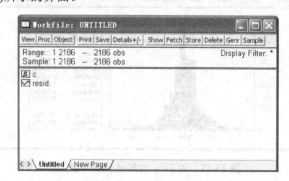

图 15.9(a)　空白工作界面

(3) 在图 15.9(a)所示的界面单击 Object→New Object 菜单命令，弹出名为 New Object 的对话框。在 Type of Object 下拉列表框选择 Series 选项，在 Name of Object 文本框输入"wk"，单击 OK 按钮，在工作界面将出现名为"wk"的图标，如图 15.9(b)所示。

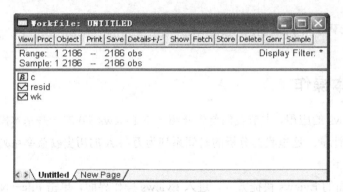

图 15.9(b)　新建时间系列后的工作界面

(4) 在图 15.9(b)所示的界面，双击"wk"图标，进入 wk 系列工作表。单击 Edit+/-按钮，激活工作表的编辑功能，然后将万科 A 的收益率数据复制在工作表中，结果如图 15.10 所示。

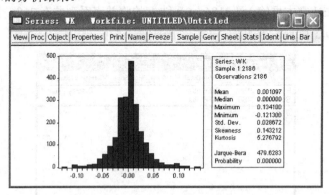

图 15.10　为时间系列输入数据

(5) 在图 15.10 所示的界面单击 View→Descriptive Statistics→Histogram Stats 菜单命令，弹出图 15.11 所示的分析结果。

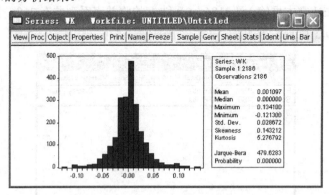

图 15.11　万科 A 的描述性统计结果

在图 15.11 右侧，Eviews 给出了万科 A 收益率系列的各种描述性统计量，这些描述性统计量包括：均值(Mean)、中位数(Median)、最大值(Maximum)、最小值(Minimum)、标准差(Std. Dev)、偏度(Skewness)、峰度(Kurtosis)、J-B 值(Jargue-Bera)以及正态分布的概率值(Probability)。在图 15.11 左侧，Eviews 绘制出柱形图，从柱形图来看，万科收益率系列与标准的正态分布有所差异，而 J-B 检验的概率值几乎等于 0，从而拒绝"万科收益率系列服从正态分布"的假设。

## 15.2.2　回归分析

在 Excel 里，我们也可以作回归分析，但操作不是很方便，而且输出结果内容相对比较简单，Eviews 对回归分析进行标准化，只需要进行一些简单的操作就可以得到比较全面的回归分析结果。在本节，我们利用 Eviews 对万科 A 和上证指数作回归分析。

具体步骤如下：

(1) 首先类似前面的方法，建立一个名为 index 的时间系列，代表上证指数的收益率。

(2) 在 Quick 下拉菜单下，单击 Estimate Equation 命令，进入图 15.12(a)所示的界面，在空白栏输入"wk c index"，然后单击【确定】按钮，结果如图 15.12(b)所示。

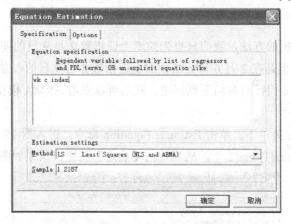

图 15.12(a)　回归方程设定

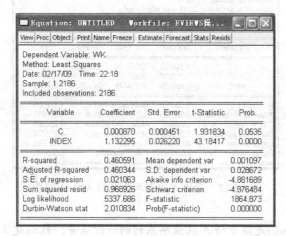

图 15.12(b)　万科 A 与上证指数之间的回归分析结果

从回归结果来看，$t$ 值为 43.18，十分显著。调整的 $R^2$ 为 46.06%，对于大样本来说，基本满意，这说明上证指数能够解释万科 A 收益率 46.06%的波动。换句话说，万科 A 收益率波动的 46.06%来源于上证指数。根据回归结果，回归方程为

$$wk = 0.087\% + 1.132index$$

该方程意味着上证指数的收益率每波动 1 个百分点，万科 A 的收益率相应波动 1.132 个百分点。事实上，1.132 正是我们前面计算的万科 A 的贝塔值，从回归分析看，贝塔值正是万科 A 的收益率对指数收益率的敏感性。

## 15.2.3 ARMA 模型

自回归移动平均(ARMA)模型是时间系列领域最为常见、最古典的模型，它的应用十分广泛，无论是技术工程还是经济管理，ARMA 模型都有用武之地。Eviews 提供了标准化的操作方法，研究者可以利用 Eviews 估计出任意 ARMA 模型，省去了大量计算的麻烦。

**问题描述：**假设现在是 2009 年 2 月 6 日，如果我想估计万科 A 下一个交易日(2 月 9 日)的期望收益率是多少，应该如何做？

如果采用回归分析的方法，我们只有先知道上证指数 2 月 9 日的期望收益率，才能预测出万科 A 的收益率，但是在 2 月 6 日无法预测上证指数 2 月 9 日的收益率，因此，简单地采用回归分析不适用。专门针对时间系列问题，我们可以采用 ARMA 模型来预测。

具体步骤如下：

(1) 在 Quick 下拉菜单下，单击 Estimate Equation 命令，进入图 15.12(a)所示的界面，在空白栏输入“D(wk) c ar(1) ma(2)”，然后单击【确定】按钮，结果如图 15.13 所示。

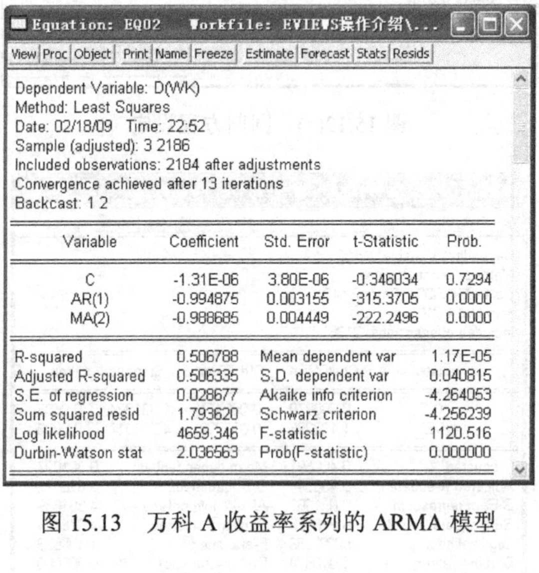


Dependent Variable: D(WK)
Method: Least Squares
Date: 02/18/09 Time: 22:52
Sample (adjusted): 3 2186
Included observations: 2184 after adjustments
Convergence achieved after 13 iterations
Backcast: 1 2

| Variable | Coefficient | Std. Error | t-Statistic | Prob. |
|---|---|---|---|---|
| C | -1.31E-06 | 3.80E-06 | -0.346034 | 0.7294 |
| AR(1) | -0.994875 | 0.003155 | -315.3705 | 0.0000 |
| MA(2) | -0.988685 | 0.004449 | -222.2496 | 0.0000 |

| | | | |
|---|---|---|---|
| R-squared | 0.506788 | Mean dependent var | 1.17E-05 |
| Adjusted R-squared | 0.506335 | S.D. dependent var | 0.040815 |
| S.E. of regression | 0.028677 | Akaike info criterion | -4.264053 |
| Sum squared resid | 1.793620 | Schwarz criterion | -4.256239 |
| Log likelihood | 4659.346 | F-statistic | 1120.516 |
| Durbin-Watson stat | 2.036563 | Prob(F-statistic) | 0.000000 |

图 15.13　万科 A 收益率系列的 ARMA 模型

**注意：**这里的 D(wk)是指万科 A 收益率系列的一阶差分；我们建立的模型是 ARMA(1, 2)，如何确定模型的阶数，可参考相关书籍，这里再不赘述。

(2) 在图 15.13 所示的界面单击 View→Residual Tests→Correlogram-Q-statistics 命令，默认 Lag Specification 对话框中滞后阶数的选择，单击 OK 按钮，结果如图 15.14 所示。

| Autocorrelation | Partial Correlation | | AC | PAC | Q-Stat | Prob |
|---|---|---|---|---|---|---|
| | | 1 | -0.020 | -0.020 | 0.9009 | |
| | | 2 | -0.020 | -0.020 | 1.7694 | |
| | | 3 | 0.013 | 0.012 | 2.1133 | 0.146 |
| | | 4 | 0.020 | 0.020 | 2.9598 | 0.228 |
| | | 5 | -0.041 | -0.039 | 6.5554 | 0.088 |
| | | 6 | -0.025 | -0.026 | 7.8825 | 0.096 |
| | | 7 | 0.014 | 0.011 | 8.3025 | 0.140 |
| | | 8 | 0.011 | 0.011 | 8.5563 | 0.200 |
| | | 9 | -0.012 | -0.009 | 8.8738 | 0.262 |
| | | 10 | 0.007 | 0.006 | 8.9782 | 0.344 |
| | | 11 | -0.001 | -0.004 | 8.9807 | 0.439 |
| | | 12 | -0.010 | -0.010 | 9.1977 | 0.513 |

图 15.14　ARMA 模型参差的自相关图和偏自相关图

从残差检验来看，残差的自相关图和偏自相关图均在允许的范围内波动，因此，我们所建立的 ARMA 模型是合适的。根据参数估计结果，自回归和移动平均方程为

$$D(wk_t) = wk_t - wk_{t-1}$$
$$D(wk_t) = -1.31 \times 10^{-6} - 0.994875ar(1) - 0.988685ma(2)$$

2 月 6 日万科 A 的收益率是 $wk_{2186}$，2 月 9 日万科 A 的收益率是 $wk_{2187}$，则有

$$D(wk_{2187}) = wk_{2187} - wk_{2186} = -1.31 \times 10^{-6} - 0.994875ar_{2186} - 0.988685ma_{2185}$$

由 Eviews 估计结果，$ar_{2186} = 7.3891\%$，$ma_{2185} = 0.1475\%$，代入得：$D(wk_{2187})$ 的期望值为 - 7.41%，而实际的 $D(wk_{2187}) = $ - 6.29%，两者存在一定的误差，但尚可以接受。

关于 ARMA 模型的讨论：

(1) 用 ARMA 模型直接预测股票的收益率是非常困难的，图 15.13 中方程的 $R^2$ 仅为 50.68%，直接运用预测是很难保证精度的。从有效市场理论角度看，不可能存在一个简单的方程来预测股票的收益率。

(2) ARMA 模型的结果往往能够对股票收益率的变化特性给出有价值的描述。在上述 ARMA 模型中，自回归滞后一阶的系数非常接近于 - 1，这实质表明了股票的收益率具有极强的均值回复特性，由于股票的日均收益率非常接近于 0，所以等价于说股票收益率的走势总是趋向于 0。

(3) ARMA 模型可以与普通的回归方程结合使用，如万科 A 与上证指数的回归方程可以估计成：

$$wk = 0.088\% + 1.1327index - 0.8613ar(1) + 0.8344ma(1)$$

## 15.2.4　GARCH 模型

自回归条件异方差模型(ARCH 模型)最早由 Engle 于 1982 年提出，并由 Bollerslev 于 1986 年发展成 GARCH 模型(广义自回归条件异方差模型)。观察股票、外汇或黄金市场，我们会发现如果某段时间资产价格大幅波动，往往在随后一个较短的时间内，资产价格会持续大幅波动，而随着时间的消逝，资产价格波动又恢复了正常，我们常常称这种现象为"波动的聚集效应"。由概率论知识我们知道，如果在方差固定的情况下，出现大幅波动的概率是比较

小的，至于出现连续大幅波动的概率更是非常小，但是现实生活中的证券价格却经常出现连续大幅波动，因此，方差固定的假设是难以解释现实的。从这一问题出发，研究者发明了 ARCH 或 GARCH 类模型，在这类模型中，资产价格的方差可以某段时间方差较大，而某段时间较小。

在 GACH 模型中，要考虑两个不同的设定：一个是条件均值方程，另一个是条件方差方程。标准的 GACH(1,1) 模型形式为

$$y_t = x_t \theta + u_t, \quad t = 1, 2, \cdots, T$$
$$\sigma_t^2 = \omega + a u_{t-1}^2 + \beta \sigma_{t-1}^2$$

下面我们为万科 A 建立一个标准的 GACH(1,1) 模型，步骤如下：

(1) 在 Quick 下拉菜单下，单击 Estimate Equation 命令，进入图 15.11(a) 所示的界面。在 Method 下拉列表框选择 ARCH – Autoregressive Conditional Heteroskedasticity 选项，进入图 15.15 所示的界面。

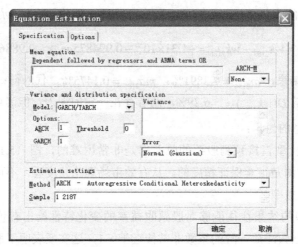

图 15.15　ARCH 定义对话框

(2) 在 Mean Equation 编辑栏输入"**wk c index ar(1) ma(1)**"；在 Model 下拉列表框选择 GARCH/TARCH 选项，ARCH 和 GARCH 的阶数都选择 1，然后单击【确定】按钮，结果如下。

```
Dependent Variable: WK
Method: ML - ARCH (Marquardt) - Normal distribution
MA backcast: 1, Variance backcast: ON
GARCH = C(5) + C(6)*RESID(-1)^2 + C(7)*GARCH(-1)
```

|       | Coefficient | Std. Error | z-Statistic | Prob. |
|-------|-------------|------------|-------------|-------|
| C     | 0.000834    | 0.000345   | 2.419765    | 0.0155 |
| INDEX | 1.149786    | 0.021724   | 52.92701    | 0.0000 |

| AR(1) | -0.920637 | 0.064054 | -14.37274 | 0.0000 |
| MA(1) | 0.906537 | 0.068958 | 13.14621 | 0.0000 |

| Variance Equation | | | | |
| --- | --- | --- | --- | --- |
| C | 3.88E-06 | 7.76E-07 | 5.003530 | 0.0000 |
| RESID(-1)^2 | 0.076284 | 0.007080 | 10.77496 | 0.0000 |
| GARCH(-1) | 0.917172 | 0.006565 | 139.7028 | 0.0000 |

| R-squared | 0.462510 | Mean dependent var | 0.001110 |
| --- | --- | --- | --- |
| Adjusted R-squared | 0.461029 | S.D. dependent var | 0.028673 |
| S.E. of regression | 0.021050 | Akaike info criterion | -5.117615 |
| Sum squared resid | 0.965069 | Schwarz criterion | -5.099388 |
| Log likelihood | 5597.994 | F-statistic | 312.3608 |
| Durbin-Watson stat | 1.975531 | Prob(F-statistic) | 0.000000 |

| Inverted AR Roots | -.92 |
| --- | --- |
| Inverted MA Roots | -.91 |

根据参数估计结果，万科 A 的 GARCH 模型为

$$wk_t = 8.34 \times 10^{-4} + 1.1498 index_t - 0.9206 ar(1) + 0.9065 ma(1) + u_t$$
$$\sigma_t^2 = 3.88 \times 10^{-6} + 0.0763 u_{t-1}^2 + 0.9172_{t-1}^2, \quad t = 1, 2, \cdots, T$$

从 GARCH 模型结果来看，$\alpha + \beta = 0.9935 < 1$，满足参数的约束条件。由于系数之和非常接近于 1，表明条件方差所受的冲击是持久的，即冲击对未来所有的预测都有重要作用。$\beta$ 值也非常接近 1，这说明万科 A 的收益率波动具有较强的聚集性，这一点不难在图 15.16 中得到验证。

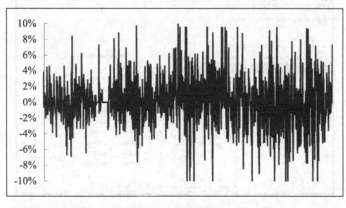

图 15.16　万科 A 收益率的时间系列图(2005 年—2009 年 2 月)

## 15.3　Matlab 的应用

### 15.3.1　基本操作

在这里，我们仍以万科 A 为例，介绍 Matlab 的一些基本操作。本书使用的软件版本为 Matlab 6.5。

具体操作步骤如下：

(1) 为要处理的数据建立一个 Excel 文件，将该文件命名为 matlabdata(注意，文件名尽量不要使用中文汉字)，保存在 matlabwork 工作目录下。

(2) 运行 Matlab 程序，进入如图 15.17 所示的工作界面。

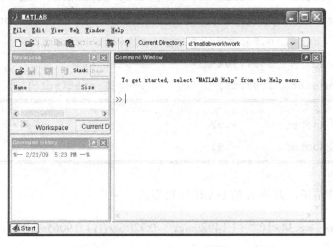

图 15.17　Matlab 工作界面

(3) 单击 File→Import Data 菜单命令，弹出 Import 对话框。在对话框中找到 matlabdata 文件所在的目录，然后单击 Open 按钮，弹出图 15.18 所示的对话框，在该对话框中单击 Finish 按钮。

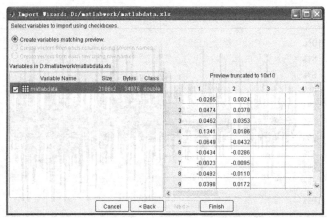

图 15.18　万科 A 收益率的时间系列图

(4) Matlab 工作界面的左上方为工作空间，第(3)步完成后，工作空间出现一个命名为 matlabdata 的变量，它是一个 2186×2 的矩阵，如图 15.19 所示。该矩阵的第 1 列为万科 A 的收益率系列，第 2 列为上证指数的收益率系列，时间均从 2000 年 1 月 5 日至 2009 年 2 月 6 日。

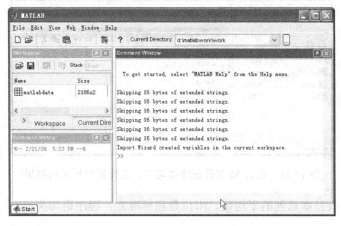

图 15.19　生成 2186×2 的矩阵

基于第(4)步的结果，使用者就可以对万科 A 和上证指数收益率系列作数据分析。使用者可以直接在 Command Window 窗口输入各种命令，如"**a=matlabdata(:,1)**"，将 matlabdata 变量的第 1 列赋值给变量 a。这样处理十分简单方便，但是处理的过程没有记录下来，下次再处理必须重新输入函数，因此，应建立保存命令函数的文件。

具体步骤如下：

(5) 单击 File→New→M-file，弹出 Untitled 对话框，如图 15.20 所示，在空白处输入下列程序语句：

```
clear                       %清除 matlab 内存里面的数据信息
a=xlsread('matlabdata');    %读取文件名为 matlabdata 的 Excel 文件，将值赋给 a
wk=a(:,1)                   %将 a 的第 1 列赋值给变量 wk
index=a(:,2)                %将 a 的第 2 列赋值给变量 index
```

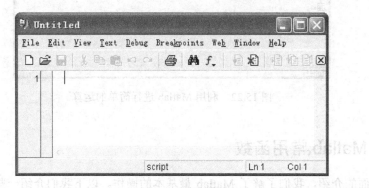

图 15.20　新建 M 文件

(6) 将 M-file 保存，然后单击 Debug→Run 命令，这时 Command Window 窗口将给出相应的结果。由于 wk 和 index 变量后面没有"；"，因此 matlab 在窗口直接显示出它们的数值，结果如图 15.21 所示。在 Matlab 左上方的工作空间，我们可以看到 a、wk、index 三个变量。Size 栏给出了各个变量的行数和列数。

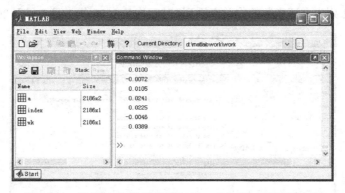

图 15.21　运行 M 文件程序语句后，工作窗口显示的结果

(7) 计算 wk 收益率系列的平均值、中位数和标准差，程序语句为：

```
x1=mean(wk)        %mean 为计算均值的函数
x2=median(wk)      %median 为计算中位数的函数
x3=std(wk)         %std 为计算标准差的函数
```

(8) 保存后，运行 Debug 命令，得到如图 15.22 所示的结果。同样由于函数后面没有"；"，所以 Matlab 命令窗口显示出了 x1、x2、x3 的数值。根据结果，万科 A 收益率平均值为 0.11%，标准差为 2.87%，这与我们使用 Excel 计算的结果完全相同。

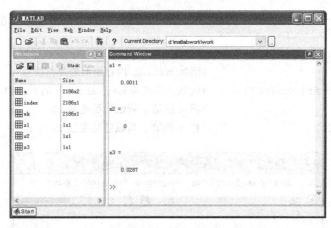

图 15.22　利用 Matlab 进行简单的运算

## 15.3.2　Matlab 常用函数

通过前面的介绍，我们了解了 Matlab 最基本的操作。以下我们介绍一些 Matlab 常用的函数。掌握这些函数，可以大大提高数据处理的效率。

## 1. 基本操作

| max | 最大值 | min | 最小值 |
| --- | --- | --- | --- |
| mean | 平均值 | median | 中位数 |
| std | 标准差 | sum | 求和 |
| sort | 以升序排序 | prod | 乘积 |
| corrcoef | 相关系数 | cov | 协方差 |

## 2. 矩阵函数

| zeros | 零矩阵函数 | ones | 全一矩阵 |
| --- | --- | --- | --- |
| eye | 单位矩阵 | rand | 均匀分布随机数 |
| randn | 正态分布随机数 | size | 矩阵行数和列数 |
| length | 数组长度 | reshape | 矩阵重排 |
| rank | 矩阵的秩 | det | 矩阵行列式的值 |
| eig | 特征值和特征向量 | eigs | 特征值 |

## 3. 三角函数

| sin | 正弦函数 | cos | 余弦函数 |
| --- | --- | --- | --- |
| tan | 正切函数 | cot | 余切函数 |
| asin | 反正弦函数 | acos | 反余弦函数 |
| atan | 反正切函数 | acot | 反余切函数 |

## 4. 统计学函数

| betapdf | Beta 分布密度 | betacdf | Beta 累计分布函数 |
| --- | --- | --- | --- |
| binopdf | 二项式分布密度 | binocdf | 二项式累计分布函数 |
| chi2pdf | 卡方分布密度 | chi2cdf | 卡方累计分布函数 |
| fpdf | F 分布密度 | fcdf | F 累计分布函数 |
| normpdf | 正态分布密度 | normcdf | 正态累计分布函数 |
| tpdf | T 分布密度 | tcdf | T 累计分布函数 |

## 5. 线性模型

| polyfit | 多项式最小二乘拟合 | polyval | 多项式函数的预测值 |
| --- | --- | --- | --- |
| regress | 多元线性回归 | regstats | 回归诊断 |
| ridge | 脊回归 | | |

## 6. 非线性最小化函数

| constr | 有约束最小化 | curvefit | 非线性曲面拟合 |
| --- | --- | --- | --- |
| fmin | 有边界最小化 | fminu | 梯度法无约束最小化 |
| fmins | 简单法无约束最小化 | fzero | 非线性方程求解 |
| fsolve | 非线性方程求解 | leastsq | 非线性最小二乘 |

### 15.3.3 利用 Matlab 做回归分析

前面我们知道了 regress 函数可以作回归分析，分析之前，我们必须首先了解 regress 函数的调用格式：

$$[B,BINT,R,RINT,STATS] = REGRESS(y,X,alpha)$$

式中，y——因变量。

X——自变量，因为模型设定为 $y = Xb$，所以为了使得模型包含常数项，X 必须包括全 1 的列向量。

Alpha——显著性水平，默认 5%。

B——为参数估计结果。

BINT——参数 B 在 $100(1-ALPHA)$ 水平下的置信区间。

R——模型估计的残差。

RINT——残差在 $100(1-ALPHA)$ 水平下的置信区间。

STATS——回归模型诊断，包括 $R^2$、F 检验值和相应的 $p$ 值。

在这里，我们仍然用万科 A 的收益率对上证指数收益率做回归分析，程序代码如下：

```
clear
a=xlsread('matlabdata');
wk=a(:,1)
index=a(:,2)
[B,BINT,R,RINT,STATS]=regress(wk,[index,ones(2186,1)]);
```

运行程序，结果如下(右侧是结果说明)：

```
B=
1.1323                          %单变量回归系数
0.00086962                      %回归截距项
BINT=
1.0809  1.1837                  %回归系数在 95%置信水平上的置信区间
-1.3885e-005  0.0017531         %回归截距在 95%置信水平上的置信区间
STATS=
0.46061 1865  0                 %回归 R²=0.46061, F=1865, p=0
```

与前面 Eviews 估计的结果相比，两者回归估计结果完全相同。但是，细心的读者不难看出，如果要在 Matlab 的回归方程中加上 AR 或 MA 项，则不可能实现。从这一点，我们可以看出 Eviews 的针对性比较强，在特定的数据分析方面更专业。不过，如果使用者知道 Eviews 的所有计算过程和计算原理，那么在 Matlab 中，只要我们事先编制好函数，也可以得出相同的结果。

在第 15.1.3 节，我们以 Excel 单变量求解的方式求出债券的到期收益率，这种方法操作虽然十分简单明了，但是如果改变债券的市场价格，则每次求解到期收益率都要重复操作相同的步骤，就显得比较麻烦。下面给出 Matlab 中比较简便的办法。

首先我们定义目标函数，程序代码如下：

```
function z=myyield(x,y)                     %定义个性化函数名称
f=y-5/(1+x)-5/(1+x)^2-5/(1+x)^3-5/(1+x)^4-105/(1+x)^5;
%x 为到期收益率，y 为市场价格
z=f^2;                                      %以平方的方式最小化误差
```

当市场价格等于 93 时，求解到期收益率的代码是：

```
yield=fminbnd(@myyield,0,1,[],93)           %注意 fminbnd 的引用格式
```

运行程序，结果是：

```
yield=0.0669
```

结果和图 15.4 完全相同。

表面上看，这种方法并没有比 Excel 单变量求解快捷、方便。但是如果市场价格在 93~96 元之间，间隔为 0.5 元，要求出各种价格下的到期收益率就比较简便，代码为：

```
clear                                       %清楚内存信息
p=93:0.5:96;                                 %价格序列赋给变量 p
yield=zeros(7:1); ;                          %序列到期收益率初始赋值为零
for i=1:7
yield(i)= fminbnd(@myyield,0,1,[],p(i));     %计算不同市场价格下的到期收益率
end
```

运行程序，结果是：

```
yield = 0.0669    0.0657    0.0644    0.0632    0.0619
```

从本例不难看出 Matlab 个性化函数的方便和简洁之处，这也是 Matlab 的魅力所在。

## 15.4 Excel、Eviews 和 Matlab 应用场合比较

前面我们从不同方面介绍了 Excel、Eviews 和 Matlab 的应用，这三种软件在不同场合具有不同的优势，可以简单归纳成以下几点：

(1) Excel 主要适用于计算量不大、计算公式不复杂的直接运算，如描述性统计变量，在 Excel 里可以直接输入函数求解。Excel 不够理想的地方是运算速度不够快，而且 Excel 单个表格里只能存储 $65536 \times 256$ 个数据(最新版的 Excel 软件单个表格能够输入的数据超过 $65536 \times 256$ 个)，一旦数据量超过此限制，处理就比较麻烦。Excel 在运算过程中会生成大量的中间结果，这些数据存储在表格里，不仅影响计算速度，而且使处理结果不够简洁明了。当然，Excel 对于一般性的数据处理还是绰绰有余的。

(2) Eviews 相对于 Excel 而言更加专业化。使用 Eviews，使用者可以轻松估计各种各样的复杂模型，这些 Excel 是无法做到的。Eviews 对于时间序列建模具有十分明显的优势，它

最大的好处是几乎所有常见模型都可以不经编程直接得出结果,这大大拓宽了应用它的人群范围。以往只有统计专家才会使用的模型,现在普通财经类院校的大学生都可以学会使用。Eviews 的缺点是对数据的处理过于标准化,一旦使用者稍稍改变输出要求,就不得不编程处理。虽然 Eviews 编程语言不是太复杂,但是大部分使用者还是感觉陌生,不如 Matlab 简明。

(3) Matlab 在高校中应用相对比较广,Matlab 虽然在时间系列建模方面不如 Eviews 强大,但是 Matlab 正逐渐增加相应的模块,使得这一差距逐渐减小。Matlab 最为强大的功能是使用者可以任意地、开放地编程,得出自己个性化的求解函数。Matlab 的编程语言十分简洁、易懂,非常适合编程语言基础较差的使用者。Matlab 虽然使用很方便,运算速度快,但是 Matlab 毕竟不如 Excel 那样普遍,而且 Matlab 程序运行所需要的硬件环境较高,这就限制了其应用的范围。另外,Matlab 不能像 Excel 那样方便地处理中文数据,这是 Matlab 一个比较明显的劣势。

事实上,只要使用者较好地掌握其中两种软件,就可以解决大部分金融方面的数据处理问题。当使用者考虑运算速度和使用习惯时,他会选择使用最合适的软件程序。另外,SPSS、SAS 也是数据处理过程中经常被使用的软件,这两个软件各有特点。一般来说,它们的大部分功能可由 Matlab 或 Eviews 完成,因此,建议使用者根据自己的实际情况,选择一两种软件重点学习。

# 本 章 小 结

软件的应用是证券投资学教学中一个重要的补充环节。这一章对 Excel、Eviews 和 Matlab 在证券投资学中较常见的应用作了一些简单的介绍。在 Excel 应用部分主要介绍了描述性统计量计算、单变量求解、权证定价和蒙特卡罗模拟。在 Eviews 应用部分主要介绍了基本操作、回归分析、ARMA 模型估计和 GARCH 模型估计。Matlab 应用部分主要介绍了基本操作、常用函数和回归分析。

Excel 中描述性统计包括均值、方差、相关系数、贝塔值等的计算;单变量求解比较适合计算债券到期收益率;期权定价包括波动率计算以及 Black-Scholes 期权定价公式实现;蒙特卡罗模拟主要包括随机数的产生、保险赔付的计算、期权定价的蒙特卡罗方法实现等。Eviews 以各种统计、回归见长,此外可以对股票的收益率构建 ARMA 模型进行建模和预测,对股票收益率的方差构建 GARCH 模型进行建模和预测。Matlab 有很多自带的函数,也可以自己编程,对于金融计算非常重要,但相比前两者更难一些。

# 复 习 题

## 一、名词解释

| | | | |
|---|---|---|---|
| 描述性统计 | 回归分析 | ARMA 模型估计 | GARCH 模型估计 |
| 单变量求解 | 波动率计算 | 期权定价公式 | 蒙特卡罗模拟 |
| Matlab 常用函数 | | | |

## 二、讨论题

1. 学习 Eviews，看看哪些金融问题可以用 Eviews 实现？

2. 学习 Excel 常用函数，看看哪些金融问题可以用 Excel 实现？

3. 学习 Matlab，看看哪些金融问题可以用 Matlab 实现？

4. Eviews、Excel 和 Matlab 分别在实现哪些金融问题时有优势？

5. CAPM 模型、因素模型、市场模型如何在 Excel、Eviews 和 Matlab 中实现？

## 三、计算题

1. 对历年的上证综合指数的收盘价进行描述性分析，包括历年的平均收益率、历年收益率的标准差等。

2. 下载万科股票近一年的相关数据，计算万科股票的贝塔值、系统性风险、非系统性风险。

3. 选择一只基金，下载该基金近一年的相关数据，计算该基金夏普指数、特雷纳指数和詹森指数。

4. 选择市场上的一只期权，利用期权定价公式或者蒙特卡罗方法进行期权定价。

5. 利用 ARMA 模型对上证指数收益率进行建模，并估计参数。

6. 利用 GARCH 模型对上证指数收益率的方差进行建模，并估计参数。

# 参 考 文 献

1. Harry Markowitz. *Portfolio Selection —Efficient Diversification of Investments*. Yale University Press, 1959

2. John J. Murphy. *Technical Analysis of the Financial Markets*, New York Insititute of Finance, 1999

3. Linter, J...The valuation of Risk Assets and the Selection of Risky Investments in Stock Portfolios and Capital Budgets, Review of Economics and Statistics, 1965,47, No.1.

4. Michael E. Porter. *Competitive Strategy: Techniques for Analyzing Industries and Competitors.* New York: The Free Press,1980

5. Sharpe, W. F. , G. Alexander and J. Bailey, *Investment 6$^{th}$ edition*, Prentice Hall Press

6. 伯顿·麦基尔. 漫步华尔街(中译本). 上海：上海财经大学出版社，2002

7. 大卫 R·安德森. 商务与经济统计学精要(中译本). 大连：东北财经大学出版社，2000

8. 弗兰克 J·法博齐. 固定收益证券手册. 第 6 版. 北京：中国人民大学出版社，2008

9. 高铁梅. 计量经济分析方法与建模 EViews 应用及实例. 北京：清华大学出版社，2006

10. 格莱葛 W·霍顿. 基于 Excel 的投资学(中译本). 北京：中国人民大学出版社，2003

11. 霍文文. 证券投资学. 第 3 版. 北京：高等教育出版社，2008

12. 杰克·弗朗西斯，罗杰·伊博森. 投资学全球视角(中译本). 北京：中国人民大学出版社，2006

13. 金德环. 投资学. 北京：高等教育出版社，2007

14. 约翰·梅纳德·凯恩斯. 就业、利息和货币通论. 北京：商务印书馆，1999

15. 李曜. 证券投资基金学. 上海：上海财经大学出版社，2002

16. 刘军. 科学计算中的蒙特卡罗策略. 北京：高等教育出版社，2009

17. 王明涛. 证券投资分析. 上海：上海财经大学出版社，2004

18. 王沫然. MATLAB 与科学计算. 第 2 版. 北京：电子工业出版社，2003

19. 吴晓求. 证券投资学. 第 2 版. 北京：中国人民大学出版社，2004

20. 谢岚，林润华. Excel 在公司理财中的应用. 北京：人民邮电出版社，2004

21. 薛定宇，陈阳泉. 高等应用数学问题的 MATLAB 求解. 第 2 版.北京：清华大学出版社，2008

22. 姚长辉. 固定收益证券：定价与利率风险管理. 北京：北京大学出版社，2006

23. 易丹辉. 数据分析与 Eviews 应用. 北京：中国人民大学出版社，2008

24. 约翰·赫尔. 期权、期货和衍生证券(中译本). 北京：华夏出版社，1997

25. 中国证券业协会编. 证券投资分析. 北京：中国财政经济出版社，2008